CONTE *verlag*

Michael H. Schmitt

Wo **König Riesling** Hof hält

*Ein Wegbegleiter
zu den schönsten Weinlagen
an der Saar*

CONTE *region*

Bibliografische Information der Deutschen Nationalbibliothek
Die Deutsche Nationalbibliothek verzeichnet diese Publikation in der
Deutschen Nationalbibliografie; detaillierte bibliografische Daten sind im
Internet über http://dnb.d-nb.de abrufbar.

ISBN 978-3-941657-67-0

© Michael H. Schmitt, 2012
© Conte Verlag GmbH, 2012
Am Ludwigsberg 80-84
66113 Saarbrücken
Tel: (06 81) 4 16 24-28
Fax: (06 81) 4 16 24-44
E-Mail: info@conte-verlag.de
Verlagsinformationen im Internet unter www.conte-verlag.de

Fotos: MSimage – Blieskastel (M.H.S)
Weinbaukarte Saar-Mosel nach Steuerrat Clotten von 1906:
Stadtbibliothek Trier e.V.

Lektorat: Anna Franz
Umschlag und Satz: Markus Dawo
Druck und Bindung: PRISMA Verlagsdruckerei GmbH, Saarbrücken

INHALT

WEIN 🍇 *wissen* ▬▬▬▬▬▬ 15

WEIN 🍷 *aktiv* ▬▬▬▬▬▬ 51

WEIN ◗) *macher* ▬▬▬▬ 67

WEIN *infos* 281

Das Symbol (➤) verweist auf einen Eintrag im Wein-Glossar.

Vorwort

Die Weinberge an der Saar gehören nun zum Anbaugebiet Mosel, sie spielen aber eine besondere Rolle in der Welt des Rieslings. Die Reben an diesem Nebenfluss gedeihen rund 50 bis 100 Meter höher als an der Mosel. Sie wachsen in unmittelbarer Nähe zu unseren Mittelgebirgen Eifel und Hunsrück. Das alles führt an der Saar zu einem einzigartigen Kleinklima. Dadurch entstehen Rieslingweine von besonderem Charakter und markantem Profil. Die Rieslingweine werden dort von einem leichten Tonschieferboden geprägt. Er verleiht vielen Saarweinen eine zarte, erfrischende Säure und einen dezent rassigen Nachhall. Allerdings betone ich auch: Gerade die Saarrieslinge erfordern Professionalität der Kellermeister. Kommen der »Segen der Natur« und die Kunst des Kellermeisters zusammen, entstehen an der Saar Rieslingweine, die weltweit einen hervorragenden Ruf genießen. Es lohnt sich sehr, diese Weine zu verkosten und die Weinkultur sowie die herrliche Landschaft an der Saar zu erleben.

Dieses Buch will Sie anregen, möglichst bald den »Hof von König Riesling« zu erkunden. Zwar bin ich kein Anhänger der Monarchie, aber ich lasse mich gerne dazu einladen, wo »König Riesling Hof hält«.

Ich bin sicher, wenn Sie diesen Wegbegleiter zu einem der schönsten Weinanbaugebiete der Welt kennengelernt haben, stimmen Sie mir zu. Ihnen, liebe Leserinnen und liebe Leser, wünsche ich viel Freude bei dieser Lektüre; empfehlenswert bei einem Glas Riesling von der Saar.

Kurt Beck
Ministerpräsident von Rheinland-Pfalz

Einleitung

Wo König Riesling Hof hält

Der Wein ist ein Ding, in wunderbarer Weise für den Menschen geeignet, vorausgesetzt, dass er bei guter und schlechter Gesundheit sinnvoll und in rechtem Maße verwandt wird.
HIPPOKRATES

Über 2000 Jahre Weinbaugeschichte prägen die Anbaugebiete im Fluss-System der Mosel.

Als die Römer sich aufmachten, ihr Imperium auszuweiten, brachten sie ihre Rebstöcke mit in die Gebiete an Mosel, Saar, Ruwer, Lieser und Drohn und entwickelten den vorher recht rudimentären Weinbau zu einem blühenden Wirtschaftszweig.

Die dortigen steilen Hänge der Flusstäler, die vor mehr als 400 Millionen Jahren entstanden, waren mit ihren unterschiedlich gefärbten, mineralogisch wertvollen Schieferböden die ideale Voraussetzung für eine konsequente Weinbauwirtschaft. Neben dem wilden Wein, der ursprünglich hier wuchs, trat vor allem die weiße Rebsorte *Elbling* (→ *Infokasten*), die die Römer in den Anbaugebieten von Mosel, Saar und Ruwer kultivierten.

Elbling: Bis ins späte Mittelalter und teilweise bis ins 17. Jahrhundert war der Elbling (lat. Albus = weiß, auch Alben oder Elben genannt) die in Deutschland meist angebaute Rebsorte und gilt insgesamt als älteste Rebsorte Europas. Elbling wurde angebaut, weil er reichhaltige Früchte ausbildet, recht ertragreich ist und wenig Ansprüche an den Boden stellt. Vor allem in Zeiten, als man noch den »Zehnten« an die Obrigkeit abzugeben hatte, war diese Rebsorte deshalb beliebt.

Die Trauben des Elbling ergeben einen einfachen, trockenen, säurebetonten, ehrlichen, d.h. unverfälschten Weißwein, der im Geschmack fruchtig-spritzig ist. Noch heute wird er oft, vor allem an der Obermosel, oberhalb Triers und in Luxemburg, zur Sektherstellung verwendet.

Am Unterlauf der Saar spielt der Elbling heutzutage keine Rolle mehr. Der römische Gelehrte Plinius der Ältere (23 n. Chr. – 79 n. Chr.) – von ihm stammt der Ausspruch *In vino veritas* (Im Wein liegt die Wahrheit – aus: Naturalis historia 14, 141), beschrieb schon im 1. Jahrhundert nach Chr. die *vitis alba*. Dadurch entstand die Vermutung, die Römer hätten den Elbling ins Rheintal gebracht, aber die ebenfalls gängigen Bezeich-

Rebaustrieb Frühjahr 2011

Ab dem späten Mittelalter verbreitete sich in den deutschen Weinbaugebieten – vom Rheintal ausgehend – langsam aber stetig die weiße Rebsorte *Riesling*. Sie ist eine Kreuzung aus einer im Rheingebiet heimischen Rebe und dem *Traminer*, den wahrscheinlich die Römer an den Rhein gebracht hatten. Später kam noch eine Kreuzung mit der Rebsorte *Heunisch* hinzu. Das Ergebnis ist ein kleinbeeriger, spätreifender Wein mit begrenztem Ertrag. Wegen der späten Reife benötigt der *Riesling* sonnige Hänge und einen wärmespeichernden Boden – Bedingungen, die man an der Saar findet.

An der Mosel und der Saar wurde somit auch *Riesling* kultiviert. Durch seine Verfügung von 1787 schuf der Trierer Kurfürst Clemens Wenzeslaus im Anbaugebiet Mosel, dazu gehörend die Untere Saar und das Ruwer-Tal, mit 5 272 Hektar das weltgrößte zusammenhängende *Riesling*-Anbaugebiet. Dies unterteilt sich in 6 Bereiche, 18 Großlagen und 524 Einzellagen.

Clemens Wenzeslaus
Kurfürst von Trier

Heute findet der Weinbau an der Saar vorrangig in Rheinland-Pfalz, zwischen Serrig und Konz, statt. Eine Ausnahme bildet der *Merziger Kreuzberg* im Saarland. 736 Hektar Rebfläche mit 80% *Riesling*, 5% *Müller-Thurgau*, 4,3% *Weißburgunder* und wenig *blauem Spätburgunder* oder *Dornfelder* werden von den Winzern bestellt. Der Boden besteht zum Großteil aus Blauem Devonschiefer. Auch andere Schieferarten kommen vor und mancherorts findet man Diabas (➤), ein Magmagestein aus dem Paläozoikum.

Ein Großteil der Fläche befindet sich in Steillagen. In den letzten Jahren wurden auch zahlreiche brachliegende Steilhänge rekultiviert. So ist die Rebfläche insgesamt wieder gewachsen.

Eine Vielzahl der Weingüter an der Saar wurde in den vergangenen Jahren von den Vätern an eine junge, innovative und bestens ausgebildete Generation von Önologen weitergegeben. Sie und eine Handvoll Quereinsteiger setzen auf die Besonderheiten des Steillagen-*Rieslings* und auf Alte Reben (➤), die wenig Ertrag bringen, aber durch ihre bis zu zehn Meter tief wurzelnden Rebstöcke die ganze Bandbreite mineralischer Stoffe in den Weinen vereinen.

Weinlese im Steilhang 2011

Die Jahresdurchschnittstemperatur des Saartals und den Nebentälern fällt etwas geringer aus als an der Mosel. Dies bedeutet, dass die Reifeperiode der Reben länger dauert, ihnen dafür aber ein markantes Profil verleiht. Allerdings wird der bereits heute spürbare Klimawandel wohl in Zukunft die physikalische Reifung der Trauben beschleunigen, was die Weinlese an Saar und Mosel um einige Wochen vorziehen wird. Bestes Beispiel ist das Weinjahr 2011. Eine Bilderbuch-Blüte im warmen Frühjahr, ausreichende Wassermengen im Sommer und ein goldener Herbst ermöglichten die bislang früheste Weinlese seit Beginn der Aufzeichnungen. Dieses Jahr brachte eine qualitativ und quantitativ herausragende Weinernte.

Viele Kritiker loben den filigranen, frischen und mineralischen *Riesling* von der Saar als einen der überragenden Weißweine der Welt. Eine der weltweit bekanntesten Rieslinglagen ist der *Scharzhofberg* im Weinort Wiltingen, zwischen Saarburg und Konz. Der wohl bekannteste Winzer ist Egon Müller, der bereits in vierter Generation der bedeutendste Rieslingerzeuger dieser Region ist. Die kleine Weinbauregion Saar verfügt über hervorragende Steillagen-Weinberge

Riesling vor der Ernte

und eine ganze Reihe hervorragender Winzer, die lagerfähige, frische Weine mit einer Vielzahl von Aromen produzieren.

Dieser Wegbegleiter stellt Ihnen die besten Weinlagen an der »Unteren Saar« entlang der Saar-Riesling-Straße von Serrig bis Konz und ihre Winzer vor, erzählt Interessantes über die Geschichte und Kultur der Region und lädt Sie ein, diese kleine Weinbauregion im Südwesten der Republik kennen und lieben zu lernen.

Michael H. Schmitt

WEIN wissen

Geschichtliches über den Weinbau an der Saar

Ursprung der Saar

Die Geschichte des Weinbaus an der Saar hängt eng mit dem Fluss selbst zusammen. Die Saar entspringt aus zwei Quellen in den Vogesen und mündet 227 Kilometer später bei Konz in die Mosel. Die Rote Saar (franz.: *Sarre rouge*) und die Weiße Saar (franz.: *Sarre blanche*) entspringen nördlich des 1 008 Meter hohen Donon, dem heiligen Berg der Kelten. Auf dem Plateau des Donon befinden sich Reste keltischer, aber auch römischer Kultstätten, welche dem keltischen Gott Vosegus geweiht waren.

Nachdem die Römer Gallien besetzt hatten, übernahmen sie teilweise die Gottheiten der dort ansässigen Kelten und benannten die Region um den Donon nach Vosegus: *vosegus mons* (Vogesenberg) und den Wald *vosegus silva*. Daraus leitet sich das französische Wort *Vosges* und das im mitteldeutschen Sprachgebrauch übliche Wasigen ab. Noch heute wird das Gebiet im nördlichen Teil der Vogesen, welches grenzüberschreitend mit Rheinland-Pfalz das deutsch-französische Biosphärenreservat Pfälzerwald-Nordvogesen bildet, Wasigenwald oder Wasgau genannt.

Vosegus, der Gott des Waldes und der Jagd, ist der Namensgeber des gleichnamigen Gebirgszuges im östlichsten Teil Frankreichs. Er war einer jener vielen keltischen Gottheiten, die ihre Verehrung fast ausschließlich regional erfuhren. Er kann mit dem römischen Gott des Handels Mercurius oder dem griechischen Götterboten Hermes verglichen werden.

Ausonius – Antiker Dichter und seine Liebe zu den Wassern

Die erste schriftliche Erwähnung der Saar als *Saravus* findet sich im Gedichtband »Mosella« des römischen Gelehrten und Politikers Decimus Magnus Ausonius (➜) (310–393 n. Chr.).

Darin beschreibt er eine Moselfahrt von Bingen bis Trier in 483 Hexametern, dem klassischen Versmaß der epischen Dichtung, und dichtete ausdrucksvoll über die Saar:

Ausonius-Denkmal
in Neumagen-Drohn/Mosel

»Die kleine Lieser will ich übergehn und auch die schwache Drohn, auch bei der Salm langweiligem Fließen halt' ich mich nicht auf: doch schon lange ruft mir zu mit ihrem brausenden Wogenschwall die Saar, die Schiffe trägt, mit ihrem ganzen Kleid winkt sie mir zu, reichlich zog sie in die Länge ihren Lauf, um endlich doch ermüdet der Kaiserpfalz zu Füßen einzumünden.«

»Da leuchtet hervor zwischen Gräsern und Sand der schuppige Dickkopf, dicht legt sich um die Gräten sein überzartes Fleisch, doch länger nicht als einen halben Tag lässt er zum Mahl sich halten. Sternchen auf dem Rücken, als ob es Purpurtropfen sind, trägt die Forelle, das Neunauge birgt nicht gefährliche, spitzige Stacheln, und sieh, mit raschem Ruck entflieht die behände Äsche dem Auge. Auch du, die du dich zwängst durch den Schlund der sich schlängelnden Saar: wo zweimal drei Mündungen brausen um steinerne Pfeiler, bist du erst dort hinaus in den berühmteren Strom gelangt, dann kannst du, Barbe, freier des Schwimmens freier Künste üben.«

Die Kelten und der frühe Weinbau in der Moselregion

Die Kelten kannten den Gebrauch von alkoholhaltigen Getränken wie der Cervisia, der gallischen Variante des Bieres, und Wein, der wahrscheinlich aus einer wilden Art als Vorfahre der heutigen Zuchtrebe erzeugt wurde – der wilden Weinrebe (➤ *Infokasten*).

Die wilde Weinrebe (Vitis vinifera subsp. Sylvestris), ebenso Wilder Weinstock und Echter Wilder Wein genannt, ist als Unterart der Vitis vinifera die Wildform der heutigen Kulturrebe.
Sie besiedelte nach der letzten Eiszeit vor 10000 Jahren aus dem Mittelmeerraum kommend die Auenwälder klimatisch günstig gelegener Flusstäler, ist jedoch durch das Verschwinden ihres Biotops in Deutschland im Aussterben begriffen. Nur noch an einer Stelle auf einer Rheininsel ist sie zu finden. An einigen Stellen im Rhônetal (Schweiz, Frankreich) und in den Donau-Auen (Österreich) findet sie heute noch adäquaten Lebensraum.

Die Wildrebe (➤) ist zweihäusig, ähnelt aber sonst stark den kleinbeerigen Keltersorten. Es gibt sowohl blau- wie weißbeerige Varianten mit den unterschiedlichsten Blattformen. Ihr Areal reichte in der nacheiszeitlichen Wärmezeit bis nach Südschweden, im Westen nach Belgien, im Osten bis Polen. Dies belegen vorgeschichtliche Kernfunde. Mehrere tausend Exemplare gab es im südlichen Oberrheingebiet noch Mitte des 19. Jahrhunderts, vor allem in den badischen Rheinwäldern. Die Wildrebe (➤) wird heute in der Roten Liste als »vom Aussterben bedroht« geführt.

Die gesundheitsfördernde und berauschende Wirkung des Weines war seit dem Altertum bekannt und auch die Kelten wussten das Getränk zu schätzen. Anders als später die Römer tranken sie Wein unverdünnt. Obwohl die Qualität im Vergleich zu heute minderwertig war, stellte Wein ein Luxusgetränk dar und war somit sehr wertvoll. Nur reiche, hochgestellte Stammesangehörige konnten ihn regelmäßig genießen. Eine Amphore mit 39,4 Litern Inhalt, so das damalige Maß, war soviel wert wie ein Sklave.

Wein wurde auch in Krater, so nannte man im antiken Griechenland ein Gefäß zum Mischen von Wein und Wasser, gefüllt. Einige Krater, die als Weinmischgefäß dienten, hatten ein Fassungsvermögen von über 100 Litern Wein. In Krater der hallstattzeitlichen Fürstengräber (z.B. Mitterkirchen/Oberösterreich) fand man Rotweinreste. Den wohl berühmtesten antiken Krater, »Le cratère de Vix«, fand man im Januar 1953 am Fuße des Mont Lassois in der Nähe des Städtchens Châtillon-sur-Seine/Burgund. Der riesige, 1,64 m hohe Volutenkrater aus Bronze, der ein Fassungsvermögen von 1 100 Litern Wein hat, stammt als Meisterwerk griechischer Handwerkerkunst aus Süditalien.

Le cratère de Vix
Museum Châtilon sur
Seine/Burgund

Historiker streiten, ob die Kelten schon vor den Griechen Weinbau betrieben oder ob sie die Kenntnisse der Weinbereitung von den Griechen erlernt haben. Sicher aber ist, dass die Kelten an fast allen Orten, an denen sie siedelten, Wein anbauten und so diese Fähigkeit in ganz Europa verbreiteten.

In Mitteleuropa traten die Kelten in der eisenzeitlichen Späthallstatt-
kultur, etwa 800-650 (1. Phase) bzw. 650-450 (2. Phase) v. Chr. erstmals
auf. Der Hallstattkultur folgte die Latène-Kultur (ab ca. 480 v. Chr. bis
um Christi Geburt), die die letzte Blüteperiode keltischer Kultur dar-
stellte. Die heutige Weinbauregion an den Flüssen Mosel, Saar und
Ruwer war das Gebiet des Keltenstammes der nordostgallischen Treverer, deren Hauptort erst in provinzialrömischer Zeit Augusta Treverorum, heute Trier, wurde. Ihr Stammesgebiet erstreckte sich von der
Maas bis an den Rhein. Sowohl die Treverer als auch Kelten generell
bauten Wein an, doch erst die Römer machten daraus ein Geschäft.

Mit den Römern kam die Kommerzialisierung des Weinanbaus

Im Zweistromland und an den Südhängen des Kaukasus baute man
schon vor mehr als 6000 Jahren Wein an. Die wohl älteste Kultur-
pflanze der Menschen wurde von Ägyptern und Griechen im Mittelmeerraum weiter kultiviert und möglicherweise bereits veredelt.
600 v. Chr. kamen Reben ins Rhône-Delta und weiter ins nördliche
»Barbarenland«. Römische Soldaten und Siedler brachten nach der
Eroberung Galliens Kultur-Reben mit ins Rheinland, von wo aus sich
die Kultivierung des Weines weiter ausbreitete. Archäologische Funde bestätigen dies. Überall entlang der Mosel, auch auf Luxemburger
Seite, ebenso an vielen exponierten Stellen im Saartal weisen antike
Überreste auf die Existenz von Weinbergsanlagen hin. Immer wieder
belegen frühgeschichtliche Funde in gallo-römischen Siedlungen die
Existenz von Kelteranlagen, Kelterhäusern, Aufbereitungsinstrumen-
tarien und Bevorratungsgefäßen. Im Wettstreit um das älteste Weinbaugebiet Deutschlands hat die Moselregion alle Argumente auf sich
vereint.

Die Völker nördlich der Alpen verarbeiteten Wildreben (➜) schon vor
Einzug der Römer in Gallien und kannten wohl annähernd 40 Sorten
des wilden Weins. Daher nehmen Wissenschaftler an, dass die Römer nicht die Rebe selbst in den Norden brachten, sondern nur das
Wissen zur Verarbeitung derselben. Sicherlich kann der so gekelterte
Wein nicht mit den Qualitäten von heute verglichen werden – doch
beigemischte Kräuter, Gewürze und Honig machten aus dem sauren,
bitteren Ausgangsprodukt eine trinkbare Erfrischung.

Von der Spätantike bis ins Mittelalter

Anhaltende Kämpfe germanischer Völker im Rheinland gegen die Römer erschwerten die Lebensbedingungen für Land und Leute. Nur wenige Aufzeichnungen geben Einblicke in die Zeit der Völkerwanderungen bis zum Ende des (West-)Römischen Imperiums um 475/476 n. Chr. Es gibt keine gesicherten Belege darüber, ob während der Besetzung der Mosel-Rhein-Region durch die Franken Wein angebaut wurde. Obwohl nur wenige spätrömische Gräber mit Grabbeigaben auf typische Merkmale einer Weinbauregion hinweisen, ist von einer Siedlungskontinuität, also einer dauerhaften Besiedlung der Region auszugehen.

Auch die Franken tranken gerne Wein. Insofern wird der Weinbauer auch in dieser turbulenten Zeit von seinem Herrn ein bestimmtes Maß an Achtung erfahren haben, was ihm damals schon ein »besseres« Leben ermöglichte.

Dr. Karl Decker (1895-1977) beschreibt in seinem Aufsatz »Eine lange Weinchronik und deren Lehre« für die Publikation *Der Wein an Mosel-Saar-Ruwer im Kreis Trier-Saarburg* im Jahr 1976 tausend Jahre Weinbau im genannten Gebiet. In seiner Chronik bezeichnet er detailliert Fehljahre (z.B. 300 n. Chr., ein Jahr mit völligem Ernteausfall) oder Jahre (306, 312, 411, 545, 585, 604) in denen Missernten nicht nennenswerte Erträge brachten. Im Wirtschaftsleben spielte der Weinbau damals eine bedeutende Rolle. Allerdings gab es auch Jahre, in denen wahre Schwemmen ein Übermaß an Most brachten.

Venantius Honorius Clementianus Fortunatus (geb. um 540 bei Treviso/Italien, gest. etwa zwischen 600-610 in Poitiers/Frankreich) war Bischof und Dichter. Er besang die traubenreiche Mosel und den Weinbau am Rhein, obwohl dieser unter den Zerstörungen während der Völkerwanderung stark gelitten hatte.

Erst das Burgunderrecht (Lex Burgundionum um 500), welches von König Gundobad (Burgunderkönig von 480-516) wahrscheinlich nach der Niederlage gegen Chlodwig I. (Frankenkönig von 481-511) entworfen wurde, stellte den Weinbau unter Schutz und förderte die Neuanlage von Weinbergen. Bis zum Ende des 6. Jahrhunderts wurde der Ausbau (➤) der Weinbergskulturen vorangetrieben. Dagobert I. (um 610-639, Frankenkönig seit 629) und sein außerehelicher zweiter Sohn Sigibert III. (630-656) werden mehrmals in Urkunden erwähnt. Dabei sind Schenkungen von Weinbergen an Klöster und Stifte von besonderem Interesse.

Dr. Dr. Karl Christoffel, Schriftsteller und Weinpoet (1895-1986), beschrieb in der Promotion der *Geschichte des Weinbaues der Abtei St. Maximin in Trier vom 7. bis 18. Jahrhundert* und erwähnte dabei die Übertragungen König Dagoberts von Weingütern 633 n. Chr. an die Abtei.

In den Jahren 300-700, einem Zeitraum von vier Jahrhunderten, sind nur neun Jahre Weinreport festgehalten. Von diesen sind jene wegen ihrer großen Missernten in Erinnerung, lediglich das Jahr 638 wird als gutes Weinjahr bezeichnet.

Christoffel beschreibt, wie detailliert die Maximiner Mönche Auskunft über Besitzregelungen, Bodenbearbeitung und Pflege der Pflanzungen geben und berichtet von der Rebvermehrung durch »Proffen« (➤ *Infokasten*).

> **Proffen**: Ein ausgefallener Rebstock wurde durch eine lange Rute des Nachbargewächses ersetzt, welche im Boden versenkt durch die Mutterpflanze mit Nahrung versorgt wurde. Diese Vermehrungsmethode wurde in späteren Jahren verboten.

Christoffel berichtet von der Pflege des Bodens sowie dem Binden und Schneiden der Reben. Die Trauben wurden anfangs durch Treten in Bottichen gepresst. Klöster und große Landgüter besaßen Keltern, die ebenso von den Lehnsleuten benutzt werden mussten. Doch dieser Zwang barg auch Vorteile. Die Ausbeute von Most war größer und die Arbeit wesentlich leichter. Die Qualitätsbewertung des Mostes fiel unter die Rubrik »Erfahrung«, da die Erfindung der Mostwaage noch nicht gemacht war. Nichts wurde verschwendet. Der Kelterkuchen wurde, so wie heute noch, zum Schnapsbrennen in Fässer gestampft und vergoren. 765 galt als gesegnetes Weinjahr, wofür König Pippin (714-768, Vater Karls des Großen) den Erzbischof Lullus von Mainz beauftragte, einen Dankgottesdienst abzuhalten.

Seit dem 9. Jahrhundert werden die Aufzeichnungen bezüglich der Weinernte immer detaillierter. Generell fiel in Jahren mit großer Hitze die Ernte gut aus, wie etwa in den Jahren 995, 1007, 1185 oder 1293. Kälteperioden verursachten »völlige Fehlernten«, wie etwa im Jahr 1076.

Rebaustrieb am Altenberg/Kanzem

Das 20. Jahrhundert

Ab dem 20. Jahrhundert wurden alle Jahrgänge ausführlich beschrieben. Wein von Saar und Mosel fanden im frühen 20. Jahrhundert Liebhaber in der ganzen Welt. Um 1900 kostete Saarwein das Mehrfache eines Weines aus Bordeaux. Die Anzahl der Fehljahre war zurückgegangen, nur im Jahr 1956 verursachten Winterfrostschäden stärkere Ausfälle, Frühfrostschäden führten zu minderen Qualitäten. Als die besten deutschen Jahrgänge des 20. Jahrhunderts gelten der 1921er, der 1959er, 1971er, 1975er und 1999er Wein.

Das 21. Jahrhundert

Zu den wirklich guten *Riesling*-Jahrgängen im neuen Jahrtausend zählen zweifelsfrei die Jahre 2001, 2005, 2007, 2009 und 2010. Für Rotwein hielt die Sonne im Jahr 2003 eine besondere Fülle und aromatischer Dichte bereit. Einige *Rieslinge* fielen etwas säurearm aus. *Grau-* und *Weißburgunder* präsentierten sich äußerst gehaltvoll. Für das Weinjahr 2011 kann von einem großartigen Jahrhundertwein gesprochen werden.

Reberziehung

Im Saartal und auch an der Mosel braucht man an Spaliererziehung, wie sie in weiten Teilen Deutschlands im flacheren Gelände üblich ist, nicht zu denken. An den Steillagen der Saar, wie eben auch an den terrassierten Steillagen der Untermosel, wurde offenbar von Beginn des Weinbaus an auf Stockerziehung gesetzt. Diese Methode erlaubte auch an den steilsten Hängen Rebanbau.

Dieses Bild, das seit dem 1. Jahrhundert n. Chr. die Landschaft an den Hängen des Saartals die Jahrhunderte hindurch geprägt hat, ist bis heute fast unverändert geblieben. Weingärten werden bevorzugt an den Südosthängen angelegt, da die Sonne die Trauben dort vom frühen Morgen bis in die Mittagsstunden mit wärmenden Strahlen verwöhnt. Das Schiefergestein bildet zum einen unerschöpflichen Nährboden, in dessen Spalten sich die Rebwurzeln metertief einarbeiten, um auch in trockenen Jahren noch an die Tiefen-Feuchtigkeit des Bodens zu gelangen. Zum anderen speichern die Schieferböden die Tageswärme, um sie in der Nacht an die Weinpflanzen abzugeben. Dadurch wird der Reifeprozess der Trauben vorzüglich gefördert und bewirkt ein hohes Mostgewicht sowie einen unglaublichen Reichtum an feinsten Duftstoffen. Das sind beste Voraussetzungen, um gute Qualitäten mit fruchtiger, extraktreicher Blume zu erzeugen.

Wie sich die ersten Anbauversuche und eine spätere Entwicklung im Weinbau entwickelt haben, ist nur zu erahnen. Zufallsfunde aus der Zeit vor 2000 Jahren geben nützliche Hinweise auf eine mögliche Handhabung in Sachen Weinbereitung.

Die ersten Beschreibungen des Weinbaus

Zahlreiche Erkenntnisse über den Weinbau in der Antike verdanken wir Naturforschern und Agrarschriftstellern, die in ihren »Handbüchern der Landwirtschaft« besonderes Interesse am Weinbau, der Sortenbesprechung (Vorzüge der edlen Sorten), Verbesserung des Ertrages und der Praxis im Keltervorgang zeigten. Einer der ersten römischen Schriftsteller, der ein Werk über die Landwirtschaft jener Zeit verfasste, war der im 1. Jahrhundert v. Chr. in Cadiz/Spanien geborene Lucius Iunius Moderatus Columella. Zur Zeit des Kaisers Claudius verfasste er ein bedeutendes Werk (*De re rustica*) in 12 Bänden, in denen er die Landwirtschaft, den Gartenbau und die Baumzucht beschrieb. Gaius Plinius Secundus Maior, Plinius der Ältere (23-79 n. Chr.), römischer Gelehrter, schrieb die naturwissenschaftliche Enzyklopädie *Naturalis historia*. In 37 Bänden nimmt er Stellung zu den Themen Gartenbau, Botanik, Pflanzenheilkunde, Medizin, Anthropologie und anderen wissenschaftlichen Bereichen.

Anregungen und Inhalte der landwirtschaftlichen Werke wurde auch in die Provinzen vermittelt, um dem Staatsapparat, den Legionen und der Bevölkerung die Vorteile einer »modernen« Landwirtschaft zugute kommen zu lassen.

Auf Grabreliefs und Pilastern wurden häufig Bildnisse dargestellt, welche die Weinlese zeigen. Rebstöcke wurden mit Ranken und Tieren dargestellt. Portraits von Vögeln, Hasen und Schlangen deuten an, dass die Tiere auch schon in römischer Zeit als Schädlinge betrachtet wurden, die die Erträge im Weinberg schmälerten. Oftmals finden sich auch Krüge und Amphoren in den Darstellungen, seltener dagegen die Abbildung von Holzfässern wie die des »Moselschiffs von Neumagen« (ältester Weinort Deutschlands), was daran liegen mag, dass die Römer ihren Wein in mit Kork und Wachs verschlossenen Amphoren aufbewahrten und transportierten. Die Kelten allerdings wussten schon lange, wie man aus Dauben Holzfässer zusammenfüg-

Römisches Weinschiff in Neumagen-Drohn

te, um darin Flüssigkeiten aller Art zu lagern und zu befördern. Die Römer erkannten alsbald die Vorteile der Fassaufbewahrung, da sie für die Versorgung der Legionäre riesige Mengen Wein benötigten. Das Getränk ließ sich in Fässern einfacher bevorraten und wesentlich bequemer transportieren. Wasser war oftmals hygienisch unsauber, Wein dagegen bekömmlich, gesundheitsfördernd und stärkte die Kampfeslust der Legionäre.

Die Weinpreise im Wandel der Jahrhunderte

Handel mit Wein trieben bereits die Römer, wie der Fund des Neumagener Weinschiffes belegt. In seinem Artikel »Die Weinpreise vom Mittelalter an« beschreibt Dr. Karl Decker, dass Wein vom Erzeugerland in die Städte vom Niederrhein bis nach Holland geliefert und über den Handel verteilt wurde. Weinhändler reisten zur Mosel und Saar und kauften selbst ein. Wurden einmal bessere Gewächse im Überfluss produziert, wurden diese versteigert, um eventuell auch Platz für die neue Ernte zu schaffen. Die Abtei Prüm besaß in Mehring und Schweich Weinberge. Aus Aufzeichnungen aus dem Jahr 893 geht hervor, dass eine Carrada (1 000 l) Wein etwa 14 Denar, 90 Reichsmark (RM) kosteten, was heute ungefähr 360 € entspricht. Die Mengenangabe Carrada ist etwa mit dem Fuder vergleichbar – dieses kann aber in verschiedenen Regionen um bis zu 10% schwanken. Nach Bassermann-Jordan* sind Weinpreise aus dem Mittelalter sehr selten überliefert.

Nach einem Aufrechnungsschlüssel nach Bassermann-Jordan entwickelten sich die Fuderpreise an der Mosel wie folgt:

8. und 9. Jahrhundert:	50-90 RM
10. und 11. Jahrhundert:	100-170 RM
12. Jahrhundert: 75-105 RM	
13. Jahrhundert (1. Hälfte):	130-165 RM
(2. Hälfte):	220-290 RM
14. Jahrhundert (1. Hälfte):	350-450RM
(2. Hälfte):	260-400 RM
18. Jahrhundert (1. Hälfte):	260-400 RM
(2. Hälfte):	200-300 RM
19. Jahrhundert (1. Hälfte):	80-150 RM
(2. Hälfte):	160-250 RM
20. Jahrhundert (1. Hälfte):	250-2100 RM
(2. Hälfte):	1800-1200 RM

Anmerkung: Reichsmark-Euro Umrechnungskurs: 1 RM entspricht etwa 4,42 Euro.

Nur Klöster und adelige Grundherren durften seit dem 15. Jahrhundert Weine versteigern, der kleine Winzer hatte kein Marktrecht und musste seinen Wein über die Gemeinden, die den Weinverkauf gleichzeitig überwachten, an den Mann bringen. Die Gemeinden handelten Jahr für Jahr mit Vertretern des Handels nach einer zünftigen Probe die Weinpreise aus, die danach für alle Mitglieder Gültigkeit hatten. Zu dem ausgehandelten Preis konnte der Winzer sein Produkt nun nach Belieben verkaufen. Hinzu kam allerdings ein sogenannter Gabelungshandel, der besagte, dass für jedes bessere Fuder ein entsprechend geringerwertiges mitbezogen werden musste. Der Dreißigjährige Krieg brachte den Winzern Tiefstpreise wie nie zuvor. In einer Weinchronik von 1763 ist zu lesen, dass der Kurfürst von Trier eine ganze Zeltinger Wein-Rente verhökert hat. Fuder zu Fuder für 11 Reichstaler, was den Schluss zulässt, dass der qualitativ minderwertige Wein aus ungünstigen Wachstumsjahren kaum Käufer gefunden hat.

---

* Friedrich Arnaud Emil Bassermann-Jordan (1872-1959) war pfälzischer Weingutsbesitzer und Wein-Historiker. Er ist Autor des Standardwerkes *Geschichte des Weinbaus* (1907).

Seit den 1980er Jahren wurden die Weinpreise, Weinbau und Handel mehr und mehr durch den europäischen und den internationalen Markt beeinflusst. Brüssel reglementiert die Weinbauflächen und die Ertragsmengen pro Hektar allerdings in den verschiedenen Weinbaugebieten unterschiedlich.

Wein, Klerus und die Folgen der Säkularisierung

Venantius Fortunatus, Gelehrter und Bischof im späten 6. Jahrhundert, verglich in einem Gedicht aus seiner poesievollen Beschreibung *De navigio suo* (Beschreibung einer Moselfahrt von Metz bis an den Rhein), das Kreuz Christi mit einem Rebstock, an dessen Zweigen Christus als Weintraube hängt und aus der roter Wein (das Blut Christi) fließt.

Die christlichen Merowingerkönige stärkten die Entwicklung des Christentums und mit ihm die Verbreitung des Weinbaus. Ein Gottesdienst ohne Wein war undenkbar, denn kein Priester zelebrierte einen Gottesdienst ohne das symbolische »Blut Christi«. Bei jeder Andacht verwendete man Wein während der Kommunion. Laienpriester tranken Wein, ebenso Gäste und auch Arme. In vielen Klöstern wurden Pilger mit Wein und Brot gestärkt und vor ihrer Weiterreise mit Proviant versehen. Benediktinermönche, allen voran aber die Zisterzienser, waren maßgeblich an der Weiterentwicklung des Weinbaus, der Kellerwirtschaft, der Veredelung und Pflege der Rebe beteiligt. Ohne ihre Mithilfe und der wissenschaftlichen Auseinandersetzung mit Landwirtschaft, Gartenbau und Landschaftspflege hätte der Weinbau eine andere Entwicklung erlebt. Mit ihren Erfahrungen brachten sie noch im Norden Rebstöcke im Dünensand zur Blüte und selbst in den rauen Landschaften der Eifel (Klöster *Machern* und *Himmerod*) betrieben sie Weinbau.

Das Kloster *Machern* wurde im Jahre 1238 gegründet. Es wurde als Frauenkloster in den Ordensverband der Zisterzienser aufgenommen und der Abtei Himmerod unterstellt. Seine Lage im Herzstück der Mittelmosel und die bedeutende Stellung des Zisterzienserordens im europäischen Spitzenweinbau (Kloster Clairvaux – Burgund, Kloster Eberbach – Rheingau, Kloster Himmerod – Mosel) machten Machern mit seinen Besitztümern in Wehlen, Rachtig und Zeltingen zu einem einflussreichen weinbaulichen Zentrum.

Mit der Verbreitung des Weinbaus in Deutschland wurde Wein ein Getränk des Volkes. Ein Becher zur Begrüßung, einer zum Abschied, selbst dem Todgeweihten verwehrte man den letzten Schluck nicht, bevor es zum Schafott ging. Weinberge standen unter besonderem Schutz, Frevler wurden drakonisch bestraft.

Im 16. Jahrhundert ging es mit dem Weinbau in Deutschland bergab. Aus dem Ausland eingeführter Wein war billiger, der heimische Anbau somit für die hiesigen Bauern unrentabel. Allenfalls die katholische Kirche achtete die Edelfrucht und bewahrte den Rebstock. Die Kirche zelebrierte den religiösen Kult um den Wein und weihte ihn. Mönche wiesen auf die heilende Wirkung des Weines hin, ermahnten aber auch zur Mäßigung im Genuss. So berichtet die Legende vom heilenden Wein aus Bernkastel. Während eines Aufenthaltes auf der Burg Landshut erkrankte der Trierer Kurfürst Boemund II. von Saarbrücken (1354-1362 Erzbischof von Trier) schwer. Alle ärztlichen Bemühungen scheiterten, bis man ihm Wein von der besten Bernkasteler Lage zu trinken gab, welcher ihm Genesung brachte. Ebenso soll König Edward VII. von Großbritannien den *Bernkasteler Doctor* als Medizin getrunken haben.

Zahlreiche Heilige traten als besondere Schützer und Förderer des Weinbaus auf, wie der Hl. Urban (Mosel-Saar-Ruwer) als Patron der Weinberge, des Weines, der Winzer und Küfer. In Luxemburg und an der Mosel wird der Hl. Willibrord oftmals mit einem Fässchen Wein dargestellt. Im Elsass und der Rheinpfalz verehrt man St. Martin ebenso wie die Hl. Odilia, auf deren Gebet hin sich ein leeres Weinfass, das für die Armen bestimmt war, gefüllt haben soll.

Durch die Säkularisierung Anfang des 19. Jahrhunderts gingen viele Weinberge entlang der Saar von kirchlichem Besitz in private Hände über. An der unteren Saar etablierten sich die besten Weingüter, bis heute produzieren sie grandiose Weine. Einige Weingüter blieben jedoch in kirchlichem Besitz, wie etwa die *Bischöflichen Weingüter* in Trier, darunter das *Bischöfliche Priesterseminar*, das *Bischöfliche Konvikt* und das *Friedrich-Wilhelm-Gymnasium*, mit einem Weinbergsbesitz von rund 130 ha in den Spitzenlagen an Saar, Mosel und Ruwer. Zu 87% wird die Rebsorte *Riesling* gepflanzt. Die eleganten, feinfruchtigen, mineralischen Rieslingweine aus Steillagen werden im gemeinsamen Weinkeller in Trier ausgebaut.

Am Mittellauf der Saar beschäftigten sich immer mehr Obstbauern mit dem Rebanbau. Die bekanntesten Weinorte waren Besseringen, Merzig mit seinem *Kreuzberg* und Saarfels (Beckingen), wo an den Hängen des Fischerbergs Wein angebaut wurde. Saarfels war bis um 1900 herum eine Weinbaugemeinde, bis die Reblausplage den Weinbau unmöglich machte. Auch in Saarbrücken wurde Wein angebaut. So auf dem Nußberg, dem Halberg (bis zum frühen 19. Jh.) oder in St. Arnual, wo der Rebanbau bis in die frühen 1920er möglich war, bis auch hier die Reblaus den Weinbau zum Erliegen brachte.

Weiter am Oberlauf der Saar wurde ebenso Weinbau betrieben. Das *Heckelsche Weingut* in Kleinblittersdorf produzierte bis um 1900 sehr gute Weine. 2012 wurden hier wieder 1 000 Rebstöcke der Sorte *Cabernet blanc* gepflanzt. Auch an der Blies im Grenzbereich zu Frankreich wurde vor allem in Habkirchen, Reinheim, Bliesransbach und Bliesmengen-Bolchen, wie viele Gassennamen verraten, Wein kultiviert.
Der aus Klingenmünster/Südpfalz stammende Schriftsteller, Heimatreisende und Volkskundler August Becker beschrieb in seinem 1857 ursprünglich als Reisebericht verfassten Buch *Die Pfalz und die Pfälzer* in einer Beschreibung über den Westrich in dem Kapitel »Die Bliesgegend« Folgendes über das Wilhelmiter Kloster Gräfinthal aus dem 13. Jahrhundert:
»*Schöne Gärten umgeben die Wallfahrtskapelle, die aus dem Chor der Klosterkirche wiederhergestellt wurde. In ihr thront die wundertätige ›Mutter Gottes von Gräfinthal‹, die an den Marientagen viele Gläubige hierher lockt. In der Kirche liegt die bemalte Figur eines jungen Mädchens. Es ist das Grabmal einer Tochter des Königs Stanislaus von Polen. Auf den Hügeln wächst die beste Sorte des Bliesweines, der ›Muttergotteswein‹.*«

Namen der Weine

Im Mittelalter unterschied man nur zwischen rotem und weißem Wein. Rebsorte oder Gebietsherkunft spielten keine Rolle. Weniger gute Weine bezeichnet man als »hunischen«, die besseren, hochgeschätzten als »fränkischen«. Gebietsbezeichnungen wie Rhein-, Mosel- und Pfalzwein wurden erst viel später verwendet.
Im 16. Jahrhundert beschrieb Tabernaemontanus – eigentlich Jaco-

bus Theodorus – erstmals im Jahre 1588 in seinem Kräuterbuch *Weine die allesamt ihren Namen haben* auch die Ortbezeichnung, also Herkunft des Weines.

Im 18. Jahrhundert vermerkte man die Rebsorte, die bis dato kaum Erwähnung fand.

Erst seit der 2. Hälfte des 19. Jahrhunderts, seitdem die besseren Weine auf die Flasche gefüllt werden, verraten Etiketten Herkunft, Sorte und Weinbergslage. Karl Christoffel, Heimatschriftsteller, berichtete, dass man sich anfänglich in Köln über die »Briefchesweine« lustig gemacht habe. Die Entwicklung des Weines und deren bessere Haltbarkeit führten dazu, dass immer mehr Weine in der Flasche zum Verbraucher kamen. Auf den Etiketten sind heute in Erinnerung oftmals die alten Lagennamen bezeichnet, deren Benennung sich meist über viele Jahrhunderte erhalten hat.

Namen der Weinberge

Die Auswahl von Flurnamen hat ganz verschiedene, meist profane Ursachen. Oftmals spielen dabei unverwechselbare, markante Stellen in der Geländebeschaffenheit eine Rolle. Hinzu kommen die farbliche Bodeneigenschaft, die Nennung nach der vorherrschenden Tier- und Pflanzenwelt, Hanglage und Neigung sowie die Grundstückseigner und andere Besonderheiten, die für die Namensfindung eine bedeutende Rolle spielen.

Römische Weinbauern haben oftmals keltische Namen übernommen. Eine Weinlage ist sehr selten nach nur einem Merkmal zustande gekommen, in der Regel stehen Wortkombinationen für die Namensgebung, z.B. den Namen *Kanzemer (Alten-)Berg*, dessen Bedeutung sich wohl aus einer Einbindung aus dem lateinischen *alta* (hoch), ableitet. Die Lagenbezeichnung *Kanzemer Altenberg* ist ein Beispiel für die Lagenreduzierung im Jahr 1970. Vorher gliederte sich der *Kanzemer Berg* in den *Wolfsberg*, den *Kelterberg*, sowie den *großen*, *mittleren* und *unteren* Berg (»Unterberg«). Gleichwohl gibt es Doppelbenennungen wie den *Hüwelsberg* in Wincheringen.

Eine Ausrichtung zur Sonne hin findet sich in zahlreichen Lagenbezeichnungen, so in Biebelhausen, Irsch, Kanzem, Schleich, Trier-Waldrach. Man denke an die *Sonnenlay* (die Bezeichnung Lay = Fels, Stein steht für die Geländebeschaffenheit) in Ensch, oder die *Südlay* in Pölich. Doppelformen wie *Felslay* in Mertesdorf oder *Palzemer Karlsfelsenlay* sind üblich. Andere Bezeichnungen, die auf Geländeformen zurückgehen, sind: Kupp (Ayl, Ockfen, Serrig, Wiltingen u.a.), Kaul (*Sandkaul* in Wincheringen), Krone (Waldrach), Held/Halde (Pölich, Köwerich, Kenn, Langsur etc.) oder Kopf (Fell, Riol, Trier), Fuß (*Gottesfuß* in Wiltingen), Senke (z.B. als *Vogelsang*, Irsch, Serrig), Graben (*Schlangengraben* in Wiltingen). Vertreter der tierischen Gattung sind Fuchs (*Fuchskaul* in Fastrau), Wolf (als *Wolfberg* in Kanzem), Bock (als *Bockstein* in Ockfen), Geis (als *Geisberg* in Schoden, Konz, Ockfen). Auch Hirsch (*Hirzberg* in Serrig) und Hase (*Hasenberg* in Riol) stehen als Namensgeber Pate. *

---

* Vgl. Decker, Karl (1976): »Eine lange Weinchronik und deren Lehre«. In: Kreissparkasse Trier-Saarburg (Hg.): Der Wein an Mosel-Saar-Ruwer im Kreis Trier-Saarburg. Saarburg, S. 57-66.

Der Riesling –
Seine Eigenschaften und Merkmale

Man könnte meinen, der Duft und der Geschmack eines *Rieslings* bestünden aus nur wenigen Nuancen. Oftmals liest man von dem Klassiker, der zu Salaten, Fisch und hellem Fleisch getrunken werden soll, und so mancher Weinhändler verspricht wahren Genuss bei gleichzeitigem Verzehr von zartem Wild und Sauerkraut.

Doch die Facetten eines guten *Rieslings* sind vielschichtiger als alle Werbung verspricht. Es lohnt sich, zu einem Winzer zu fahren und ihn zu fragen, welche Aromen seines Produktes er selbst zu welchen Speisen mag. Gerne öffnet er auch eine Flasche zur Probe.

Die besten Rieslingreben gedeihen nördlich der Alpen in Deutschland. Das größte Rieslinganbaugebiet Mosel, gefolgt von der Pfalz, Rheinhessen und dem Rheingau besitzt die besten Lagen, wie *Ürziger Würzgarten*, *Wehlener Sonnenuhr*, *Bernkasteler Doctor* oder *Winninger Uhlen*. Absolute Spitzenlagen befinden sich an der unteren Saar, wie etwa *Scharzhofberg*, *Ayler Kupp*, *Kanzemer Altenberg* und *Kanzemer Sonnenberg*.

Riesling – König der Reben

Riesling wird meist trocken ausgebaut. Es gibt aber auch fantastische Dessertweine als Beerenauslesen, Trockenbeerenauslese und Eiswein. Diese Weine entstehen dank der Edelfäule (Botrytis Cinerea, ➤), welche eigentlich ein Schimmelpilz ist, der auf den Beeren der reifen Weintraube durch die Feuchtigkeit des Morgennebels im Herbst gebildet wird. Die Weine besitzen eine unglaubliche, aber angenehme Süße und eine erstaunlich breite Geschmackspalette. Voraussetzung für ein solches Endprodukt: Die Herbsttage müssen noch warm genug sein, um das Trocknen der Beeren zu ermöglichen. Weltweit gibt es nur wenige Weinbaugebiete, die solch ein Klima auszeichnet. Dazu gehören das Tal der Mosel und eben auch das enge Tal der Saar.

Botrytis: Erst wenn die Kloster-neuburger Mostwaage 12,5 KMW aufweist oder das Refraktometer (➤) mindestens 80° Öchsle (Oe) zeigt, steigt die Konzentration der Inhaltsstoffe in den Beeren, die Saftmenge wird reduziert. Nun beginnt die Arbeit des Pilzes, er ändert die Zusammensetzung der Wein-beeren. Eine Verstoffwechselung von Zucker, Säuren und Stickstoff erfolgt. Der stärkere Säureabbau im Vergleich zum Zucker fördert das Entstehen des Stoff-wechselproduktes Glyzerin, welches die Beere gerne aufnimmt. Dabei verändern sich ebenso Aromen wie auch die Farbe des Fruchtsaftes. Geschmacklich bleibt

das typische, an Honig erinnernde Edelfäulebukett. In manchen Fällen steigt der Zuckergehalt in den Beeren auf 45% und mehr – bestes Grund-produkt für die besten Weine. Dies bedeutet einen enormen Qualitäts-zuwachs, der den Mengenverlust wieder ausgleicht. Solche Weine sind sehr lange haltbar. Allerdings kann sich ein zu hoher Botrytisbefall auch negativ, d.h. qualitätsmindernd, auswirken. Die Weine altern schnell, riechen faulig und schmecken bitter.

Erster Fruchtansatz
nach der Blüte

Als junger Spund kommt der *Riesling* grün-lich-gelb daher und ändert seine Farbe mit zunehmendem Alter ins Goldgelbe. Er duftet nach Aprikosen, Litschi, Pfirsichen, reifen Birnen und auch nach Rosen, aller-dings wird eine Vielzahl seiner Aromen aus-schließlich von seinem Standort (Terroir) be-stimmt.

2004 untersuchte Prof. Dr. Andrea Bauer von der Hochschule für angewandte Wis-senschaft (HaW) Hamburg den Einfluss des Terroirs auf die sensorische und chemische Beschaffenheit von Weinen. Sie fand her-aus, dass ein statistisch signifikanter Einfluss durch das Ausgangsgestein zu erkennen ist. Untersucht wurden Re-ben von unterschiedlichen Anbauflächen, bestehend aus Buntsand-stein, Basalt, Grauwacke, Kalkstein und Rotliegendes. Basalt und das Rotliegende brachten sensorisch die aromatischsten und fruchtigsten

Weinlage Herrenberg in Serrig

Weine. Buntsandstein zeigte eine markante Säure. Die unterschiedlichsten Kalkböden warteten mit den Aromenkombinationen Pfirsich/Aprikose und Mango/Maracuja auf.

Der König der Reben mag es kühl mit viel Sonne. Diese besonderen Bedingungen findet er an den Nebenflüssen der Mosel, der Saar und der Ruwer. Doch mit der Klimaerwärmung treten zunehmend auch neue Pilzkrankheiten auf, wie etwa die Pilzerkrankung Esca (➤).

Esca: Immer häufiger tritt die Pilzerkrankung Esca (➤) in Deutschland und Frankreich auf. Esca wird durch das Zusammenwirken mehrerer holzzersetzender Pilze zusammen mit bisher noch unzureichend bekannten Faktoren verursacht. Besonders auffällig ist, dass sich inzwischen an der Mosel Pilze heimisch fühlen, die früher nur aus den südlichen Weinbaugebieten bekannt waren. Gerade mit Blick auf die Klimaerwärmung wollen Wissenschaftler der Biologischen Bundesanstalt (BBA) die Esca-Krankheitserreger im Auge behalten. Mit modernen molekularbiologischen Methoden lassen sich die Vertreter klar voneinander unterscheiden und so können die Forscher auch rasch ermitteln, welcher Pilz in welcher Region vorkommt.

Das Anbaugebiet Saar bringt die eigenständigsten Rieslingweine hervor. In besten Südlagen kann die Rebe auf wärmespeicherndem Devonschiefer (➤) langsam ihrer vollen Reife entgegensehen. Eine Eigenschaft unterscheidet den *Riesling* von seinen Kollegen ganz deutlich: Er gelingt am besten, wenn er kalt vergärt wird, keinen Säureabbau durchläuft, nicht im Barrique (➤) ausgebaut wird und früh in eine schützende Flasche kommt.

Die unterschiedlichen Qualitätsstufen des Weines

Deutsche Weine werden per Gesetz seit 1971 in Klassen und Qualitätsstufen untergliedert, die Voraussetzung und Beschaffenheit eines Weines bewerten.

Das Deutsche Weingesetz wurde 2007 novelliert: Die Weinwerbung wird nun gemeinschaftlich finanziert, so dass alle abgabepflichtigen Weinbaubetriebe gleich behandelt werden. Außerdem gab es Begriffsänderungen: Das Anbaugebiet »Mosel-Saar-Ruwer« wurde vereinfachend in »Mosel« umbenannt. Die ehemalige Qualitätsbezeichnung »Qualitätswein mit Prädikat« wurde durch »Prädikatswein« ersetzt.

Die Qualitätsstufen des deutschen Weines werden wie folgt dargestellt:

Tafelwein stammt ausschließlich aus Most von deutschem Lesegut und in Deutschland zugelassenen Rebflächen und Rebsorten.

Landwein ist Tafelwein der besseren Qualität. Hier muss das Lesegut aus einem bestimmten Gebiet stammen. Die Weine werden trocken oder halbtrocken ausgebaut.

Qualitätswein bestimmter **A**nbaugebiete (Q.b.A.) darf nur mit amtlicher Prüfnummer in den Verkauf gelangen.

Prädikatswein darf kein Zucker zugesetzt werden. Bei seinen Qualitäten gibt es folgende Klassifizierungen:

Kabinett ist fein, mit geringerem Alkoholgehalt.

Spätlese ist reif und elegant. Die Beeren werden in vollreifem Zustand geerntet.

Auslese kommt edel, aus reifen oder edelfaulen Beeren in die Flasche.

Beerenauslese ist fruchtig, überreife, edelfaule Trauben werden von Hand geerntet.

Trockenbeerenauslese zeichnet sich durch rosinenartige, edelfaule Beeren aus. Handlese.

Eiswein wird aus Beeren gekeltert, die in gefrorenem Zustand geerntet wurden

Classic bezeichnet einen Wein, der aus einer klassischen, gebietstypischen Rebsorte gekeltert wird. Diese Weine sind gehaltvoll, aromatisch und trocken.

Selection stammt von ausgewählten Standorten. Qualitätssteigerung durch Selektion (Ausschnitt) des Lesegutes. Handweinlese.

Erstes Gewächs bezeichnet hochwertige Anbauflächen für *Riesling* und *Spätburgunder*, durch wissenschaftliche Gutachten begründet.

Riesling-Hochgewächs in allen Anbaugebieten zulässig, vorausgesetzt der Wein wurde ausschließlich aus Rieslingtrauben hergestellt.

Großes Gewächs werden die Weine aus Top-Lagen der Pfalz bezeichnet.

Der **VDP** (➤) – der Verband Deutscher Prädikatsweingüter zeichnet die Top-Lagen mit dem Symbol 𝟙♆ neben dem Trauben-Adler aus.

Mindestmostgewichte (➤) für Qualitäts- und Prädikatsweine (in Grad Öchsle, °Oe)

Qualitätswein 51-72
Hochgewächs 60-70
Kabinett 67-82
Spätlese 76-90
Auslese 83-100
Eiswein/Beerenauslese 110-128
Trockenbeerenauslese 150-154

Über die Qualität des zu erwartenden Weines verrät das gemessene Mostgewicht in Grad Öchsle (°Oe) einiges, so kann der Alkoholgehalt des Endproduktes abgeleitet werden. Das Mostgewicht, die spezifische Dichte des unvergorenen Mostes, kennzeichnet das Gewichtsverhältnis eines Liter Traubenmostes zu einem Liter Wasser bei einer Temperatur von 20° Celsius. Der Zuckergehalt eines Mostes ist ausschlaggebend für das Mostgewicht und ist daher ein wichtiges Qualitätskriterium. Das Mostgewicht wird mit einer kalibrierten Mostwaage, Spindelwaage (Aräometer), gemessen. Eine Alternative ist das Refraktometer (➤), durch welches sich optisch der Zuckergehalt des Mostes bestimmen lässt.

Um höherwertige Weine zu erzeugen, kann durch Konzentration dem Traubenmost Wasser entzogen werden. Dies erlaubt eine wesentlich höhere Dichte an Inhaltsstoffen und Aromen. Die Mostkonzentration macht aber nur bei Spitzenweinen in Auslesequalität Sinn, da dieses Verfahren recht teuer ist. Allerdings geben die unterschiedlichen Mostgewichte nur einen Mindeststandard für einzelne Rebsorten in den dreizehn deutschen Anbaugebieten vor. In keinem anderen Wein produzierenden Land gibt es so viele unterschiedliche Qualitätsstufen wie in Deutschland. Das Weinetikett gibt nicht nur Auskunft über die Herkunftsregion, den Winzerbetrieb, die Weinlage und den Jahrgang, sondern macht Angaben über die wichtigen gesetzlich vorgeschriebenen Güteklassen.

Zu den Weinen mit einer geografischen Angabe zählt **Deutscher Landwein**, ein umkomplizierter Wein, der die typischen Eigenschaften seiner Region beinhaltet. Landwein ist immer trocken oder halbtrocken.
Auch Mosel, Ruwer und Saar zählen zu den deutschen Landweingebieten.

Der Begriff Tafelwein wird seit der EU-Weinrechtsänderung vom 1. August 2009 durch Deutscher Wein ohne Herkunftsbezeichnung ersetzt. Dieser Weintyp darf seit der Änderung auch eine Rebsorten- und Jahrgangsbezeichnung tragen. Die Qualitätsanforderungen stehen jedoch hinter denen von Qualitäts- und Prädikatsweinen.
Auch er muss ausschließlich aus deutschem Lesegut zugelassener Rebflächen und Rebsorten stammen. Im Vergleich zu anderen Anbauländern werden in Deutschland nur kleine Mengen dieser Qualität erzeugt.

Geschmacksangaben bezogen auf Restzucker (➤) im Wein

Trocken: Wein mit einem maximalen Restzuckeranteil von 9 g/l, wobei der Säuregehalt höchstens 2 g/l niedriger sein darf (z.B. RZ 9g, S 7 g). Die Angabe »Für Diabetiker geeignet« ist für Weine mit weniger Restzuckergehalt von 2 g/l nicht mehr zulässig.

Halbtrocken: Wein mit einem Restzuckergehalt (➤) von 9 bis 18 g/l unvergorenem Zucker. Mit höherem Säuregehalt können diese allerdings durchaus als trocken empfunden werden.

Lieblich/Halbsüß: nach dem Deutschen Weingesetz Weine mit eindeutig süßer Geschmacksausrichtung. Bei ihnen liegt der Restzuckergehalt (➤) deutlich über dem von halbtrockenen Weinen, also 18 g/l bis 45 g/l Restzucker (➤).

Süß: Weine, die einen Restzuckergehalt (➤) von deutlich mehr als 45 g/l aufweisen.

Mild: Weine mit mehr als 45 g/l Restzucker (➤), aber niedrigem Säuregehalt, z.B. süße Weine, bei denen die Säure im Hintergrund steht.

Feinherb: Weine, die halbtrocken (jedoch mit deutlicher Restsüße) ausgebaut wurden. Das Weingesetz gibt diese Bezeichnung nicht her, jedoch wird sie häufiger von Moselwinzern etikettiert.

Fränkisch trocken: Weine mit einem Restzuckergehalt (➤) von 4 g/l, wird aber nur im Weinbaugebiet Franken benutzt. Die fränkischen Weinbauern haben sich untereinander verständigt, die Geschmacksangabe trocken nur für Weine mit bis zu 4 g/l unvergorenem Zucker anzuwenden.

Geschmacksangaben bei Schaumweinen und Winzersekten

Beim Schaumwein werden durch eine Abschwächung des Geschmacks durch Kohlensäure andere Restzuckergrenzen (➤) angewendet.

Ultra brut oder **brut nature**: eine Variante des Schaumweines mit maximal 3 g/l Restzucker (➤)

Extra herb: 0-6 g/l Restsüße und wird alternativ auch Brut de Brut bezeichnet.

Herb: Schaumweine mit weniger als 15 g/l unvergorenem Zucker.

Extra trocken: Sekte, mit 12-20 g/l Restzucker (➤).

Trocken: Schaumweine mit einem Restzuckergehalt von 17-35 g/l.

Halbtrocken: Schaumweine mit 35-50 g/l unvergorenen Zucker.

Mild: Sekte mit über 50 g/l.

Die Winzersekte von der Saar werden vor allem aus der Rebsorte *Riesling* in traditioneller Methode hergestellt. Die so in Flaschengärung erzeugten Winzersekte oder Crémants verbringen mindestens neun Monate auf dem Hefebett, eignen sich als Apéritif oder aber als Begleiter zu Crêpes Suzette, Gänseleber, mild gewürzten Innereien vom Huhn, zu Gambas und Garnelen in einer zarten Ingwerbeize, einer frischen Languste in Balsamikoöl oder mild geräuchertem Wildlachs. Doch manch ein Gläschen Rieslingsekt versüßt den Tag auch ohne speziellen Anlass.

Terroir an den Steilhängen der Saar

Mit »Terroir« ist heute nicht nur die Bodenbeschaffenheit gemeint (lat. *terra* = Erde), sondern das Zusammenspiel zwischen Rebsorte, Boden, Klima und Sachverstand des Kellermeisters bei der Vinifizierung. Diese Faktoren machen einen Wein aus einer bestimmten Region unverwechselbar.

Hat man früher auf Quantität gesetzt, den Weinberg mit chemischen Produkten gedüngt und die Reben reichlich gespritzt, gehen innovative Winzer heute mit dem Thema Weinbau ganzheitlicher um. Vielfach wird Wert auf ökologisches Arbeiten im Wingert gelegt, das Ausbringen von Herbiziden, chemisch-synthetischen Insektiziden, Akariziden zur Bekämpfung von Milben, Nematiziden und organischen Fungiziden ist verboten. Im konventionellen Weinbau werden heute Spritzmittel sehr sparsam angewandt und, wenn möglich, durch biologische Schädlingsbekämpfung ersetzt. Das Ökosystem Boden soll weitgehend intakt bleiben, denn lebendiger Boden ist die Grundvoraussetzung für einen geschmackvollen Wein. Große Geheimnisse um die Bodenbestellung gibt es nicht, lediglich der Einsatz von Kompost, Mist, Gründüngung mit entsprechendem Pflanzenmaterial und Stroh steigern den Humusgehalt des Bodens. Auf die richtige »Gare« kommt es an, also einen Boden mit stabilen Krümelstrukturen. Konsequente Weinbauern achten auch auf Heckenbewuchs am Wingertrand, intakte Mauersysteme und mögliche Böschungsbegrünung, um vielen nützlichen Tieren ideale Lebensräume zu schaffen. Doch diese allein machen keinen Spitzenwein. Hinzu kommt die geologische Beschaffenheit des Bodens, da Rebpflanzen bis in Tiefen von zehn Meter und mehr wurzeln. Ein weiterer Faktor ist die Arbeit im Keller. Winzer und Kellermeister gehen heutzutage schonend mit ihrem Most um. Sie setzen oftmals auf Spontanvergärung (➤) durch Naturhefen (➤). Gärung ohne Reinzuchthefen (➤) ist allerdings nicht immer unproblematisch. Kritische Kontrolle des Mostes, der Gärtemperatur und einer sensorischen Prüfung sind Voraussetzung. Nur so kann gegebenenfalls korrigierend in den Gärprozess eingegriffen werden.

Geologie an Mosel und Saar

Im Anbaugebiet Mosel (vor 2007 Anbaugebiet Mosel-Saar-Ruwer) finden sich hauptsächlich Schieferverwitterungsböden, die im erd-

Steillage Wiltinger Gottesfuß/Wiltingen

zeitgeschichtlichen Devon vor etwa 416 Millionen Jahren entstanden. Vor 200-65 Mio. Jahren zersetzte das tropisch-subtropische Klima mit hohen Temperaturen und großen Niederschlägen den Boden und ließ die Oberfläche verwittern. Oberflächenschichten wurden bis zu 100 Meter tief aufgeweicht. Aus dunklem Schiefer verblieb ein weicher, buntgefärbter Rest. Vor etwa 15 Mio. Jahren suchten Flüsse sich ihre Wege und schufen Täler, so auch jene im Einzugsgebiet der Mosel. Die ältesten Moselablagerungen sind etwa 3 Mio. Jahre alt. Geblieben ist dunkler Tonschiefer (➤ *Infokasten*), der chemisch unterschiedlich reagierte, ausbleichte und rote, braune und gelbe Farben annahm.

Tonschiefer: Tonschiefer besteht aus etwa 30% farblosem Quarz, etwa 30% weißem Illit, 30% olivgrünem Eisenchlorit und etwa 5% weißem Feldspat. Den Rest bildet das schwarze Eisensulfit Pyrit, bei feiner, toniger Körnung glänzt es schwarzblau. Eisenchlorit, durch Sickerwassermengen angegriffen, fängt unter dem Einfluss von Luftsauerstoff an zu oxidieren. Es entstehen dreiwertige Eisenverbindungen mit roter bis rostbrauner Farbe.

Devonschiefer

Vor 2,6 Mio. Jahren änderte sich das Klima. Kalt- und Warmzeiten wechselten sich ab. Während der Eiszeiten drangen große Gletscher vor, die allerdings nicht bis in den Moselraum kamen. Hier erstreckte sich während der Kaltperioden eine Tundrenlandschaft mit Dauerfrostböden und spärlicher Vegetation. Intensive Frostverwitterung formte damals schon in Teilen die uns heute bekannte Landschaft. Das Jahrmillionen zuvor entstandene Rheinische Schiefergebirge hob sich an, Flüsse schnitten sich tiefer in die Gesteinsschichten ein. In unterschiedlichen Ablagerungsphasen entwickelten sich Flussterrassen mit ausladenden Geröll-, Kies- und Sandablagerungen. Die Mosel verwandelte die einst breite Talwanne mit einem eher geradlinigen Lauf in ein enger und tiefer werdendes, mäanderndes Tal. Durch das Abschneiden von Flussschlingen, gefördert von großer Emissionskraft, entstanden Trockentäler und Umlaufberge. Die Kaltzeit endete vor 12 900 Jahren. Warmzeitliche Bedingungen herrschten wieder seit 11 600 Jahren, Wälder entstanden und bodenbewohnende Pflanzen breiteten sich aus. Auf den Schuttdecken des Schiefergebirges der Kaltzeit bildeten sich Braunerden. Auf Mergeln (Sedimentgestein aus Ton und Kalk), Dolomit- und Kalksteinen entstanden Pararendzinen (Bezeichnung für die Bodenbeschaffenheit) aus Sand- und Lehmmergel. Der Mensch formte immer mehr den Lebensraum durch Rodung und landwirtschaftliche Nutzung. Abtragprozesse wurden durch die Bearbeitung des Bodens und eine Beschädigung der Vegetationsdecke beschleunigt. Schließlich kam in jüngster Zeit die Landschaftsgestaltung durch die Anlage von Weinbergsterrassen im Moselgebiet, also auch an der Saar, hinzu.

Terroir und Wein

Diese unterschiedlichen Bodeneigenschaften einzelner Gesteinsformationen bestimmen die geschmacklichen Charaktere der Weine. Das Wachstum der Reben und die Entwicklung der Frucht mit all ihren facettenreichen Aromen hängen von der Wasserspeicherung

Weinbergsteillage Wiltinger Kupp

des Bodenraumes, der Durchwurzelung, Nährstoffbindung und -freigabe sowie der mineralogischen Zusammensetzung des Ausgangsgesteins ab. So ist die Bodenmächtigkeit des steilen bis stark geneigten *Scharzhofbergs* ein wenig größer, der Grobbodengehalt geringer. Grobkörniger Silitschiefer (Devon) sorgt für sandhaltigeren Feinboden. Der im Oberboden eingemischte Lösslehm verbessert ein wenig den Wasserhaushalt. Der Boden des *Krettnacher Altenbergs* mit seinen kleinen Schieferarealen und Diabaseinschlüssen hat einen wesentlich höheren Nährstoffgehalt, unterscheidet sich allerdings bezüglich des Wasser- und Wärmehaushaltes nicht sonderlich von den Tonschieferböden.

Weine von Reben, die auf Böden mit hohem Gesteinsanteil wachsen, sind körperreicher und kompakter als jene, die auf Sand- oder Lösslehmböden gedeihen. Weine von graublauem Schiefer sind hochwertiger als diejenigen, die ihren Ursprung auf rotem Ton- bzw. grauem kalkhaltigem Schiefer haben. Devonschieferweine sind voller Filigranität mit einem zarten Aromenspiel.

Der Wortschatz der Weingemeinde

Kann Wein nicht einfach nur mal »gut schmecken«? Passen zu einem guten Schluck die Attribute »bombastisch«, »kolossal« oder gar »pfundig«? Heutzutage gehört zum Umgang mit guten Weinen ein bestimmtes Vokabular, das auf den »normalsterblichen« Weintrinker gar snobistisch wirken kann. Nichtsdestotrotz helfen ein paar Fachbegriffe, die Beschaffenheit eines Weines in Geruch, Aussehen (Farbe) und Geschmack zu beschreiben.

Um die graue Theorie in die Praxis umzusetzen, bieten sich Verkostungs- oder Weinseminare unter fachlicher Leitung an. Diese sind äußerst hilfreich in der Zuordnung von Weinen, um Jugendlichkeit, Alter, Traubensorten, mögliches Farbspektrum, Fruchtnoten und Trinkreife zu erkennen. Außer der geschmacklichen Beurteilung spielt der Geruch eines Weines beim Degustieren eine zentrale Rolle. Riecht Wein nicht gut, trinkt man ihn nicht. Wein sollte erschnüffelt werden. Um die charakteristischen Geruchskomponenten zu entdecken, sollte Wein im Glase kreisen und dabei mehrfach ein- und ausgeatmet werden. Die Nase kann, wenn sie ein wenig geschult ist, an die 4000 Düfte wahrnehmen und zuordnen. Wein verfügt über eine Duftpalette von etwa 800 Aromastoffen. Die wichtigsten, etwa zehn, kann jeder lernen zu riechen. Am einfachsten ist es, sich bei einer laienhaften Beurteilung an die in einem Seminar erlernten Begriffe zu halten, wenn sich der Wortschatz und deren Bedeutung einmal eingeprägt haben. Bleibt es beim Steckenpferd Wein, wird sich der Wortschatz genießerisch im Laufe der Jahre erweitern. Um die Geschmackseindrücke zu beschreiben, wurde an einer kalifornischen Universität das Weinaroma-Rad geschaffen, welches in drei Kreisen die 12 Geruchstypen (u.a. blumig, fruchtig) weiter in 29 feinere Geruchsklassen (erdig, karamellisiert, Dörrfrucht, tropische Frucht, Zitrusfrucht) und 94 konkretisierende Einzelkomponenten (etwa Ananas, Aprikose, Honig, Trüffel, Teer, Schweiß, nasser Hund, Gummi oder Petroleum) unterteilt.

Die Aromen, aber auch die Fehler eines Weines entgehen der Nase nicht. Anders als in der Nase verteilen sich auf der Zunge nur fünf Empfindungen. Unsere Zunge nimmt Geschmacksunterscheidungen an unterschiedlichen Stellen wahr, somit sollte Wein kreisend im Munde verteilt werden. Beim Schlucken (im sogenannten »Abgang«) werden dann die geschmacklichen Eindrücke durch den Geruchssinn verstärkt.

Um nur ein paar Weinfachbegriffe zu erläutern:

Weine in einem bestimmten Alter können jung (leicht, mild), kräftig (mit gutem Alkoholgehalt, körperreich), harmonisch (Geruch und Geschmack in passendem Verhältnis), edel (feine Struktur, große Reife) oder aber auch firn (matt und alt) sein.

Sie können in ihrer Art elegant (fein und harmonisch), feurig (alkoholreich und reif), rassig (frisch, lebendig), lieblich (leicht und mild), nervig (rassig, körperreich), aber auch kernig (kräftig, mit markanter Säure) Trinkgenuss bereiten.

Der Körper eines Weines wird oftmals als füllig (viel Extrakt und Alkohol in Harmonie), körperreich (hoher Gehalt an Extraktstoffen), vollmundig (körperreicher, saftiger Wein), schwer (viel Alkohol, hoher Extraktgehalt), leicht (alkoholarm) oder dünn (überstreckter Wein, wenig Alkohol, Extrakt und Säure) bezeichnet.

Ihrer Seele nach sind Weine frisch (jung mit ansprechender Säure), spritzig (frisch mit reichlich Kohlensäure), stahlig (herzhaft, kräftige Fruchtsäure), süffig (angenehm frisch), saftig (angenehme Säure und Eigenschaften der Rebsorte) und weinig (alle Eigenschaften eines Weines vereinigen sich in Harmonie).

Weine sind duftig (zarte, feine Blume), fruchtig (saftig mit fruchtiger Säure der Rebsorte), aromatisch (sortenbedingtes Traubenbukett), blumig (Bukett der Rebsorte, z.B. *Riesling*, *Traminer*, *Huxelrebe*), manchmal auch brandig (➤) (unharmonisch, überzuckert, zuviel Alkohol).

Aromen des Weißweins

Honig	KARAMELLISIERT
Gebrannter Zucker	
Malz	
Leicht gebranntes Holz	HOLZIG / RAUCHIG / GEBRANNT
Stark gebranntes Holz	
Harz / Pech	
Pinie / Zeder	
Eiche	
Speck	RAUCHIG
Toastbrot	
Leder	
Nasse Erde	ERDIG / BODENTÖNE
Moos / Unterholz	
Steinpilz	
Champignon	
Nasser Schiefer	MINERALISCH
Feuerstein	
Sauerkraut	LAKTISCH / MIKROBIOLOGISCH
Buttermilch	
Joghurt	
Hefegeläger	HEFIG
Weißbrot / Milchbrot	
Brioche	
Biskuit	

Aprikose	STEINOBST
Pfirsisch-(gelb)	
Weinbergspfirsisch	
Reinklaude – Mirabelle	
Nektarine	
Grüner Apfel	KERNOBST
Gelagerter, reifer Apfel	
Birne	
Quitte	
Frische Weintraube	BEERENOBST / FRUCHTIG
Erdbeere	
Walderdbeere	
Stachelbeere	
Weiße & rote Johannisbeere	
Schwarze Johannisbeere	
Walnuss	SCHALENOBST
Geröstete Nüsse	
Mandel	
Haselnuss	
Grapefruit	ZITRUSFRUCHT
Zitrone	
Orange	
Limette	

Ananas		
Banane		
Honigmelone	TROPISCHE FRUCHT	
Maracuja		
Mango		
Litschi		FRUCHTIG
Rosine		
Feige		
Getrocknete Aprikose	DÖRROBST	
Getrocknete Banane		
Dattel		
Erdbeermarmelade		
Apfelkompott	GEKOCHTE FRUCHT	
Orangenmarmelade		
Fruchtbonbon		
Rose		
Lindenblüte		
Holunderblüte	BLUMIG	
Blühende Wiese		
Akazienblüte		

Frisches Gras		
Trester		
Grüne Paprika	FRISCHES	
Gelbe Paprika		
Brennnessel		PFLANZLICH/VEGETATIV
Bohnen		
Linsen		
Spargel	GEKOCHTES	
Olive		
Heu/Stroh	GETROCKNET	
Kräutertee		
Vanille		
Gewürznelke		
Zimt		
Muskatnuss		
Wacholder		
Minze	WÜRZIG	
Liebstöckel		
Zitronenmelisse		
Thymian		
Pfeffer		

WEIN *aktiv*

Aktiv im Rebenland

Auf Weinbergspfaden durch steile Lagen

Gibt es Schöneres als eine Rast im Weinberg mit Blick auf Rebenmeer und Flusslandschaft? Gelegenheit dazu bietet die Region zwischen Obermosel, Saar und Ruwer reichlich. Ob entlang des Saarwein-Wanderweges, durch die Traumschleifen des Saar-Hunsrück-Steigs, oder auf der Kultur-Erlebnisroute im Bereich Saar-Obermosel, durch die »Kollesleuker Schweiz«, den »Tabener Urwald«, den »Ritterpfad« oder durchs romantische Mannebachtal. Für Langstreckengeher, Schleifenwanderer und Kurzstreckenläufer gibt es hervorragende Wanderrouten.

Der Kasteler Felsenpfad

Zu den schönsten gehört der Kasteler Felsenpfad, geradezu ideal für einen Spaziergang am Nachmittag. Die knapp neun Kilometer lange Strecke gehört zu den Traumschleifen des Saar-Hunsrück-Steigs und wurde vom Deutschen Wanderinstitut hoch bewertet. Wegen seiner Steigungen wird sie mittelschwer bis schwer eingestuft. Die schönsten Aussichten bieten sich vom Altfels, dem Ehrenfriedhof und der Klause von Kastel-Staadt. Von hier blickt man in die Weite des Saartals, auf Serrig und die gegenüberliegenden Hochebenen. Kultureller Höhepunkt ist das Landesdenkmal »Klause«. Einst befand sich an gleicher Stelle eine kleine Stadt der keltischen Treverer, welches später auch zu Römerzeiten von strategischer Bedeutung war. Im Auftrag des Preußenkönigs Friedrich Wilhelm IV. erbaute der Architekt Karl Friedrich Schinkel hier eine Grabkapelle für den böhmischen König Johann von Luxemburg.

Saarwein-Wanderweg

Für Langstreckenwanderer bietet sich der Saarwein-Wanderweg mit seiner 80 km langen Strecke an. Dies ist eine ganz spezielle Tour für Weinliebhaber. Hier kommt man vorbei an den Weinbergslagen mit Weltruf: *Saarburger Rausch*, *Ayler Kupp*, *Wawener Herrenberg*, *Kanzemer Altenberg*, *Wiltinger Kupp* und *Galgenberg*.
Eine weitere Schleife führt über Konz durch das Konzer Tälchen. In

Wanderer vor der Kulisse der Rieslingsteillage Wiltinger Kupp

den Rieslinghängen des *Euchariusberges*, den Weinbergen oberhalb Krettnachs, der Toplage *Oberemmeler Hütte* und dem *Scharzhofberg* zwischen Oberemmel und Wiltingen findet der Wanderer immer eine Möglichkeit zu rasten. Die Ruhe des Tälchens lässt die Sorgen des Alltags schnell vergessen. Der Weg schlängelt weiter nach Kommlingen, Filzen, vorbei am *Kanzemer Sonnenberg* nach Schoden und Ockfen. Vom *Ockfener Bockstein* aus blickt man zur *Ayler Kupp* und nach Saarburg.

Weitere Informationen:
Saar-Obermosel-Touristik e.V. und www.weinerlebnisbegleiter.de

Mit dem Kanu auf der Saar

Für Wassersportbegeisterte bietet sich eine Kanu-Tour auf dem Wiltinger Saarbogen an, die eine völlig andere Perspektive auf Landschaft und unberührte Natur in einer motorbootfreien Zone bietet. Hinter der Wehranlage in Schoden/Biebelhausen wechseln sich kleinere Stromschnellen immer wieder mit Staubereichen ab, in denen in der warmen Jahreszeit ein Bad im Fluss besonderes Vergnügen verspricht. Wasserpflanzen, Wiesenkräuter, eine bunte Vogelschar und zahlreiche Fischarten gibt es zu entdecken. Wer nicht über ein Kanu oder Kajak verfügt, kann sich Boot und Ausrüstung beim Bürgerservice Saarburg ausleihen, der in Schoden ein Wassersportzentrum mit angeschlossenem Kanuverleih betreibt. In aller Regel dauert eine solche Saar-Altarm-Tour 3-4 Stunden. Vor allem mit Kindern sollte die ein oder andere Rast eingeplant werden.

Weitere Informationen:
Bürgerservice Saarburg und Saar-Obermosel-Touristik e.V.

Kanadierfahrer auf dem Altarm der Saar

So hoch die Lüfte tragen

Eine völlig andere Sicht des Rebenlandes bietet die Vogelperspektive. Das untere Saartal hat sich in den letzten Jahren zu einem wichtigen Flugsportgebiet entwickelt, von Gleitschirmfliegen in Schoden bis zum Drachenflug in Serrig und Ockfen.

Wer sich von der Startrampe »Schöne Aussicht« bei Serrig (Start: 356 m NN – auch Gleitschirme) in die Lüfte erhebt, kann auf dem Landeplatz bei Serrig-Hamm auf den Boden zurückkehren. Der Startplatz ist zugleich ein Aussichtspunkt mit herrlichem Panoramablick zur Hammer Saarschleife, zur Serriger Staustufe und ebenso ein idealer Ausgangspunkt zum Wandern.

Drachenflug vor dem Herrenberg

Es hat schon etwas Erhabenes, das Rebenmeer hoch oben aus den Wolken zu erleben. Schöne, weite Streckenflüge von Serrig bis zum Rhein sind in diesem Gebiet möglich, genauso wie herrliche Abendflüge. Voraussetzung: Die Piloten benötigen einen A-Schein. Bei thermisch aktiven Tagen kann es bei der Landung Turbulenzen geben, welche jedoch für erfahrene Flieger kein Hindernis bedeuten. Bei guten Windverhältnissen können Drachenflieger, die die Absprungrampe am *Ockfener Bocksteinfels* nutzen, sich bis in Höhen von 300 Metern aufschwingen und einen herrlichen Blick über das Saartal genießen. Landemöglichkeit besteht auf einer Wiese am Ockfener Ortsausgang.

Weitere Informationen:
www.drachenflugclub-saar.de *und Saar-Obermosel-Touristik e.V.*

Radvergnügen pur im Saartal

Ein dichtes Netz von gut ausgebauten Radwegen durchzieht die Region Saar-Obermosel. Zu den beliebten und großen Fernradwegen an Saar und Mosel gesellen sich der europäische Radweg »Saar-Lor-Lux«. Hinzu kommen der Saarlandradweg, die Rheinland-Pfalz-Radroute, der Ruwer-Hochwald-Radweg und der Sauertalradweg – alles in allem ein Streckennetz von mehr als 2000 Kilometern in »Natur pur«. Zahlreiche Querverbindungen und Schleifen schaffen die Möglichkeit, Tagestouren zu planen, die abwechslungsreich sind und den unterschiedlichsten Ansprüchen entgegenkommen. Die Themenradwege sind allesamt gut beschildert und bieten in der Saison gute Einkehrmöglichkeiten. Radler, die außerhalb dieser Zeit unterwegs sind, sollten an genügend Verpflegung denken. Viele Hotels und Pensionen bieten gut gewartete Mieträder zu moderaten Preisen. Zudem setzt sich auch immer stärker die Vermietung von Elektro-Rädern durch. Ein Notfallset ist bei gemieteten Rädern Standard, Helme und andere Ausrüstung gibt es für kleines Aufgeld. Für die unterschiedlichsten Ansprüche sind City-Räder, Tourenfahrräder oder Mountainbikes zu haben. Die Saar-Obermosel-Touristik e.V. bietet für den bequemen Gast Etappentouren mit Übernachtungen und Gepäcktransfer an.

Weitere Informationen:
Saar-Obermosel-Touristik e.V. und www.weinerlebnisbegleiter.de

Scivaro et Vinum

Auf der Saar durchs Rebenreich

Von besonderem Reiz sind Schifffahrten entlang der besten Weinlagen an der Saar. »Scivaro et Vinum« – Schiefer und Wein erleben, ist auf dem Oberdeck der »Stadt Saarburg« an Sonnentagen ein ganz besonderer Genuss. Schon beim Ablegen in Saarburg grüßen die Steillagen des *Saarburger Rausch – Stirn* und *Kupp*. Bis zur Anlegestelle in Ockfen vergeht eine gute Viertelstunde. Rechterhand ist der *Ockfener Bockstein*, ein Fels in Spitzenlage, unterhalb des Baumbestandes zu sehen. Die Saarseite gegenüber bietet Sicht auf einen ganz besonderen Berg, die *Ayler Kupp*. Diese Lage ist in der ganzen Welt bekannt und hat den Ruf des Saartals als Weinregion mitgeprägt. Auch gibt es an der nur wenige Kilometer langen Weinroute »Saar-Riesling-Straße« große Grand Cru Lagen 1ᵜ. Der *Ockfener Bockstein* und der *Kanzemer Altenberg* gehören dazu. Auf Ockfener Seite zeigt sich nach nur wenigen Minuten die Steillage des *Schodener Herrenberges* und macht dem gegenüberliegenden *Wawener Ritterpfad* kurz vor der Kanzemer Brücke Konkurrenz. Hinter der Kanzemer Staustufe erblickt man den alten Saararm und die steil aufsteigende Toplage *Kanzemer Altenberg*.

Kanzem liegt auf einer Insel, die mit Begradigung der Saar zur Schifffahrtsstraße in den 1970er Jahren entstand. Das Schiff passiert die etwa acht Meter tiefe Schleusenanlage und fährt vorbei an Konz-Filzen bis zur Mündung der Saar bei Konz in die Mosel.

Saar-Personenschifffahrt

Ab Ostern befördert die Saar-Personenschifffahrt mit ihrer Flotte Gäste der Region zu den touristischen Höhepunkten der unteren Saar. Zwei stattliche Schiffe stehen in Diensten der »SPS Saar-Personenschifffahrt GmbH & Co. KG« in Saarburg. Seit 1996 betreiben Cornelia Hauck und ihr Geschäftspartner Friedhelm Weishaar die Schifffahrtsgesellschaft in Saarburg-Niederleuken. Beide besitzen ein Kapitänspatent, doch ihre Schiffe führen zwei festangestellte Schiffsführer, die seit vielen Jahren die Ausflugsfahrten von Saarburg aus nach Merzig, von Mettlach über Konz in die Mosel bis ins luxemburgische Wasserbillig begleiten.

Weinlage Ockfener Bockstein

Die beiden Schiffe »Saargold« und »Stadt Saarburg« werden oftmals zu Weinreisen gebucht, Tanzveranstaltungen oder Krimi-Abende sind gefragt, und in den letzten Jahren wächst das Interesse an Gruppen-fahrten (ab 40 Pers.) im Winter (Weihnachten, Sylvester).

Informationen und Kontakt:
SPS Saar Personenschifffahrt GmbH & co.KG
Laurentiusberg, 54439 Saarburg
Tel.: 06581/99188, Fax: 06581/99189
info@saarflotte.de, www.saarflotte.de

Historische Sehenswürdigkeiten

Auf den Spuren der Römer in der Saar-Mosel-Region

Keine andere Landschaft im römischen Imperium wurde derart beschrieben wie die Mosel mit ihren Nebenflüssen und den angrenzenden Bergen, die schon lange bevor der römische Poet Ausonius (➤) sie erspähte, das Laub und die Früchte der Reben wachsen ließ. Was fanden die Soldaten der römischen Legion vor, als sie ins Moseltal und sein Umland, dem Gebiet der Kelten, eindrangen? Fruchtbares sonniges Land, auf dem sich trefflich Wein kultivieren ließ. Die Eindringlinge aus dem Mittelmeerraum, die sich erobernd nach Norden bewegten, fanden hier sehr gute Voraussetzungen zu siedeln und Ackerbau zu betreiben. Nach und nach entstanden Straßendörfer (*vicus*). Reiche Römer leisteten sich prachtvolle Villen und Gutshöfe versorgten Siedler, Reisende und auch Legionäre. Der Stamm der Treverer siedelte schon vor etwa 600 v. Chr. beidseitig der Mosel. Andere keltische Stämme siedelten weiter nördlich, angrenzend an germanische Gebiete östlich des Rheins.

Zeugen aus der Römerzeit

Bis heute haben sich Zeugen der Vergangenheit erhalten, die von dem Reichtum, der Kunst und der Kultur dieser Zeit berichten. Ein Beispiel ist der älteste Weinkeller Deutschlands in Trier. Im Jahr 330 baute der römische Kaiser Konstantin der Große (Flavius Valerius Constantinus) ein Speicherhaus (*Horrea*), das größte römische Lagerhaus nördlich der Alpen. Es versorgte die Bewohner von Augusta Treverorum (heute Trier), Hauptstadt des westlichen römischen Imperiums. Im Umland Triers wurden die Reste von Villenanlagen oder Gutshöfen gefunden, freigelegt und nach Vorlagen noch erhaltener Gebäude rekonstruiert und restauriert. So hat der Besucher der Weinregion Saar-Obermosel gleich mehrfach Gelegenheit, auf den Spuren der Römer zu wandeln.

Der Mosaikfußboden von Nennig

Die schönste Mosaikarbeit und das wichtigste Denkmal aus römischer Zeit im Saarland ist in der Römer-Villa in Nennig zu sehen. Sie gehört zu den bedeutendsten Schöpfungen der Mosaikkunst des 2./3. Jahr-

Mosaik Panther und Speerwerfer – Kampf mit Stock und Peitsche

hunderts nach Christus. Im Jahr 1852 entdeckte ein Landwirt zufällig diesen antiken Mosaikboden von etwa 160 m², der immer noch am Fundort zu besichtigen ist. Es ist das größte erhaltene Mosaik aus römischer Zeit nördlich der Alpen. Lange war die Fachwelt der Meinung, die Villa von Nennig sei ein reiner Luxus- und Repräsentationsbau. Neue Erkenntnisse belegen jedoch, dass die Anlage in Nennig zum Typ einer Axialhofvilla gehörte. Das Gebäudeensemble war untergliedert in einen *Pars urbana*, einen repräsentativen Wohnbereich, und den *Pars rustica*, den Wirtschaftsbereich. Das Zentrum der Prachtvilla bildete der 16 Meter lange und 10 Meter breite Mosaikfußboden. Auf seinen geometrischen Mustern sind bildliche Darstellungen zu sehen, die »Kämpfer«, »Gladiatoren«, »Musikanten«, »Tiger und Esel«, »Peitschenkämpfer« und andere Szenen aus den Arenen zeigen.

Weitere Informationen:
Römische Villa Nennig, c/o Stiftung Saarländischer Kulturbesitz
Römerstraße 11, 66706 Perl-Nennig, Tel.: 06866/1329 o. 1439

Vicus Tabernae und der Tempelbezirk auf dem Metzenberg

Direkt an der Straße nach Trier lag der *Vicus Tabernae*. Die Siedlung entstand als Versorgungsstation. Von hier aus wurden kaiserliche Befehle weitergetragen, Truppen versorgt, der Reisende konnte rasten und sich von den Strapazen der Wanderung erholen. Einige Jahrhunderte waren *Vici* zentrale Punkte, an denen das Leben pulsierte.

Tempelbezirk Tawern, dem römischen Gott Merkur gewidmet

Taberna stammt aus dem Lateinischen und bedeutet übersetzt Hütte, Laden, kann aber auch ein Wirtshaus oder eine Werkstatt bezeichnen. Eine Ansammlung von Hütten, die sich letztendlich zum Dorf vergrößerten, bezeichnet der Lateiner als »Tabernae«.

Die Bewohner des *Vicus Tabernae*, eine der ältesten römischen Ortschaften in Deutschland, boten Händlern, Handwerkern und Reisenden Waren an oder reparierten Ochsengespanne, Kleider und Schuhe.

Der Tempelbezirk

In der Nähe von Vicus Tabernae hatten die Römer auf dem Metzenberg einen Tempelbezirk angelegt, nur wenige hundert Meter von der Straße nach Trier entfernt. Da diese Trier mit Metz verband, wurde die Anhöhe nahe der Siedlung Metzenberg genannt. Bis ins späte Mittelalter wurde die Straße genutzt. 1986 untersuchte ein Archäologenteam den Berg, legte den römischen Tempelbezirk frei und baute ihn teilweise wieder auf.

Die Wissenschaftler fanden heraus, dass die Tempelanlage in der ersten Phase fünf kleinere Tempel aufwies, die dem römischen Götterboten Merkur, Gott des Handels, der Reisenden und Diebe, sowie Epona, der keltischen Göttin der Fruchtbarkeit und römischen Göttin der Pferde und Fuhrleute gewidmet waren. In einem weiteren Tempel wurde Apollo, Gott des Himmels und des Heils, verehrt. Heute ist das Heiligtum, welches vom 1. bis ins späte 4. Jahrhundert genutzt wurde, in weiten Teilen rekonstruiert und für Besucher ganzjährig zugänglich.

Weitere Informationen: Saar-Obermosel-Touristik e.V.

Römische Villa von Borg

Den luxuriösen Lebens- und Baustil aus der Antike gibt es in der »Villa von Borg« zum Anfassen. Herrenhaus, Villenbad, Wohnwirtschaftsgebäude, Küche und Torhaus einer Villa rustica wurden auf Fundamenten des Originalgebäudes rekonstruiert.

Skulptur des Kaiser Augustus

Verantwortlich war Dipl.-Ing. Kurt Kühnen, der das römische Bauwerk nach den Vorgaben von Forschern entwarf.

Entdeckt wurden die Überreste der Villa schon vor über hundert Jahren, als Johann Schneider aus Oberleuken in Schutthügeln Siedlungsreste fand. Schneider, ein unermüdlicher Heimatforscher, war sich bald der Bedeutung seiner Funde bewusst und wandte sich zu Beginn des 20. Jahrhunderts an das Provinzialmuseum Trier. Doch es dauerte gut 80 Jahre, bis 1989 die Ausgrabung

![Römische Villa Borg]

Römische Villa Borg

Borg begann, getragen von der Kulturstiftung für den Landkreis Merzig-Wadern. Dieses Mammutprojekt bedarf noch vieler Jahre archäologischer Untersuchung, um das ganze Ausmaß der Villa rustica in Borg zu dokumentieren und umfassend der Öffentlichkeit zugänglich zu machen. Die grandiose Rekonstruktion der Großvillenanlage (1/3 einer Gesamtfläche von 7,5 ha) ist heute ein Anziehungspunkt für Touristen und dient auch Schulen und pädagogischen Einrichtungen als Anschauungsobjekt. Eine Art experimentelle Archäologie, die Fantasie beflügelt und räumliches Erleben mit lebendiger Geschichtsbetrachtung ermöglicht.

Liegen und Wandbemalung im Ruheraum von Villa Borg

Weitere Informationen: Römische Villa Borg
E-mail: info@villa-borg.de, www.villa-borg.de, Tel.: 06865/9117-0

Kunst in Natur und öffentlichem Raum

Bildhauersymposium zwischen Serrig und Konz

Seit vielen Jahren hat Rheinland-Pfalz den künstlerischen Anspruch, keine massentaugliche Kunst, sondern Kunst mit Anspruch im öffentlichen Raum zu etablieren. Das Bundesland unterstützt als einziges den flächendeckenden Aufbau eines Netzes von Skulpturenwegen im Rahmen des Projekts »Kunst im öffentlichen Raum«. So wird nicht nur der Tourismus gefördert, sondern auch die Künstler, denen das Projekt ein öffentliches Forum bietet.

Auf dem Skulpturenweg in Biebelhausen – Erde von Joan Thimmel

In den Verbandsgemeinden Konz und Saarburg entstand in den letzten Jahren der Skulpturenweg »Steine am Fluss«. Das Projekt versteht sich als Vermittler zwischen intellektueller, handwerklicher und gestalterischer Auseinandersetzung mit den bestehenden Ressourcen der Region und der einzigartigen, vom Weinbau geprägten Kulturlandschaft. Entlang der unteren Saar von Serrig bis Konz-Könen und weiter im Konzer Tälchen in den Gemeinden Niedermennig, Obermennig und Krettnach entstand seit 2007 ein Symposium, dessen einzelne Skulpturen immer wieder Ziel von Wanderern, Radlern und Kanuten sind. Die überdimensionalen Steinarbeiten stehen meist an exponierten Stellen, die die Schönheit dieses rheinland-pfälzischen Landesteils hervorheben.

Besonders ansprechende Arbeiten befinden sich am Saaraltarm in den Gemeinden Wiltingen und Kanzem, den Ortschaften Wawern, Tawern und Könen. Lediglich vier im Rahmen der europäischen Kulturhauptstadt konzipierte Arbeiten gehören nicht zum Sympo-

Feuersprung –
von Sigrún Ólafsdóttir

Meteor wacht über dem Wawener Goldberg, Skulptur von Jürgen Waxweiler

sium »Steine am Fluss«, fügen sich aber dennoch in das Gesamtkonzept »Skulpturenweg« ein. Dabei handelt es sich um die Arbeit »Die vier Elemente« in den Gemeinden Serrig, Saarburg, Biebelhausen und Schoden, die Erde, Feuer, Wasser und Luft symbolisieren.

Inzwischen gehören die »Steine am Fluss« zur völkerverbindenden »Straße des Friedens«, die für Frieden und kulturelle Zusammenarbeit von der normannischen Küste bis nach Moskau steht. Zehn Künstlerinnen und Künstler aus Deutschland, Irland, Island, Italien und den Niederlanden gelang eine außerordentliche Symbiose zwischen Kunst und Natur.

Weitere Informationen: Saar-Obermosel Touristik e.V.

WEIN **macher**

Merzig

Die Kreisstadt Merzig ist der einzige Ort im saarländischen Teil des Saartals, an dem wieder Weinbau betrieben wird. Dort fanden sich ehemals hervorragende Lagen, die jedoch lange nicht für den Weinbau genutzt wurden. Nach langer Rebenabstinenz wurden im Frühjahr 2007, hoch über der Stadt mit Blick auf die Saar, wieder Rebstöcke gepflanzt.

Blick vom Kreuzberg in die Kreisstadt Merzig

800 Jahre Weinbau in Merzig

Bereits vor 800 Jahren wurden die Weinberge im Gut Merzig des Klosters Wadgassen erwähnt.

Im frühen 19. Jahrhundert wird in Gemeindeaufzeichnungen erstmals die Größe der Anpflanzung erwähnt: Diese betrug 1816 gerade mal 34 Morgen.

> Der **Morgen**, ein altes Flächenmaß (etwa 25 Ar, d.h. 2500 m²), gab Auskunft darüber, welche Fläche an einem Morgen mit einem einfachen Pferde- oder Ochsenpflug gepflügt werden konnte.

Merzig verfügte damals über eine Rebfläche von 10 Morgen, Beckingen 16 Morgen und in Besseringen waren 8 Morgen mit Reben bepflanzt. Diese Fläche wuchs stetig an, bis im Jahr 1838 ganze 408 Morgen bewirtschaftet wurden. Konsumfördernd wirkte sich das Weinsteuergesetz aus dem Jahr 1820 aus. Bier und Branntwein wurden stärker besteuert als Wein, wodurch der Weinkonsum anstieg und der heimische Landwein ein Massenkonsumgut wurde.

1834 schlossen sich verschiedene lokale Vereine zum Deutschen Zollverein zusammen, der durch hohe Einfuhrzölle ausländischen Wein benachteiligte und heimischen Wein förderte.

Dies änderte sich, als der deutsche Zollverein am 29. März 1862 einen Freihandelsvertrag mit Napoleon III. unterzeichnete, der Einfuhrzölle auf ausländische Weine deutlich reduzierte. Dieses Abkommen nach freihändlerischen Ideen, welche in großen Teilen noch die heutigen Warenverkehrsbestimmungen in einem freien Europa ausmachen, führte zu einem allmählichen Rückgang des Weinanbaus an der mittleren Saar.

Weinbau im 20. Jahrhundert

Anfang des 20. Jahrhunderts wurde lediglich auf dem *Kreuzberg*, dem *Stefansberg, Druden* und *Daufels, Schladt* und dem *Kelterhaus* noch Wein angebaut. In den Jahren 1907-1910 betrug die Jahresmenge an gekeltertem Wein nur noch 17 Fuder. Das Fuder, ein altes Hohlmaß, bestand aus einem Holzfass aus Eichen- oder Kastanienholz und hatte je nach Region etwa ein Fassungsvermögen von 1 000 Litern. Bestockt waren die Weingärten mit der Rebsorte *Elbling* (➤). Der Wein wurde größtenteils in der Region verkauft. Viele Weinbauern wählten die Rebsorte *Elbling*, einige bevozugten jedoch Qualitätsweine wie den anspruchsvollen *Riesling*, die aus Südtirol stammende *Traminer*-Rebe oder *Burgunder*sorten.

Nach und nach wurde der Weinbau unrentabel, Obstgärten verdrängten die Rebstöcke. Als dann die Reblaus, von Nordamerika kommend, sich über die Rebwurzeln in den europäischen Weinbaugebieten hermachte und Anfang des 20. Jahrhunderts die Mosel-Saar-Ruwer Region schädigte, war es um den Weinbau an der mittleren Saar geschehen.

Der Wingert von St. Peter

So wie in vielen Pfarrhäusern war es auch in der Kirchengemeinde St. Peter in Merzig üblich, dass sich der Pfarrer einen Vorrat an Wein in seinem Keller hielt.

St. Peter ist die einzige und älteste Kirche in romanischem Baustil des Saarlandes, erbaut ab 1205. Die dreischiffige Basilika mit Querschiff, Chornebentürmen und einem westlichen Einzelturm wurde durch Kriege und Brände beschädigt, so dass sie um 1827 umgebaut wurde. So wurden unter anderem Fenster stilwidrig vergrößert. Um 1880 begann Dechant Mathias Reiß mit größeren Sanierungsarbeiten. Er ließ die Osttürme wieder aufbauen, die gotischen Fenster romanisieren und die Kirche an baufälligen Stellen sichern. Der Schwemlinger Kirchenmaler H. Klein restaurierte die Wandmalereien, insbesondere das Gemälde an der Südwand der Kirche. Dieses zeigt die Aufbewahrung des Hl. Rockes in St. Peter am 8. Juli 1810 während der Rückführung von Augsburg nach Trier.

Kirche St. Peter – älteste saarländische Kirche in romanischem Baustil

Dechant Reiß trank auch gerne seinen »Merziger«. Da das Pfarrgut einen Wingert am Merchinger Weg besaß, dort, wo heute die Merchinger Straße Merzig mit dem Nachbarort verbindet, kelterte er Jahr für Jahr gut zwei Fuder Wein. Am Johannistag, dem 24. Juni, ließen die Merziger Weinbauern ihren Wein in der Kirche segnen. Der gesegnete Wein sollte allen, die ihn tranken, Gesundheit und Kraft und dem Kranken Genesung spenden.

Historischer Kreuzberg – wo Wallfahrer, Garten der Sinne und Wolfspark aufeinandertreffen

Vom Merziger Hausberg blickt man in die Weite des Saartals. Bekannt ist der Berg durch die alljährliche Josefswallfahrt am 19. März, bei der der Wunderheilung des krummen Nekla vom 19. März 1943 gedacht wird. 1854 errichtete man den Kreuzweg, der die Pilger von der Josefskapelle zu der 1858 von der Familie Johann Bock gestifteten Kreuzbergkapelle führt.

Garten der Sinne

Unterhalb des Kreuzberges befindet sich der Jüdische Friedhof, der in der Pogromnacht vom 9. auf den 10. November 1938 zerstört, aber 1949 größtenteils wiederhergestellt wurde. Entlang des Friedhofs führen die 365 Stufen der Servituttreppe hinauf zur Kreuzbergkapelle.

Am Südhang des Kreuzberges liegt die Merziger Villa, eine römische Großvilla, die Anfang der 1930er Jahren beim Bau des Merziger Freibades entdeckt wurde. Wahrscheinlich bildete sie den Kern einer Anlage, die mindestens eine Gesamtfläche von 200 x 500 Metern hatte. Während der Umbauarbeiten im Bad 2007/08 wurden die Arbeiten umfassend archäologisch betreut.

Zu dem grenzüberschreitenden Projekt »Gärten ohne Grenzen«, welches landschaftsarchitektonische und floristische Besonderheiten in der Grenzregion Saarland-Lothringen-Luxemburg (Saar-Lor-Lux) zeigt, gehört auch der »Garten der Sinne«, etwas mehr als einen Kilometer vom Weinberg entfernt, am Ellerweg. Flächenmäßig ist er der größte unter den »Gärten ohne Grenzen« und präsentiert einen Wassergarten, den Garten der Jahreszeiten, ein Rosarium und den Garten der Klänge, also Ruhe und Erholung pur.

Über alle Grenzen hinaus bekannt ist der Wolfspark mit Verhaltensforscher Werner Freund. Er und seine 22 Wölfe, mit denen er das ganze Jahr verbringt, haben in Merzig auf 4,5 Hektar Fläche ein dauerhaftes Zuhause gefunden. Seit seiner Pensionierung als Berufssoldat mit 53 Jahren widmet er sein Leben der Erforschung von arktischen, sibirischen und europäischen Wölfen.

Verhaltensforscher Werner Freund mit Arktischen Wölfen

Informationen
www.gaerten-ohne-grenzen.de
www.weinberg-merzig.de
www.wolfspark-wernerfreund.de
www.wanderbares-saarland.de/wanderwege/wolfsweg_merzig.html

Zu Werner Freund und seinen Wölfen haben Hartmann Jenal und Hildegard Hoppe einen Bildband herausgebracht:

Hartmann Jenal und
Hildegard Hoppe
Wolfsfreund
Bildband

2. aktualisierte und
erweiterte Auflage

128 Seiten, 4-farbig
Hardcover mit Schutzumschlag
ISBN 978-3-936950-47-2
Preis € 19,90

ADRESSE:	Wein- und Kulturfreunde Kreuzberg Merzig e.V.
	Kreuzbergkapelle – Am Ellerweg
	66663 Merzig
	www.weinberg-merzig.de
VERWALTER:	Manfred Klein *(Vorsitzender Tel.: 06861/759 85)*
KELLERMEISTER:	Thomas Schmitt
EINZELLAGE:	Merziger Kreuzberg
BESTÜCKTE REBFLÄCHE:	22 Ar, 1100 Rebstöcke Auxerrois
JAHRESPRODUKTION:	1300 Flaschen
BESONDERES:	Weine aus dem Jahrgang 2010 sind sehr gut; obwohl er nur Landwein der Saar benannt werden darf, verfügt er mindestens über die Qualität Q.b.A., vielmehr Kabinett bis Spätlese.
WEINPROBEN:	nur zu traditionellen Weinfesten
	Erstes Weinfest im Jahr: erster Samstag im Juni
	Fest des Federweißen: zweiter Samstag im Oktober
BEWIRTUNG:	zu den Festen gibt es Wein, Flammkuchen etc.

Wein- und Kulturfreunde Kreuzberg Merzig e.V.

Weingut | Geschichte

Lange wurde in Merzig/Saar viel Wein angebaut. Doch billigere und bessere Konkurrenz
aus Frankreich im späten 19. Jahrhundert
sowie Krankheiten wie Reblausbefall Anfang
des 20. Jahrhunderts brachten den Weinbau
zum Erliegen. Erst 2007 änderten ein paar
Hobby-Weingärtner dies.

Zuvor hatte der damalige saarländische Umweltminister Stefan Mörsdorf eine umstrittene
Verordnung in Kraft gesetzt, die es erlaubte,
entlang der Saar, an Nied und Blies Wein anzubauen und diesen als »Landwein der Saar«
zu vermarkten. Gegen den Widerstand des
rheinland-pfälzischen Weinbaupräsidenten
und einigen Winzern von Mosel, Saar und
Ruwer hatte der Umweltminister entschieden,
Weinbau künftig dort zu ermöglichen, wo
dieser in früheren Zeiten üblich war.

Bacchus Gott des Weines
– Laiendarsteller auf dem
Merziger Kreuzberg

Daraufhin gründeten Weinliebhaber den Verein »Wein- und Kulturfreunde Kreuzberg Merzig e.V.« mit dem Ziel, den Kreuzberg als einen
Weinberg an der mittleren Saar wiederzubeleben.

Eine Rebschule aus Palzem an der Mosel beriet die neuen Winzer und
empfahl ihnen die robuste und pflegeleichte Rebsorte *Auxerrois* – mit
dieser wurde der historische *Kreuzberg* unterhalb der Kreuzkapelle
nun auf einer Fläche von 22 Ar mit 1100 Rebstöcken bestückt.

Im September 2008 war es dann soweit: Die ersten Trauben brachten
200 Liter Most mit einem Mostgewicht von 81°Oe auf die Waage.
Die Jungfernlese am *Kreuzberg* erfüllte die Mitglieder des Vereins
mit Stolz. Außerdem entschloss sich Winzer Thomas Schmitt, der ein
Weingut an der Obermosel in Perl bewirtschaftet, die Neueinsteiger
zu unterstützen. Schmitt, der anfänglich der Idee der Wiederbele-
bung des Weinbaus am *Kreuzberg* skeptisch gegenüberstand, war
nun überzeugt, dass sich die Merziger Hobby-Winzer auf dem richti-

Manfred Klein – Vorsitzender des Vereins der Wein- und Kulturfreunde Merzig e.V.

gen Weg befanden, und bezeichnete die Jungfernlese anerkennend als »saubere Spätlese«. Der Jahrgang 2009 wurde fantastisch und 2010 konnte mit 1 000 Litern in Spätlesequalität als ein sehr guter Jahrgang bezeichnet werden.
Neun Parzellen pachteten die Weinfreunde für 20 Jahre, was ihnen eine gute Ausgangsposition für die nächsten Jahrgänge ermöglicht.

Serrig – Das Tor zum Saarwein

Serrig, eine Ortsgemeinde im Landkreis Trier-Saarburg, ist der erste rheinland-pfälzische Weinort an der unteren Saar. Hier, flussabwärts, beginnt die Saar-Riesling-Straße, die im Mündungsbereich des Flusses in Konz endet.

Ehemalige staatliche Weinbaudomäne in Serrig

Geschichte

Serviacum ist die wohl älteste Ortsbezeichnung von Serrig aus dem Jahr 949 und lässt auf eine keltische Besiedlung schließen. Bis um etwa 400 n. Chr. gab es in der Ortschaft gallo-römische Gutshöfe, deren Spuren noch heute sichtbar sind. Man geht davon aus, dass in dem Ort bereits in dieser Zeit Weinbau betrieben wurde. Die frühe Besiedlung der Region wird durch Relikte aus der Römerzeit belegt, wie etwa das »Widdertshäuschen«.

Die Bezeichnung erinnert zwar an einen männlichen Schafsbock, findet aber den Bedeutungsursprung aus dem Volksmund überlieferten

Serrig – Tor zum Saarwein

»Wichtelhäuschen«, da man glaubte, dass darin Zwerge wohnten. Tatsächlich ist es das Grabmal der römischen Familie des Avarius. Der Deckel des Grabbaus besteht aus einem Steinblock, der mit zwei sich kreuzenden Satteldächern ähnlich einem Hausdach gestaltet ist. Eine Inschrift berichtet, dass die Römer Restionius Restitutus, M. Restitutius Aurorianus und Restituatia Auroriana sich zu Lebzeiten dieses Grabhaus haben errichten lassen.

Weinbau in Serrig

Fünf Winzerbetriebe gibt es noch in Serrig, das auch als »Tor zum Saarwein« bezeichnet wird. Die bekanntesten sind das *Weingut Schloss Saarstein*, das *Weingut Dr. Siemens*, *Schloss Saarfels*, welches zu den *Vereinigten Hospitien* in Trier gehört und die ehemalige staatliche *Weinbaudomäne Serrig*. Die bekannten Weinlagen sind *Serriger Herrenberg*, *Serriger Würtzberg*, *Serriger Schloss Saarfelser Schlossberg*, *Serriger Schloss Saarstein* und *König-Johann-Berg*. An den Steillagen wird zu 90% *Riesling* angebaut.

Hofgut Serrig

Oberhalb der Ortschaft befindet sich das *Hofgut Serrig*, eine Betriebsstätte der Lebenshilfe-Werke Trier GmbH. Dort leben und arbeiten 160 behinderte Menschen, die individuell gefördert werden. Zum Hofgut gehört die historische Weinbergsfeldbahn. 1,2 km lang ist der Rundkurs entlang an Viehweiden und Stallungen.

Ab 1904 fuhr die Bahn im angrenzenden Weinberg der ehemaligen staatlichen Weinbaudomäne Serrig. Damals war es einfacher und kostengünstiger, die steilen Weinbergslagen mit einer Bahntrasse zu erschließen. Arbeiter, Dünge- und Spritzmittel wurden so in den Weinberg transportiert. Im Herbst, zur Weinlese, fuhr man mit den Kelterwagen die Trauben aus dem Weinberg ins Kelterhaus.

Der Fortschritt bei der Schleppertechnik machte die Nutzung von Feldbahnen jedoch überflüssig und viele Bahnen wurden verschrottet. Dieses Schicksal blieb der Serriger Feldbahn erspart: Sie wurde liebevoll restauriert und ist heute ein Publikumsmagnet. Vor allem Kinder haben bei Feldbahnfahrten eine Menge Spaß.

Klause von Kastel-Staadt

Klause von Kastel-Staadt

Gegenüber von Serrig, auf einem vorspringenden Sandsteinfelsen, befindet sich die Klause von Kastel-Staadt. Das Sandsteinplateau wurde schon von Kelten und Römern als Kultstätte genutzt. Höhlen, Nischen und Kammern wurden während der Kreuzzüge im Mittelalter in den weichen Sandstein geschlagen, sogar Einsiedler lebten hier. Um 1600 wurde eine zweigeschossige Kapelle in gotischem Stil gebaut. Der preußische König Friedrich Wilhelm IV. beauftragte 1834/35 den Architekten Karl Friedrich Schinkel (Alter Turm und Schinkelbrunnen in Mettlach), eine Grabkapelle für den böhmischen König Johann von Luxemburg zu bauen. Die Gebeine König Johanns ruhten hier von 1838-1945. Danach wurden sie in die Kathedrale von Luxemburg überführt.

Johann der Blinde: König Johann von Böhmen (Johann Graf von Luxemburg, Jean vu Lëtzebuerg; 1296-1346), war auch Markgraf von Mähren und Titularkönig von Polen (1310-1335). Später nannte man ihn wegen seiner Blindheit auch Johannes der Blinde. Er galt als die Verkörperung des Ritterideals, nicht zuletzt wegen seiner Berühmtheit als Turnierheld. In Paris aufgewachsen, studierte er in Paris an der Sorbonne. Am 31. August 1310 belehnte ihn sein Vater mit dem Königreich Böhmen. Kurze Zeit später heiratete er in Speyer Prinzessin Elisabeth, eine Schwester Wenzels III.

Immer wieder mischte sich Johann in die »europäische« Politik ein. Doch es gelang ihm nicht, in Machtfragen die deutschen Kurfürsten auf seine Seite zu ziehen, denn diese fürchteten um die Machtbalance und wählten lieber einen schwächeren Kandidaten als römisch-deutschen König. Johannes der Blinde fiel am 26. August 1346, dem ersten Tag der Schlacht von Crécy zu Beginn des hundertjährigen Krieges. In Crécy (heute Crécy-en-Ponthieu im Département Somme, Nordfrankreich) standen sich die Heere Eduards III. von England und Philipps VI. von Frankreich gegenüber. Johann unterstützte den französischen König. Trotz seiner Blindheit ließ er sich gegen die englischen Reihen führen und wurde im Nahkampf vom Pferd geschlagen.

Nun begann ein Hin und Her um Johanns letzte Ruhestätte. Zunächst wurde er im luxemburgischen Kloster Altmünster beigesetzt, dann nach 1543 im Kloster Neumünster bestattet. Während der Französischen Revolution gelangten seine Gebeine in den Besitz der Industriellenfamilie Boch in Mettlach an der Saar und gingen 1833 an den preußischen Kronprinzen Friedrich Wilhelm IV, der in Johann einen Ahnen sah. Dieser beauftragte seinen Baumeister Karl Friedrich Schinkel, eine Grabkapelle zu errichten. Schinkel baute von 1834 bis 1835 an der Stelle der alten Einsiedelei Klause Kastel (Kastel-Staadt) jene Kapelle, die auf einem Felsen über das Saartal ragt. An Johanns Todestag im Jahr 1838 wurden seine Gebeine dort in einem schwarzen Marmorsarkophag bestattet.

Auf Veranlassung des Staates Luxemburg wurde Johann Graf von Luxemburg jedoch 1945 aus der Grabkapelle in einer Nacht- und Nebelaktion exhumiert und nach Luxemburg in die Krypta unter der Kathedrale überführt. Neben der Klause befindet sich ein Ehrenfriedhof, der an die Gefallenen des Zweiten Weltkrieges erinnert.

ADRESSE:	Weingut Dr. Siemens Römerstraße 63, 54455 Serrig Tel.: 06581/9200992, Fax: 06851/9200993 weingut@dr-siemens.de, www.dr-siemens.de
VERWALTER:	Dr. Jochen Siemens
KELLERMEISTER:	Franz Lenz
EINZELLAGEN:	Serriger Herrenberg, Serriger Würtzberg (Alleinbesitz)
BESTÜCKTE REBFLÄCHE:	12 ha
JAHRESPRODUKTION:	ca. 80000 Flaschen
ÖFFNUNGSZEITEN:	nach Vereinbarung
BESONDERES:	Weine, Sekte, im Besonderen die 2009er und 2010er Riesling Spätlese Serriger Würtzberg T (T für trocken)
WEINTIPP:	Scivaro Gutsriesling (Scivaro = Altdeutsche Bezeichnung für Schiefer)
WEINPROBEN:	nach Terminvereinbarung

Weingut Dr. Siemens

Weingut | Familie | Geschichte

Im Jahr 2005 erfüllte sich Dr. Jochen Siemens einen lang gehegten Wunsch und wurde Winzer und Weingutsbesitzer. Obwohl er als Chefredakteur der Frankfurter Rundschau und der Weinzeitschrift *Alles über Wein* an der Spitze der Karriereleiter angelangt war und das Leben eigentlich etwas ruhiger hätte angehen können, kaufte er das alteingesessene Weingut von Bert Simon, einem Winzer aus dem Ruwertal. Jochen Siemens bezeichnet sein Weingut heute als das »1. Weingut an der Saar« – zumindest in rein geografischem Sinne, denn die Saar-Riesling-Straße beginnt in Serrig.

Steillage Herrenberg

Schon 1898 wurden an den Hängen des *Herrenbergs* (Steillagen von bis zu 80%) Reben gepflanzt. Der Berg mit vorwiegend skelettartigem blauem Schieferboden ist seit jeher bekannt für seine schlanken mineralischen *Rieslinge*. Die Lage *Serriger Würtzberg* mit einem wesentlich höheren Anteil an Humus in rotem Schiefer, Grauwacke und Porphyrböden brachte würzige, kräftige und mineralische Weine hervor.

Hyazinthe Puricelli, Ehefrau des Unternehmers Eduard Puricelli (1826-1893), hatte die Flächen von der Serriger Gehöferschaft 1898 ersteigert. Damals waren die Hänge mit Eichenhecken bepflanzt, doch mit der Lohewirtschaft ging es zu Ende, Gerbstoffe für die Lederindustrie wurden billiger aus Übersee importiert. Tochter Maria, Alleinerbin des Millionenvermögens, heiratete Clemens Freiherr von Schorlemmer zu Lieser und erschloss die Flächen der heutigen Einzellagen *Würtzberg* und *Herrenberg* für den Rebanbau. Schorlemmer, der damals preußischer Landwirtschaftsminister war, baute das Gutshaus mit einem zweigeschossigen Gewölbekeller, der noch heute existiert. Durch diese eigenwillige Baustruktur der Kellergewölbe war es möglich, Moste und Weine allein mithilfe der Schwerkraft schonend in die darunter-

Dr. Jochen Siemens

gelegenen Etagen zu befördern. Daher konnte von Schorlemmer auf Pumpen verzichten. Sein Sohn Herman bewohnte und bewirtschaftete das Hofgut mit seiner Gattin Freifrau von der Schulenburg bis Ende der 1960er Jahre, als das Gut in einer Versteigerung an den Ruweraner Winzer Bert Simon ging.

Simon, der Verantwortung, zwei Weingüter zu verwalten, nicht gewachsen, tätigte keinerlei Investitionen in Serrig, so dass das Weingut langsam verfiel.

Seit 2005 bewirtschaften nun die neuen Eigentümer, Dr. Jochen und Dr. Karen Siemens, die mit ihren beiden Söhnen auf dem Anwesen leben, das Weingut und führen es als Weinbaubetrieb weiter.

Anbau | Lage

Die beiden Quereinsteiger Dres. Karen und Jochen Siemens machten es sich zum Ziel, in dem traditionsreichen Weingut mit Extrem-Steillagen unverwechselbare Weine zu produzieren, die dem Charakter der Saar entsprechen. Die fortschreitende Klimaerwärmung wird die

Qualität jener an der Saar produzierten *Rieslinge* begünstigen. Durch späte Reife und Ernte werden die Trauben ihr stark temperaturabhängiges Reifeoptimum erreichen. Als erstes brachte Siemens die Traubenverarbeitung und Kellerwirtschaft auf den aktuellen Stand. Nur so lassen sich die Trauben der klassifizierten Lagen in bester Qualität optimal ausbauen. Bestückt sind die Rebflächen mit *Riesling* 65%, *Pinot blanc* (*Weißer Burgunder*), *Pinot noir* (*Spätburgunder*) und *Auxerrois*. Teilweise sind die Rebstöcke 30-40 Jahre alt und bringen einen Durchschnittsertrag von etwa 45 hl/ha. Neupflanzungen mit ausgesuchten Rebstöcken werden das Potenzial der Lagen in den nächsten Jahren optimieren. Für die Vinifizierung ist Kellermeister Franz Lenz verantwortlich. Die Moste

Weinlese im Steilhang

vergären spontan (➤) durch natürlich im Weinberg und im Keller vorkommende Hefearten ohne den Zusatz von speziell gezüchteten Weinhefen. Die Weine werden klassisch im Edelstahltank ausgebaut. In den Gewölben stehen sich Edelstahltanks und große Holzfässer von Stockinger in Österreich und Hösch (nahe Bad Kreuznach) gegenüber. Diese Kombination von Gebinden erlaubt verschiedene Ausbauarten des Weißweins und nutzt das ganze Potenzial des Kellers mit seiner gleichmäßigen Temperatur und Luftfeuchtigkeit. Im ersten Kellergeschoss reift *Spätburgunder* in französischen Barriques (➤). Hier ist die leichte Temperaturerhöhung im Frühjahr erwünscht, um einen biologischen Säureabbau (malolaktische Gärung (➤) anzustoßen.

Weine

Die Weine des Weinguts sind leicht, von einer feinen Mineralität und geringem Alkoholgehalt.
Der trockene *Riesling*, ausbalanciert zwischen leichter Restsüße und erfrischender Säure, bietet fruchtiges Zitrus-Aroma. Trotzdem sind die Weine nachhaltig kräftig mit einer feinnervigen Säure und von dezenter Würze.

ADRESSE:	Weingut Schloss Saarstein 54455 Serrig an der Saar Tel.: 06581/2324, Fax: 06581/6523 info@saarstein.de, www.saarstein.de
INHABER:	Christian Ebert
KELLERMEISTER:	Christian Ebert
ÖFFNUNGSZEITEN:	nach Vereinbarung
EINZELLAGEN:	Serriger Schloss Saarsteiner (im Alleinbesitz)
BESTÜCKTE REBFLÄCHE:	10 ha
JAHRESPRODUKTION:	ca. 80 000 Flaschen, 90% Riesling, 10% Weißer Burgunder
AUSZEICHNUNGEN:	Mitglied im VDP – Verband Deutscher Prädikatsweingüter
BESONDERES:	Weine, Sekte, Rieslinge von Alten Reben ab dem Jahr 1943
WEINTIPP:	2010 Riesling Kabinett vom Grauschiefer
WEINPROBEN:	nach Terminvereinbarung auf der Terrasse mit Saarblick
BEWIRTUNG:	Catering nach Absprache

Weingut Schloss Saarstein

Weingut | Familie | Geschichte

Winzer Christian Ebert

1828 erschloss der Oberförster Ebenteuer den Saarstein, rodete die Lohhecken an den Hängen und bearbeitete den humusarmen, skelettierten Grauschiefer, der sich den Boden mit Blauem Devonschiefer teilt. Es entstand ein passabler Weinberg, den er Jahrzehnte später an den Schifffahrtsunternehmer Hansen verkaufte. Hansens Enkel baute auf dem Saarstein ein Gutsgebäude und führte von hier aus die Geschäfte seines Trierer Transportunternehmens. Zur damaligen Zeit wurde hier an den Hängen vor allem die ertragreiche Rebsorte *Müller-Thurgau* angebaut. Die Weine waren von hervorragender Qualität und erzielten stattliche Preise. Da die Hansens keine Weinbauern waren, verkam das Gut im Laufe der Jahre und so boten sie es Mitte der 1960er Jahre zum Verkauf an. Dieter Ebert, Vater des heutigen Besitzers Christian Ebert, kam 1956

als Flüchtling aus der Uckermark an die Saar und kaufte den heruntergekommenen Hof. Zuvor hatte er sich und seine Familie in Schleswig-Holstein als Landwirt ernährt und kam so mehr zufällig zur Rebe. Gemeinsam mit dem Kellermeister Erwin Hoffmann machte er sich daran, das Potenzial der Weinberge auf dem Saarstein zu nutzen, die bald zu den Besten der Region gehörten.

1994 übernahm Sohn Christian Ebert das Weingut. Er machte eine Winzerausbildung und absolvierte daraufhin in Geisenheim (➤) ein Studium mit einem Abschluss als Weinbau-Ingenieur. Inzwischen gehört Christian Ebert, Mitglied im VDP (➤), zur deutschen *Riesling*-Elite.

Traubenlese Grauer Burgunder

Anbau | Lage

Nach Eberts Philosophie beginnt die Qualität eines Weines bereits im Weinberg. Die Erträge werden reduziert, d.h. niedrig gehalten, um eine feine mineralische Fruchtkonzentration zu erreichen. Christian Ebert legt besonderen Wert auf gesunde Trauben. Botrytis (→) setzt erst in der zweiten Oktoberhälfte ein und wird dann mit hohem Aufwand selektioniert. Das Gros seiner Weine aber ist reintönig, klar und elegant. Gerade bei den trockenen *Rieslingen* sind ihm diese Kriterien wichtig.

In den vergangenen Jahren hat er das historische Gebäude renoviert und den Weinkeller mit moderner Technik ausgestattet.

Viel Arbeit steckt Christian Ebert in die wurzelechten (→) Anlagen von 1943 und 1960. Diese Rebablagen blieben bislang

Schlosseingang im Saarstein

erhalten und werden sorgfältig bearbeitet. In diesen Extremlagen wird ausschließlich von Hand gelesen. Ebert hat sich auf die regionstypischen, rassigen *Riesling*-Weine spezialisiert, die die Mineralität des Blauen Devonschiefers mit den vielfältigen Fruchtaromen des *Rieslings* verbinden.

Aus der Monopollage *Serriger Schloss Saarsteiner*, der Ersten Lage des Guts, kommt der leichteste Wein eines Jahrgangs: ein *Riesling Kabinett*. Naturnahen Weinbau betreibt Ebert ebenso in seinen jüngeren Weinflächen, wo Rebstöcke in teils 60%iger Steillage stehen. Vorwiegend aus jüngeren Anlagen kommen die trockenen *Rieslinge* – mineralisch, fruchtig, spritzig.

Die Kellerarbeit trägt Christian Ebert in alleiniger Verantwortung. Die Trauben werden schonend über kurze Distanzen in die Kelter transportiert und bei geringem Druck – Ganztraubenpressung – verarbeitet. In gekühlten Tanks setzt sich der Most über mehrere Tage ab. Danach impft er ihn mit den Hefen aus dem eigenen Weinberg, welche sich im ersten Fass aus eigenem Antrieb (Spontanvergärung, →) vermehren. Mindestens 48 Stunden gibt er dem Most zur Vorklärung. Danach kommt er in traditionelle Fuderholzfässer oder kleine Edelstahltanks (max. 2000 l) mit Kühlmöglichkeit. Die Gärung findet langsam statt, steigende Temperaturen werden mit Kühlung durch Berieselung ausgeglichen. Durch die schonende Behandlung gären die Most- und Jungweine sehr langsam und bilden dadurch intensivere Fruchtaromen aus.

Das erste Absetzen (➤) erfolgt Mitte bis Ende Januar, anschließend werden die Weine filtriert. Ebert behandelt seine Weine extrem schonend, um die natürliche Kohlensäure nicht durch zu viel Bewegung zu lösen. Nur so bleibt der Charakter eines Saarsteiner *Rieslings* erhalten.

Wein

Eberts Weine bekommen regelmäßig Bestnoten. Zu den trockenen Spezialitäten des Weingutes zählen die *Alten Reben*. Ein geschmacklich trockener *Riesling* aus den wurzelechten (➤) Anlagen des Weinguts, aber ebenso der *Grauschiefer Riesling*, der nicht angereichert wird. Auch der *Weißburgunder* (*Pinot Blanc*) in seiner ganzen Eleganz kombiniert ausgewogene Säure mit der Mineralität des Schiefers. Die klassischen Spezialitäten der Saarsteiner Prädikatsweine kommen aus der Ersten Lage und sind mit einer zarten Restsüße (➤) ausgestattet. Diese reichen von den Prädikaten Kabinett mit 7-8 vol% Alkohol über Spätlesen, welche den Charakter des Terroirs am ausgeprägtesten zeigen, bis hin zu den feinen Auslesen, die die Saar weltberühmt gemacht haben.

Ockfen – Große Lage Bockstein

1975 wurde der kleine Ort, zwischen Serrig und Schoden gelegen, 1000 Jahre alt. Erstmals erfuhr Ockfen (975) in einer Urkunde des Trierer Erzbischofs Dietrich I. als Besitz der Abtei St. Martin Erwähnung. Als Ortsname war Occava eingetragen, abgeleitet von einem Bachnamen des keltischen Stammes der Treverer.

Die Abtei St. Martin errichtete in Ockfen einen Gutshof, der sich fast ausschließlich mit der Weinbereitung beschäftigte. Das 600-Seelendorf wurde durch seine Große Lage *Ockfener Bockstein* bekannt, die Rieslingfreunde in der ganzen Welt zu schätzen wissen.

Ehemalige Staatsdomäne Bockstein

Geschichte

Im 17. Jahrhundert besaßen die meisten Familien in Ockfen nicht mehr als eine Ackerfläche von zweieinhalb bis vier Morgen (ein Morgen = ein Viertel Hektar). Der wohlhabendste Einwohner des Ortes war der Winzer des Abtes, der auf einen eigenen Weinertrag von etwa 600 Liter verweisen konnte. Der Grundbesitz des Klosters verringerte sich im 18. Jh. erheblich und betrug zur Zeit der Säkularisation 6,7 ha Land, 3,9 ha Wiesen und 34 430 Weinstöcke. Nach einem Bevölkerungsschwund im 17. und 18. Jahrhundert wuchs die Einwohnerzahl zu Beginn des 20. Jahrhunderts (1911) auf 472 Personen. 66

Erste Lagen Ockfener Bockstein

Häuser waren registriert. Schon um 1900 konnte man einen gewissen Wohlstand erkennen, den der Weinbau der gesamten Region bescherte. Hoch über Ockfen gelegen entstand am Bockstein zwischen 1896 und 1902 die erste Staatsdomäne (vor Avelsbach und Serrig) mit 14 ha Rebland. Ende Februar 1945 geriet der Ort in harte Kampfhandlungen am amerikanischen Saarübergang und wurde durch Artilleriebeschuss in großen Teilen zerstört.

Mehr als 100 Gemeinden an der unteren Saar, mit ihnen Ockfen, wurden am 20. Juli 1946 aus der Rheinprovinz ausgegliedert und an das Saarland angeschlossen. Etwa ein Jahr später, am 8. Juni 1947, ordnete man jene Ortschaften dem Land Rheinland-Pfalz zu.

In zentraler Ortslage dominiert die Pfarrkirche St. Valentin, die nach schwerer Zerstörung 1945 wiederhergestellt wurde. Neun Weingüter, davon fünf Prädikatsweingüter des VDP (➤), teilen sich heute die erstklassige Lage *Ockfener Bockstein* und erzeugen Rieslingweine von besonderer Exklusivität.

ADRESSE:	Weingut Dr. Fischer – Bocksteinhof Hauptstraße 68, 54441 Ockfen Tel.: 06581/2150, Fax: 06581/6626 dr.fischer-ockfen@t-online.de, www.dr-fischer-ockfen.de
INHABER:	Karin Fischer
KELLERMEISTER:	Herbert Zimmer, Matthias Walter
ÖFFNUNGSZEITEN:	Montag-Freitag, 8-17 Uhr, sowie nach Vereinbarung
EINZELLAGEN:	Ockfener Bockstein, Saarburger Kupp
BESTÜCKTE REBFLÄCHE:	8 ha – 100% Riesling
JAHRESPRODUKTION:	ca. 50 000 Flaschen
AUSZEICHNUNGEN:	VDP Gründungsmitglied seit 1910
BESONDERES:	typische Saar-Weine Qualitäten von QbA – Auslese, Sekt: klassische Flaschengärung
WEINTIPP:	Weine des Jahrgangs 2010, Ockfener Bockstein Spätlese – mineralische Prägung, zurückhaltende Restsüße
WEINPROBEN:	nach Terminvereinbarung
BEWIRTUNG:	nach Absprache

Weingut Dr. Fischer – Bocksteinhof

Weingut | Familie | Geschichte

Direkt oberhalb des Weinortes Ockfen, am Ockfener Bach, liegt eine der Ersten Weinlagen des VDP (➤), der *Ockfener Bockstein*. 53 Hektar dieser großen Weinlage sind vorrangig mit Rieslingreben bepflanzt, die auf Schiefer stehen. Die *Großen Gewächse*, die in diesen Steillagen wachsen, werden auch vom Bernkasteler Ring, der ältesten Weinversteigerungs-Gesellschaft im Weinbaugebiet Mosel-Saar-Ruwer, versteigert.

Winzerin Karin Fischer

Heute gibt es nur wenige Weinbaubetriebe in Ockfen, die meisten im Nebenerwerb. Das VDP-*Weingut Bocksteinhof*, direkt am Fuße des Weinberges, ist einer der beiden Vollerwerbsbetriebe mit besten Weinbergslagen direkt unterhalb des Bocksteins. Die Trauben reifen in Steillage auf Böden mit hohem Schieferanteil. Der Hang ist nach Süd-Südwest ausgerichtet, geradezu ideal, denn die ungehinderte Sonneneinstrahlung garantiert beste Traubenqualität. Winde, die im Herbst am Tal hinaufziehen, trocknen die herbstlichen Nebeltropfen von den Rebstöcken. Süß und voller Mineralität reifen Früchte bis zur späten Lese. Laut Urkunde haben die Vorfahren des 1999 verstorbenen Dipl.-Weinbau-Ing. Hans-Henning Fischer schon im Jahr 1758 Wein angebaut. Karin Fischer, seine Witwe, der Tradition verpflichtet, führt heute das Weingut weiter und wird von ihren Söhnen Johannes und Stefan unterstützt.

Anbau | Lage

Die Trauben werden nur durch natürliche Hefen spontan vergoren (➤). Die lagenspezifischen Eigenarten werden erhalten, süße Frucht bringt gepaart mit eleganter Säure volle Entfaltung. Die optimale Temperatur des Kellers bietet alle Voraussetzungen für einen reduktiven Ausbau (➤). Saarweine brauchen zu ihrer Entwicklung eine gewisse Lagerzeit, mit zunehmender Reife gewinnt der Wein an Feinheit und Eleganz. Da der Restzucker (➤) nie ganz vergoren ist, haben die Weine erstaunlich niedrige Alkoholwerte. Die feine Säure ist so in Fruchtsüße immer gut eingebettet, dezent und zurückhaltend. Auf der ganzen Welt, vor allem in den USA, finden die Weine vom *Ockfener Bockstein* mit der einmaligen Kombination von Frucht, Süße und Säure Anerkennung. Das *Weingut Dr. Fischer* gehört zur Elite der 300 besten Weingüter Deutschlands.

Weine

Die Weine des *Ockfener Bocksteins* präsentieren sich durch eine rassige, kernige Frucht. Der Fokus des *Bocksteinhofs* liegt auf Weinen mit verhaltener Restsüße (➤) – eine ideale Verbindung von Essensbegleiter und hochwertigem Genuss. Ein ausgewogenes Frucht-Säureverhältnis verschafft jedem Jahrgang ein facettenreiches Gesicht mit vielfältigen Nuancen. Seit dem Jahrgang 2007 füllt das *Weingut Dr. Fischer* seine Gutsweine mit dem hochwertigen »Stelvin« Schraubverschluss ab. Somit wird Weingenuss ohne Korkgeschmack (TCA, ➤) garantiert. Auch wird dadurch die gute Lagerfähigkeit der Saar-Rieslingweine noch verbessert.

Der 2009 und 2010 *Dr. Fischer Steinbock Riesling* ist ein ideales Pendant zu Deftigem. Pikant, kräftig, aus alten, aber nicht ganz alten Reben (zwischen 20 und 40 Jahre) passt er ideal zu Saumagen oder vielen anderen, regional typischen Speisen.

Bild rechts: Johannes und Stefan Fischer

ADRESSE:	Weingut Klostermühle – Otto Minn
	Hauptstr. 1, 54441 Ockfen
	Tel.: 06581/929 30, Fax: 06581/929320
	hotel@bockstein.de, weingut@bockstein.de,
	www.bockstein.de
INHABER:	Otto Minn
KELLERMEISTER:	Otto Minn
ÖFFNUNGSZEITEN:	außer Dienstag 8-23 Uhr, im Januar geschlossen
EINZELLAGEN:	Ockfener Bockstein, Ockfener Geisberg
BESTÜCKTE REBFLÄCHE:	9 ha, 98% Riesling, 2% Spätburgunder, Dornfelder
JAHRESPRODUKTION:	ca. 50 000 Flaschen
AUSZEICHNUNGEN:	Kammerpreismünzen
BESONDERES:	Weine, Sekte, Traubensaft, Trester, Weinhefe, Wein- und Würzessig; trockene bis feinherbe Rieslinge, Spätburgunder, Dornfelder vom Schiefer
WEINTIPP:	2010 Riesling Spätlese halbtrocken, zur Forelle Müllerin
WEINPROBEN:	nach Terminvereinbarung
BEWIRTUNG:	Restaurant
ÜBERNACHTUNG:	Hotel

Weingut Klostermühle – Otto Minn

Weingut | Familie | Geschichte

Einst ein sogenannter Mischbetrieb mit Getreidemühle, Landwirtschaft und ein wenig Weinbau, stellte sich Ende der 1980er Jahre
die Frage, wie es weitergehen sollte. Die Familie Minn setzte auf
Weinbau. Nach der Flurbereinigung 1970 begann Vater Minn, auf
gerodeten Flächen Reben zu pflanzen, um sich mehr dem Weinbau
zuzuwenden. Bereits 1986 übergab er den Weinbaubetrieb an seinen Sohn Otto, der 1990 an der Landeslehr- und Versuchsanstalt in
Trier seine Ausbildung zum Winzermeister abschloss. Otto Minn hat
seine Entscheidung nie bereut, obwohl ihm manchmal Zweifel kamen, etwa als Wildschweine im
Winter 2009/2010 am Geisberg
schwere Schäden anrichteten.
Ein Alptraum für jeden Landwirt,
doch Minn machte das Beste daraus und pflanzte in den zerstörten Flächen neu. Die Rebfläche
hat er leicht reduziert. Die Arbeit
in den verbliebenen 9 ha großen
Weinberg macht er fast alleine,
lediglich zur Erntezeit nimmt er
Hilfe aus dem Dorf in Anspruch.

Winzer Otto Minn

Weine

In Minns Flächen stehen 70% *Riesling*, die typische Saarrebsorte.
Den Rest machen *Weiß-* und *Spätburgunder* und *Dornfelder* aus.
Spätburgundertrauben baut er als Rotwein und Rosé aus. Auch seine Rieslingsekte vom *Ockfener Geisberg* können sich sehen lassen.
Mit 12 Vol.% Alkohol, trocken, und drei Jahre auf der Hefe liegend,
überzeugen sie durch ihre typische Schiefermineralität und Frische.
Rieslingsweine von *Bockstein* und *Geisberg* erzeugt er als Qualitätsweine trocken. Seine Weine mit Prädikat vom Kabinett bis zu
den Auslesen und Eisweinen – vorausgesetzt, der Winter lässt dies
zu – baut er in den Qualitäten trocken bis feinherb aus. Die Wein-
bergsböden seiner Steillagenflächen bestehen aus Schieferverwitte-
rungsgestein mit lehmigen Anteilen und Quarzit – ideale Vorausset-

1981 Riesling aus der Schatzkammer Otto Minns

zungen für klare, markige, charaktervolle Weine voller fruchtiger Eleganz.

Besonderes

Zum Weingut gehört seit vielen Jahren ein Hotel-Restaurant, welches von Otto Minns Schwester Maria Mangrich und Familie geführt wird.

Es gibt auch eine Vinothek, die zu den üblichen Öffnungszeiten besucht werden kann.

Saarburg – Pittoresk und voller Flair

Die kleine Stadt Saarburg, mittelalterlich schön und mit mediterranem Flair, liegt eingebettet zwischen Weinbergen und Wäldern. Sie bietet eine Symbiose aus Geschichte und Kultur, Handwerk und Gastfreundschaft und lädt mit Einkaufscentren, Restaurants, Cafés und historischen Häusern zum Verweilen ein. Besonderer Anziehungspunkt ist der siebzehn Meter hohe Wasserfall mitten in der Stadt. Im 13. Jahrhundert brauchte die Stadt mehr Löschwasser und so leiteten die Stadtbewohner den kleinen Fluss Leuk, der bis dahin um die Stadt herum floss, kurzerhand mitten durch die mittelalterliche Stadtanlage. Der Höhenunterschied zwischen Ober- und Unterstadt wurde durch einen Wasserfall überwunden. Im Talkessel, am Fuße des Wasserfalls, wurden Mühlen errichtet und noch heute treiben die Wassermassen die Turbinen im Untergeschoss der ehemaligen kurfürstlichen Mühle an. Der erzeugte Strom reicht aus, um den Buttermarkt zu beleuchten.

Ein Sommertag in Saarburg

Im alten Mühlengebäude ist heute das *Amüseum* untergebracht. Das kleine Museum zeigt neben interessanten Wechselausstellungen die traditionellen Saarburger Handwerksberufe: Schuster, Drucker, Gerber, Schiffer und Glockengießer. Letzterer gehört zu den ältesten Kunsthandwerksberufen der christlichen Kultur und hat eine lange Tradition in Saarburg. Die schon 1590 verzeichnete Glockengießer-Familie Mabilon übte seit 1170 in Saarburg ihr Handwerk aus. Seit 2003 ist die Gießerei geschlossen und beherbergt ein Museum, aber die nachgestellte Szenerie lässt den Besucher glauben, die Meister und Gesellen machten nur eine kleine Pause.

Wasserfall in Saarburg

Panorama Saarburg

Glockengießerei Mabilon

Fest gemauert in der Erden,
Steht die Form aus Lehm gebrannt.
Heute muss die Glocke werden.
Frisch Gesellen, seid zur Hand

Was in des Dammes tiefer Grube,
Die Hand mit Feuers Hilfe baut,
Hoch oben auf des Turmes Glockenstube,
Da wird es von uns zeugen laut

Friedrich Schiller, Das Lied von der Glocke (1799)

Die 964 von Graf Siegfried von Luxemburg erbaute Burg ist ebenfalls ein lohnendes Ausflugsziel. Von dort hat man einen wunderbaren Ausblick über das Saartal und in die Weinlage *Saarburger Rausch*. Auch die 1893 erbaute und nach Kriegsschäden 1948/49 wiedererrichtete evangelische Kirche ist einen Besuch wert.

Zum Flanieren und Spazieren laden der Alte Markt und der Buttermarkt ein. Daneben kann man in und um Saarburg Sesselbahn oder Sommerrodelbahn fahren, die Saar mit dem Schiff erkunden und den

nahe gelegenen Greifvogelpark besichtigen.
Ein Veranstaltungs-Höhepunkt in der Stadt ist das alljährliche Saar-WeinFest Anfang September.

Amüseum am Wasserfall	**Glockengießerei Mabilon**
Am Markt 29	Staden 130
D-54439 Saarburg	54439 Saarburg
Tel.: 06581/994642	Tel.: 06581/2336
Fax: 06581/95670	Fax: 06581/ 7223
Mail: amueseum@saarburg.de	
Öffnungszeiten des Amüseums:	www.saarburg.eu
Mo-Fr, So und Feiertag	
von 11-16 Uhr	
Samstag geschlossen	

ADRESSE:	Weingut Armin Appel Trierer Straße 19, 54439 Saarburg Tel.: 06581/4030, Fax: 06581/3070 info@weingutappel.de, www.weingutappel.de
INHABER/KELLERMEISTER:	Armin Appel
GROSSLAGE:	Scharzberg-Wiltingen ist Leitgemeinde für den Scharzberg und maßgebend für die gesamte Großlage Untere Saar
EINZELLAGEN:	Saarburger Rausch, Saarburger Fuchsberg, Saarburger Schlossberg, Saarburger Kupp, Ayler Kupp und Ockfener Bockstein
BESTÜCKTE REBFLÄCHE:	9 ha, 95% Riesling, 3% Spätburgunder, 2% Müller-Thurgau (Rivaner)
JAHRESPRODUKTION:	ca. 60000 Flaschen
AUSZEICHNUNGEN:	Kammerpreismünzen in Gold und Silber, Staatsehrenpreis
BESONDERES:	Weine, Sekte, Traubensaft, Trester, Weinhefe, Liköre, fruchtbetonte, schlanke Rieslinge – trocken bis feinherb
WEINTIPP:	Riesling Kabinett feinherb zur asiatischen Küche, ältere Riesling-Spätlesen zu Wildgerichten
WEINPROBEN:	nach Terminvereinbarung bis max. 80 Personen
BEWIRTUNG:	nach Vereinbarung

Weingut Armin Appel

Weingut | Familie | Geschichte

Das Weingut Armin Appel ist vor einigen Jahrzehnten aus einem Mischbetrieb entstanden, so wie viele heutige Weinbaubetriebe an der Saar. Nach dem Zweiten Weltkrieg sicherte Vater Julius Appel das Auskommen der Familie durch Viehhaltung, Landwirtschaft und ein wenig Weinbau.

Das Weingut ist im Saarburger Stadtteil Niederleuken ansässig, der durch die Saarschifffahrt und den Weinbau geprägt ist. Die Winzerfamilie Appel setzt diese Tradition fort. 1935 wurde das alte Schifferdorf in die Stadt

Winzer Armin Appel

Saarburg eingemeindet. 1973 kaufte Julius Appel alle Weinberge aus der Familie auf und machte sich als Winzer selbstständig. Jahr für Jahr erweiterte er den Betrieb bis zu seiner jetzigen Größe. Vor einigen Jahren hat Armin Appel das Weingut von Vater Julius übernommen, der weiterhin die Arbeit des Sohnes in den Steillagen der Weinberge unterstützt.

Anbau | Lage

Das Weingut Appel umfasst eine Rebfläche von 9 ha, die sich zu 95% in den Steillagen in und um Saarburg befinden. Der *Saarburger Rausch* gehört zu den Top-Lagen an der Saar. Seine bis 54%ige Steigung ist in Südlage exponiert. Seine Böden bestehen aus Devonschiefer (➤) und Diabas (➤), ein grünlich eingefärbtes Ergussgestein, welches vorwiegend aus dem variszischen Zeitalter (400-300 Mio. Jahre v. Chr.) stammt.

> ❧ **Wussten Sie schon…? Saarburger Rausch**
> Der Name dieser Lage hat nicht, wie manch einer denken mag, mit der berauschenden Wirkung des Getränkes zu tun. Vielmehr handelt es sich um eine dialektische Variante von »Rusche« (Geröll), ist grammatikalisch weiblichen Ursprungs und heißt eigentlich »die Saarburger Rausch«.

Auf 95% dieses Areals kultivieren sie die Rieslingrebe, deren Weine nach Einzellagen getrennt ausgebaut und abgefüllt werden.

Durch gewissenhafte Pflege ihrer Rebstöcke, schonende Traubenlese und Kelterung des Mostes sowie einem sorgsamen Ausbau (➤) der Weine bürgt das Weingut für ein Höchstmaß an Qualität.

SaarRiesling e.V.

Armin Appel ist Vorsitzender des »SaarRiesling e.V.« und immer um das Image des Saarrieslings bemüht. Der heute unter dem Namen Saar-Riesling-Verein firmierende Zusammenschluss wurde 1963 als »Verein der Freunde des Saarweins« gegründet. Er zählt inzwischen 60 Mitglieder, darunter 40 Winzer der Saar. Mitglieder sind darüber hinaus der Kreis Trier-Saarburg, die Städte und Verbandsgemeinden Konz und Saarburg, die Ortsgemeinden sowie der Bauern- und Winzerverein. Ziel des Vereins ist es, das knappe 736 Hektar große Weinbaugebiet Saar zu pflegen und die Kulturlandschaft zu erhalten.

Weine

Appel vergärt seine Moste zu etwa 80% mit Rein-zuchthefen (➤) und baut sie im Edelstahl aus. Rot-weine bekommen die nötige Zeit zur Reife im Barrique (➤). Zu empfehlen sind alle Weine des Weingutes Armin Appel. Der *Riesling Kabinett 2009 (2010)* umschmeichelt die Nase mit einem frischen Duft nach Ananas und Apfel. Die Weine der *Saar-burger Rausch* sind tendenziell sehr weich, rund und weniger alkoholreich. Hervorragend passen sie zu Garnelenschwänzen aus einer Ingwerbeize oder kräftig-würzigem Weichkäse.

ADRESSE: Weingut Dr. Heinz Wagner,
Nachfolgerin Christiane Wagner
Bahnhofstr. 3, 54439 Saarburg
Tel.: 06581/2457, Fax: 06581/6093
christiane@weingutdrwagner.de
www.weingutdrwagner.de

INHABER/KELLERMEISTER: Christiane und Heinz Wagner

ÖFFNUNGSZEITEN: Mo-Fr 9:30-12 Uhr und 13:30-17 Uhr, Sa 9:30-13 Uhr
und nach Vereinbarung

EINZELLAGEN: Saarburger Rausch, Saarburger Kupp, Ockfener
Bockstein

BESTÜCKTE REBFLÄCHE: 7 ha

JAHRESPRODUKTION: 50 000-60 000 Flaschen

AUSZEICHNUNGEN: Mitglied im VDP, Gault Millau, Feinschmecker,
Eichelmann, Pro Riesling

BESONDERES: Weine, Sekte, 100% Riesling

WEINTIPP: Saarburger Kupp Riesling (Alte Reben), Spätlese
trocken, Saarburger Rausch Riesling Joseph
Heinrich, Spätlese feinherb, Riesling Generation V
trocken

WEINPROBEN: zu den Öffnungszeiten und nach Terminvereinbarung

BEWIRTUNG: nach Absprache

ÜBERNACHTUNG: kleines Ferienhaus für 4 Personen direkt am Weingut

Weingut Dr. Heinz Wagner, Nachfolgerin Christiane Wagner

Weingut | Familie | Geschichte

Die fünfte Generation ist angetreten, um in dem alteingesessenen Saarburger Familienweingut *Dr. Heinz Wagner* Tradition und Moderne miteinander zu verknüpfen. Seit Juli 2009 leitet das Weingut die in Geisenheim (➤) ausgebildete Önologin Christiane Wagner, die von ihrem Vater lange Zeit auf eine Übernahme des Weinguts vorbereitet wurde. Im Weinkeller arbeitet sie weiterhin Hand in Hand mit Wagner Senior. Für sie ist es Ehre und Pflicht zugleich, dieses gewachsene Weingut, Mitglied im Verband Deutscher Prädikatsweingüter (VDP (➤), im Sinne ihrer Vorfahren weiterzuführen.

Weingut Dr. Wagner

1880 gründete Ur-Urgroßvater Josef Heinrich Wagner in Saarburg eine Wein- und Sektkellerei, nachdem er sich in der Champagne und Italien in der Herstellung von schäumenden Qualitätsweinen hatte unterrichten lassen. An der Saar war er einer der ersten, der aus besten *Riesling*-Grundweinen Sekt nach alten klassischen Verfahren herstellte. Dies hat also in der Familie Wagner eine lange Tradition. Allerdings ging es in der Entwicklung des Weingutes nicht immer bergauf. Der Sohn des Gutsgründers, Adolf Wagner, bescherte dem in seinen Herstellungserfahrungen noch jungen *Saar-Riesling-Sekt* frühe Weltgeltung und einen hervorragenden Ruf, der dem über alles am Genusshimmel strahlenden Champagner ebenbürtig wurde. 1900 begann Adolf Wagner eine Lehre in Reims, dem Zentrum der französischen Sektherstellung. In den Jahren danach erreichte die Sektindustrie mit damals 84 Sektkellereien an Saar und Mosel ihre größte Blüte.

Der Erste Weltkrieg und die darauffolgende Inflation hinterließen tiefe Narben in den Geschäftsbilanzen seiner Sektkellerei Schloss Saarfels in Serrig. Adolf Wagner hatte als ehemaliger sächsischer Hoflieferant wichtige Kunden verloren, was ihn in große finanzielle Nöte brachte.

In den zwanziger Jahren war Wagner gezwungen, seine Besitzanteile der Schloss Saarfels AG an die Bank für Saar- und Rheinland abzugeben. Auch die Bank verstrickte sich in Misswirtschaft und veräußerte alle ihre Anteile 1939 an die *Vereinigten Hospizien*, Trier. Geblieben ist den Wagners das Weingut in Saarburg, welches bislang von Heinz Wagner geführt wurde.

Anbau | Lage

Christiane Wagner ist nun für das erfolgreiche Weiterbestehen des Weingutes in den nächsten Jahrzehnten verantwortlich. Die Weinbergflächen in Saarburg und Ockfen mit ihren Böden aus Grauwacke, Devonschiefer (➤) und Diabas (➤)

Jungwinzerin Christiane Wagner

bestehen vorwiegend aus Steillagen. Die Rebstöcke stehen auf Parzellen, die schon vor 100 Jahren und mehr bewirtschaftet waren und kostenintensiv sind. Allerdings stehen diese auch auf den Filetstücken der traditionellen Lagen. Alle Reben werden in der Einzelpfahlerziehung gehalten, anfallende Weinbergsarbeiten manuell durchgeführt. Nach der selektiven Handlese werden die Weine schonend und reduktiv in alten Fuderfässern ausgebaut. Im Vordergrund steht dabei, die natürliche Kohlensäure zu erhalten und zugleich den typischen, verspielten Charakter der Saarweine herauszustellen. Spät – meist im Sommer nach der vorangegangenen Ernte – werden diese auf die Flasche gefüllt. Somit haben die Rieslingweine genügend Zeit zu reifen. Die Wagnerschen *Rieslinge* besitzen reichlich Säure, demnach vertragen sie auch noch drei bis vier Jahre, um den besten harmonischen Trinkgenuss zu ermöglichen. Die Weine aus dem Gutskeller entsprechen dem typischen *Saar-Riesling*-Typ. Die Schieferböden hinterlassen eine unverkennbare Visitenkarte. Größtes Bestreben der Weinbauern: Die von der Natur gebotenen Qualitäten jedes Jahr ohne Verfälschung in einen charaktervollen unverkennbaren typischen Wagner *Saar-Riesling* zu verwandeln. Ein großes Augenmerk legen die beiden Kellermeister dabei auch auf den traditionellen Weinausbau im Eichenholzfass. Unter optimalen Bedingungen reifen die Weine im größten Gewölbekeller der Saar

Schwarzer Kellerpilz – Cladosporium cellare

heran. Ruhe, geringe Temperaturschwankungen und eine hohe Luft-feuchtigkeit, bedingt durch eine eigene, durch den Keller fließende Quelle, beeinflussen das Gesamtkunstwerk *Saar-Riesling*.

Weine

Bei Wagners entstehen von außerordentlicher Mine-ralität geprägte Weine, die im Zusammenspiel mit einer bekömmlichen Säure und leichtem Alkohol-gehalt eine wunderbare Aromatik von Pfirsich, Apri-kose, Zitrone und Kräutern zeigen. »Jeder Jahrgang hat seine Besonderheiten, die wir respektieren«, sagt Christiane Wagner, »so können wir jedes Jahr Weine erzeugen, die das Spiegelbild aller Einflüsse als Teil ihres Charakters beinhalten.«
Die feinherben Rieslingweine vom Weingut Wagner passen hervorragend zu Fisch, z.B. Karpfenfilets auf einer leichten Chili-Karotten-Creme.

ADRESSE:	Weingut Forstmeister Geltz-Zilliken Heckingstr. 20 54439 Saarburg Tel.: 06581/2456, Fax: 06581/6763 info@zilliken-vdp.de, www.zilliken-vdp.de
INHABER:	Hans-Joachim Zilliken
KELLERMEISTER:	Hans-Joachim Zilliken und Dorothee Zilliken
ÖFFNUNGSZEITEN:	nach Vereinbarung
EINZELLAGEN:	Saarburger Rausch, Ockfener Bockstein
BESTÜCKTE REBFLÄCHE:	11 ha
JAHRESPRODUKTION:	ca. 70 000 Flaschen
AUSZEICHNUNGEN:	Mitglied im VDP, Gault Millau, Wine Awards 2007
BESONDERES:	feinherbe bis edelsüße Weine, trockene Winzer-Sekte
WEINTIPP:	Zilliken Riesling Butterfly feinherb, Rausch Großes Gewächs Riesling trocken, Rausch 1. Lage 1 Riesling Auslese
WEINPROBEN:	nach Terminvereinbarung

Weingut Forstmeister Geltz-Zilliken

Weingut | Familie | Geschichte

Das Weingut Forstmeister Geltz-Zilliken kann auf 260 Jahre Weinbau zurückblicken. Seit 2007 leitet nun in elfter Generation Dorothee Zilliken gemeinsam mit ihren Eltern Hans-Joachim und Ruth den traditionsreichen Saarburger Weinbaubetrieb. Für sie steht: Erbe heißt Verpflichtung. Erleichtert wird ihre Arbeit durch den Erfahrungsschatz ihres Vaters Hans-Joachim.

Nach der neuen Klassifizierung gehört die *Saarburger Rausch* zu den Weinbergen Erster Lage. Seit Generationen erweitern die Zillikens ihr Wissen um die besten *Rieslinge*, die auf Blaugrauem Devonschiefer (➤) und Diabas (➤) sonnenverwöhnt in exponierter Südlage wachsen. Die Arbeit des Kellermeis-

Dorothee und Hans-Joachim Zilliken

ters Hans-Joachim Zilliken ergänzt Dorothee mit den Erfahrungen, die sie in anderen Weinbaubetrieben gemacht hat. Das größte Ziel ist die Bewahrung der Steillagen-Weinberge.

Die Geschichte der Weinbaufamilie lässt sich bis zur Mitte des 18. Jahrhunderts (1742) zurückverfolgen. Die Vorfahren jener Zeit waren Winzer, die Weinberge in Saarburg und Ockfen bewirtschafteten. Doch den Grundstein für einen der führenden Weinbaubetriebe an der Saar legte Ferdinand Geltz (1851-1925), königlich-preußischer Forstmeister. Aus seiner Zeit stammen die Alten Reben, die 1890 gepflanzt wurden und noch heute Grundstein für die besten *Rieslinge* der Winzerfamilie sind.

Ferdinand Geltz war einer der Gründer des »Vereins der Naturweinversteigerer Großer Ring (➤)«, heute VDP (➤) Mosel. Ziel war die Versteigerung unchaptalisierter Weine (➤) in höchster Qualität.

Nach Ferdinand Geltz Tod wurden die Weinflächen unter den Töchtern Antoinette und Ella geteilt, die es ihrerseits an Ellas Töchter weitergaben. Den Zweiten Weltkrieg bekam auch das Weingut zu spüren: Das Gutsgebäude wurde samt Keller während eines Bombenangriffs am 23.12.1944 völlig zerstört. Ellas Tochter Marianne begann das Gut

Größter Fassweinkeller der Region

wieder aufzubauen. Unterstützung fand sie in Fritz Zilliken, den sie 1947 heiratete. Nun hieß das Weingut Forstmeister Geltz-Zilliken. In damaliger Randlage zu Saarburg erwarben sie 1950 einen zweige-schossigen Keller, der als neuer Sitz des Weingutes ausgebaut wurde. Auf dem Keller errichtete Fritz Zilliken das neue Kelterhaus und baute auch das alte Gutsgebäude weiter um.

Anbau | Lage

Der gesamte Ausbau (➤) der Weine erfolgt im Holzfass. Die kühlen, durch naheliegende Quellen extrem feuchten Keller bieten dafür die optimalen Bedingungen. Der natürlichen Schwerkraft folgend findet der Most seinen Weg aus der Kelterhalle in Holzfässer, die drei Stock-werke tiefer lagern. Das ist der ideale Platz für die *Rieslinge*, denn die Kellerluft ist mit Feuchtigkeit derart angereichert, dass kein Flüssigkeitsaustausch mit den Weinfässern möglich wird. An der Gewölbedecke hängen Stalaktiten, Kalktropfsteine, die durch kohlensäurehaltiges Wasser entstehen und sich an der Decke ablagern. Die Weine lagern ohne Schwund oft über Jahrzehnte hinweg und können sich ganz ihrer Reife hingeben. Im Keller des Weinguts sind die Belege dafür zu sehen. In der Schatzkammer des Weinkellers umhüllen Gebilde wie schwarze Watte die Flaschen. Hierbei handelt es sich um den Schwarzen Kellerschimmel (➤), »cladosporium cellare«.

> **Wussten Sie schon…? Kellerschimmel**
> Winzer nennen ihn auch Kellerkatze, Kellertuch oder Kellerrotz. Der Schimmel entwickelt sich über Jahrzehnte unter denen auch für die Weinlagerung idealen Bedingungen. Er ernährt sich aus den flüchtigen Substanzen des Weines, vornehmlich Alkohol. Anders als sein unheimliches Aussehen vermuten lässt, entwickelt er keinen unangenehmen Geruch – im Gegenteil, er ist sehr nützlich, denn er verlangsamt die Reifung des Weines und schützt den Korken. Angeblich reguliert die Kellerkatze die Luftfeuchtigkeit und trägt somit entscheidend zum optimalen Klima im Weinkeller bei. Ist die Luftfeuchte zu hoch, nimmt der Pilz sie auf, ist sie zu niedrig, gibt er die Luftfeuchte wieder ab. In den gut belüfteten Weinkellern der heutigen Zeit ist Kellerschimmel selten geworden.

Nicht der Keller, sondern der Weinberg entscheidet, ob aus der Traube ein großer Rieslingwein wird. Vor allem auf Boden, Rebsorte und Klima kommt es an – in der richtigen Kombination schaffen diese Zutaten den idealen Weinberg. Der *Saarburger Rausch* bietet diese großartige Kombination. Der Morgennebel bringt den Reben genügend Feuchtigkeit, Sonne trägt zur Zuckerbildung und Reife bei und der Wind, der durch die Hänge zieht, trocknet die Trauben ab. Die Ertragsmenge der Weinberge ist begrenzt, alle Energie der Pflanzen soll sich auf wenige Trauben konzentrieren. Durch die Selektionierung steigen Lebenserwartung und Qualität der Rebe. Gerade die Alten Reben (➤), die auch in Trockenphasen mit ihren tiefliegenden Wurzeln noch ausreichend Wasser und Mineralien finden, danken es dem Winzer mit exzellenter Weinqualität.

Weine

Die Weine des Saarburger Spitzenwinzers sind vielschichtig – etwa der *trockene Zilliken Riesling*, mineralisch und von animierender Frische, oder der *Rausch 1℔ Großes Gewächs* (➤), voller Konzentration und Finesse. Die feinherben *Rieslinge* wie der *Butterfly* sind ein idealer Essensbegleiter mit den Aromen von Aprikose und Basilikum, unterlegt mit der typischen Mineralität der Saarlagen. Das Weingut Geltz-Zilliken erzeugt auch edelsüße Weine mit pikanter Frucht wie die *Bockstein Spätlese* oder die *Rausch Auslese*, ein Wein mit Rasse. Ob reizvoll jugendlich oder hochinteressant als reifer Tropfen – es ist für jeden Geschmack etwas dabei. Dazu gehören der leichte Trinkwein bis hin zum Schatzkammerwein mit höchster Konzentration und Lagerfähigkeit. Eine Besonderheit sind *Saar-Riesling-Sekte*, die als traditionelle Flaschengärung hergestellt werden.

Der schwarze Kellerpilz
Cladiosporium cellare

Ein Winzer ohne Kellerpilz,
ist wie ein Bauch ohne die Milz.
Das Cladiosporium cellare
hat schwarz verfilzte lange Haare
und hängt zu einem guten Zwecke
in Weinkellern hoch an der Decke.
Ist dort die Feuchtigkeit konstant
und auch der Temperatur-Zustand,
zehn Grad so etwa, jeden Tag,
was dieser Kellerpilz gern mag,
und dunstet Alkohol nach oben
zur Decke hin, die schwarz umwoben,
dann wächst der Pilz von ganz allein,
und das ist gut für Faß und Wein.
Der Schimmel ist für so ein Faß,
wie für den Dichter der Parnaß.

Gedicht von Winfried Rathke, Weinpoesie – Geisenheim

Ayl – Einst ein römisches Kastel

Entstehung des Ortes | Geschichte

Vor 2000 Jahren gab es in Ayl ein römisches Kastell. Der Ortsname Ayl leitet sich vom lateinischen Wort »aquila«, französisch »aigle« ab und bedeutet in der deutschen Übersetzung soviel wie Adler. Wie römische Brandgräber (um 300 n. Chr.) belegen, entwickelte sich im 2.-3. Jahrhundert aus dem Militärlager eine Siedlung. In einem Vertrag von 1052 zwischen dem Erzbischof von Trier und dem Grafen Walram von Arlon wird der Ort erstmals als »Eile« benannt.

Weinbau bestimmte das Wohlergehen der Bevölkerung. Eine Chronik von 1289 berichtet von einem sehr guten Weinjahr.

Wein von der Saar genoss um 1900 die höchste Reputation. Bei einer Weinversteigerung im Jahre 1906 erzielte ein Fuder (ca 1000 Liter) *1904er Ayler Kupp* den bis dahin höchsten, je an der Saar gezahlten Preis von 15030 Goldmark (heute etwa 75000 Euro). Das heute zu den bekanntesten Weinorten an der Saar gehörende Ayl zählt etwa 1400 Einwohner.

Die Ayler Kupp

Die *Ayler Kupp*, eine Spitzenweinlage mit Weltruf, ist eigentlich nicht nur eine Weinlage, sondern besteht aus sieben Teilen, die 1971 zusammengefasst wurden. Die Lagenbezeichnung »Kupp« ist typisch für die Weinbauregion Mosel und Saar.

Ayler Kupp

Panorama Ayl

Der Name ergibt sich aus der geologischen Form des Berges. Die bekanntesten Weingüter, die auf der *Ayler Kupp* Rebflächen bewirtschaften, sind das *Weingut Peter Lauer*, *Johann Peter Reinert* (Kanzem), *Margarethenhof* und die *Bischöflichen Weingüter* (Trier). Durch ihre verschiedenen Ausrichtungen (Ost-Südwest) verfügt die Kupp über sehr unterschiedliche Lagen mit entsprechendem qualitativem Potenzial.

Kirche St. Bartholomäus in Ayl

Das Terroir, aus dem sich so unterschiedliche Weine keltern lassen, besteht aus steinigem Boden mit hohem Schiefer- und Skelettanteil (*Ayler Kupp*), in geringen Steigungslagen aus leichten Schieferböden (*Scheidter Berg*), aus felsigen Terrassen mit Schieferböden und fast 90%iger Steigung (*Schonfels*), in der wärmsten Toplage im Saartal, Süd-Südost exponiert, aus Flusssedimentböden und Kies (*Saarfeils*). Weine aus der Lage *Saarfeils* betören durch ätherische Noten von Tannennadeln, Eukalyptus und Pfefferminze.

Freizeit und Umgebung
Die reizvolle Landschaft ermuntert den Besucher zu ausgedehnten Wanderungen, ob

zu Fuß oder mit dem Rad. Ausgezeichnete Gastronomie, gemütliche Weinstuben, gepflegte Gästezimmer und freundliche Menschen ermöglichen dem Urlauber den Genuss von Natur pur und edlen Weinen.

Ausflüge in das nahe gelegene Städtchen Saarburg (4 km), in die alte Römerstadt Trier (20 km), zur Edelsteinmetropole Idar-Oberstein (65 km) oder ins benachbarte Luxemburg (14 km) versüßen die Tage. Römerzeitliche Stätten wie die Villa Borg, die Villa Nennig mit dem größten Mosaikfußboden nördlich der Alpen, den Merkurtempel in Tawern und vieles mehr gilt es zu entdecken und zu sehen.

In Biebelhausen, das seit 1969 zu Ayl gehört, steht die Biebelhausener Mühle aus dem Jahre 1647, die heute mit etwa 250 Arbeitsplätzen einer der größten Arbeitgeber in der Region ist. In der Großbäckerei, die täglich 500 verschiedene Backwaren herstellt und vielmals vom Bundeslandwirtschaftsministerium ausgezeichnet wurde, hält man trotz moderner Technik am traditionellen Handwerk fest.

ADRESSE:	Weingut Eilenz Im Wiegenthal 12, 54441 Ayl/Saar Tel.: 06581/3433, Fax: 06581/3440 weingut.eilenz@aylerkupp.de, www.ayler-kupp.de
INHABER/KELLERMEISTER:	Bernd Eilenz
ÖFFNUNGSZEITEN:	Mo-Fr 12-18 Uhr, Sa 12-16 Uhr, So nach Vereinbarung
EINZELLAGEN:	Ayler Kupp
BESTÜCKTE REBFLÄCHE:	8,5 ha, 90% Riesling, 5% Spätburgunder, 5% Weißburgunder
JAHRESPRODUKTION:	ca. 60 000 Flaschen
AUSZEICHNUNGEN:	Kammerpreismünzen in Gold
BESONDERES:	Weine, Sekte, Traubensaft, Trester, Weinhefe, eigener Winzersekt nach traditionellem Verfahren, eigene Destillerie
WEINTIPP:	2010 Ayler Kupp Riesling Spätlese trocken, 2003 Riesling Auslese fruchtig
WEINPROBEN:	nach Terminvereinbarung
BEWIRTUNG:	Vino Café am Wasserfall in Saarburg
ÜBERNACHTUNG:	eigene Gästezimmer

Weingut Eilenz

Weingut | Familie | Geschichte

Weinbau hat in der Familie Eilenz eine lange Tradition. Nicht ohne Stolz erzählt Bernd Eilenz, dass Weinbau in der Familie seit 1740 belegt ist. Wie die meisten Winzer an Mosel, Saar und Ruwer begann alles einmal mit der damals üblichen Kombination aus verschiedenen landwirtschaftlichen Bereichen wie Ackerbau, Viehzucht und ein wenig Weinbau, damals noch vorrangig zum Eigenverbrauch. Das war in der Mitte des 18. Jahrhunderts harte Arbeit. Es gab noch keine Maschinen, die die Arbeit in den Steillagen der Weinberge hätten erleichtern können, sondern nur Fuhrwerke und Nutztiere. Der Bauer und seine Helfer konnten sich mit dem Kultivieren eines Weinbergs ein Zubrot verdienen.

Regelmäßige Kontrollen des Weines, nicht nur für Bernd Eilenz erste Pflicht

Aus den meisten dieser sogenannten Mischbetriebe sind heute Weingüter entstanden, die hervorragende Weine herstellen.

Zu Beginn seiner Winzertätigkeit gehörte Rudolf Eilenz wie fast alle Weinbauern der Region dem Ayler Winzerverein, der Genossenschaft, an. Er verarbeitete seine Trauben nicht selbst, sondern lieferte sie im späten Herbst im zentral gelegenen Genossenschaftsgebäude ab, wo sie mit den Trauben anderer Winzer gemeinsam vergoren wurden. Dies erleichterte den Winzern die Arbeit, denn nur wenige besaßen eine eigene Kelter. Fuder-Fässer, in denen der Most gären konnte, waren teuer und oft nicht erschwinglich. Nach Kriegsende, Anfang der fünfziger Jahre, erkannten viele Winzer jedoch, dass die Vermarktung eigener Flaschenweine wesentlich lukrativer war, als auf die Renditen aus der Genossenschaft zu setzen. Deshalb trat Rudolf Eilenz 1953 aus der Genossenschaft aus, füllte seine Weine in Flaschen und vermarktete diese selbst. Bis 1988 verkaufte Eilenz parallel Fass- und Flaschenweine.

Panorama Ayler Kupp. Blick auf Ayl, Biebelhausen, Schoden und Ockfen.

Anbau | Lage

Seit 1988 führt der in Bad Kreuznach ausgebildete Weinbautechniker Bernd Eilenz den von 3,2 auf 8,5 ha angewachsenen Betrieb. In den letzten Jahren investierte Eilenz in die Kellertechnik – die Moste vergären nun schonend im Edelstahl. Wie fast alle seiner Kollegen legt er viel Wert auf die Arbeit im Weinberg, schont die Böden und spritzt die Rebstöcke so wenig wie möglich. Seine Rebflächen düngt er mit Kompost aus eigener Herstellung. Eilenz-Weine wachsen ausschließlich auf der *Ayler Kupp*. Gelesen wird selektiv von Hand und die Trauben werden schonend verarbeitet. Eine kontrollierte Gärung bei kühlen Temperaturen ermöglicht die optimale Aromaentwicklung und Fruchtentfaltung.

Das Weinjahr 2010

Im vergangenen Jahr musste Eilenz um seinen Wein bangen, denn die kühle Witterung während der Rebblüte 2010 hatte zu einem geringen Fruchtansatz geführt, und daher erwartete Eilenz auch einen geringen Ertrag. Doch Regen im August versorgte die Trauben mit Wasser und Nährstoffen und in den sonnigen Spätsommertagen konnten sie vollends reifen. So entwickelte sich das Lesegut überraschend gut. 2010 begann für die Winzer schwierig, doch am Ende landeten hervorragende, wohl ausbalancierte Weine in der Flasche.

Weine

Eilenz-Weine sind fruchtig, aromatisch mit Aromen von Zitrus und Pampelmuse und von komplexer Mineralität.

Die Produktpalette spiegelt die Sorgfalt des Winzers wider, er produziert trockene Weine, auf die man gerne zu jeder Gelegenheit zurückgreift. Der Winzersekt *Brut* des Weingutes, den Eilenz aus einem Riesling-Grundwein nach traditioneller Flaschengärung herstellt, ist ein wahrer Genuss. Bernd Eilenz vermarktet seine Weine vor allem in Deutschland und in der Region, aber auch der Rest der Welt kommt in den Genuss. Er hat schon nach Südkorea und Japan exportiert und besonders die restsüßen Weine sind in den USA beliebt.

Besonderes

Die Familie besitzt seit 1927 Brennrecht und betreibt eine hauseigene Destillerie. Das Haus bietet Gästen Übernachtungsmöglichkeit und führt in Saarburg direkt am Wasserfall ein VINO-Café. Für Reisemobilisten betreibt die Familie einen Reisemobilpark in Saarburg direkt an der Saar.

ADRESSE: Weingut Weber – Margarethenhof
Kirchstr. 17, 54441 Ayl/Saar
Tel.: 06581/2538, Fax: 06581/6829
mail@margarethenhof-ayl.de
www.margarethenhof-ayl.de

INHABER/KELLERMEISTER: Jürgen Weber

ÖFFNUNGSZEITEN: Mo-Fr 9:30-12:30 Uhr und 14-18 Uhr, Sa 9:30-17
Uhr und nach Vereinbarung

EINZELLAGEN: Ayler Kupp, Könener Fels, Wasserliescher
Albachtaler

BESTÜCKTE REBFLÄCHE: 15,5 ha und 5 ha in Lieferverträgen

JAHRESPRODUKTION: ca. 150 000 Flaschen

AUSZEICHNUNGEN: Mondus Vini Gold und Silber 2010, Selection 3-4*

BESONDERES: Weine, Sekte, Traubensaft, Trester,
Weinhefe, Weinessig, Gelees, Traubenkernöl,
Champagnertrüffel

WEINTIPP: 2011 Riesling Hochgewächs trocken, Goldlinie –
das Beste aus jedem Jahrgang, Elbling von der
Obermosel (eigene Parzellen), spritzig leicht und
frisch

WEINPROBEN: nach Terminvereinbarung

BEWIRTUNG: nach Absprache

ÜBERNACHTUNG: im Ort

Weingut Weber

Weingut | Familie | Geschichte

Eigentlich hat der Weinbaubetrieb seinen Stammsitz in Tawern, einem Ort südlich Triers. Dort betrieben die Webers einen Gemischtbetrieb, basierend auf einem Lebensmittelgeschäft, Landhandel und Weinkommission. 1986 übernahm Jürgen Weber den Betrieb von seinem Vater Karl. In Tawern baute er den väterlichen Betrieb weiter aus, obwohl dieser sich nicht für den Flaschenweinhandel eignete. Jürgen Weber musste expandieren, sollte der Betrieb weiterhin rentabel sein. Eine Gelegenheit dazu bot sich im Jahr 2000, denn im Nachbarort Ayl stand das Gebäude des ehemaligen Ayler Winzervereins leer.

So übernahmen Jürgen und seine Frau Dorothee Weber am 1. September 2000 das 1902 erbaute Gebäude mit Kelterhaus und historischem Gewölbekeller samt Weinbeständen und einigen Weinbergsflächen des 1898 gegründeten Winzervereins Ayl. Mit diesem Prunkstück verschmolz das bereits bestehende Weingut *Margarethenhof*.

Dorothee Weber – Vinothek Margarethenhof

2000 konnten sie bereits die erste Ernte einfahren. Bis heute laufen Pachtverträge mit einigen Winzern aus der Gemeinde, mit denen sie Lieferverträge über 5 ha Rebfläche haben. Das ehemalige Kelterhaus wurde aufwendig renoviert und bietet heute Platz für ca. 200 Personen – ein idealer Ort für Konzerte, Seminare, private oder geschäftliche Feiern.

In der nun dritten Generation verknüpfen die Webers die neuesten Erkenntnisse und moderne Technologie mit der Natur. Diese Leidenschaft ist in ihren Sekten und Weinen zu spüren.

Anbau | Lage

Alle Weine der Webers, die in den Weinlagen *Ayler Kupp* sowie den Weinbergen der südlichen Weinmosel (Dreiländereck Deutschland-

Neue Barrique-Fässer

Luxemburg-Frankreich) gedeihen, wachsen auf tiefgründigem Schiefer- und Muschelkalkböden. Die Trauben werden in kleinen Behältern geerntet und im Weinberg sorgsam selektiert, somit sind sie von hervorragender Güte.

Die Webers kontrollieren streng die Gärung und Abfüllung. Dies garantiert qualitativ vollendete Weine mit gesundheitsfördernden Wirkstoffen, duftender Fruchtigkeit und einer betörenden Mineralität aus den Tiefen des Devonschiefers.

Alter Fassweinkeller Margarethenhof

Weine

Das Weingut Margarethenhof besitzt Rebflächen an der Obermosel, auf denen die dortigen Klassiker *Elbling* (➤) und *Auxerrois* gedeihen. Die Elblinge von den Muschelkalkböden der südlichen Weinmosel kommen jung-spritzig-frisch daher. Sie sind der ideale Frühsommerbegleiter, passen zu Salaten mit milden Käsesorten oder geräucherten Forellenfilets. Der *Schieferstein-Riesling* mit seinem kräftigen klaren Gelb verführt mit den Geruchs-Aromen von reifem Boskop und frühreifen Birnen.

ADRESSE:	Weingut Peter Lauer Triererstr. 49, 54441 Ayl/Saar Tel.: 06581/3031, Fax: 06581/2344 weingut@lauer-ayl.de, www.lauer-ayl.de
INHABER/KELLERMEISTER:	Peter Lauer und Florian Lauer
ÖFFNUNGSZEITEN:	Mo-Sa 10-18 Uhr
EINZELLAGEN:	Ayler Kupp, Saarfeilser, Ayler Schonfels
BESTÜCKTE REBFLÄCHE:	8 ha, 100% Riesling
JAHRESPRODUKTION:	ca. 45 000 Flaschen
AUSZEICHNUNGEN:	Gault Millau 2-facher Sieger bester Riesling feinherb Deutschlands
BESONDERES:	edle Weine aus besten Lagen, Sekte frisch und Reserve (15-25 Jahre auf dem Hefelager), Trester mindestens 10 Jahre im Eichenfass
WEINTIPP:	Fass 6 »Senior« Lieblingswein des Großvaters, kräuterduftig, nach Waldbeeren und geriebenen Blättern, Fass 9 »Kern« feinherb, Karamel und Maracuja, schmelzig
WEINPROBEN:	nach Terminvereinbarung
BEWIRTUNG:	im angeschlossenen Hotel-Restaurant Ayler Kupp
ÜBERNACHTUNG:	Hotel-Restaurant Ayler Kupp

Weingut Peter Lauer

Weingut | Familie | Geschichte

So differenziert und vielschichtig das Terroir in der Weingemeinde Ayl ist, so nuanciert sind die *Rieslinge* von Peter und Florian Lauer. »Riesling für Fortgeschrittene«, dieser Slogan mag auf den ersten Blick etwas abgehoben klingen, doch steckt mehr als nur ein Quentchen Wahrheit dahinter.

Im Hause Lauer wurde schon ab 1830 Weinbau betrieben. 1904 heiratete der Winzer Matthias Lauer die Tochter von Matthias Könen. 1913 übernahm er den Winzerhof und verwendete seinen Erbteil zur Vergrößerung des Weinbaubetriebes. Peter Lauer I., zweiter Sohn von Matthias Lauer, wurde Rebveredler in Dietz an der Lahn, übernahm 1938 das Weingut und führte es durch die Wirren des Zweiten Weltkrieges.

Auszug aus dem Kellerbuch von 1910

Raritäten aus dem Weingut Lauer

Er expandierte 1956 und kaufte das Weingut *Notar Tappen-Mungenast* in Saarburg. Damit erweiterte er seine Produktpalette um Weine aus den Spitzenparzellen *Neuenberg* und *Untersten Berg* in der *Ayler Kupp* und um beste Rebflächen in der Lage *Saarfeilser*.

Beim Kauf des Saarburger Weingutes wurde vertraglich eine Besonderheit festgelegt: Die Käufer verpflichteten sich zur lebenslangen Weiterführung des Mungenast-Etiketts für die Weine aus entsprechenden Parzellen des *Unterstenberg* und des *Saarfeilser*. Alle anderen Weine tragen das Laueretikett.

1973 übernahm Peter Lauer II. (geb. 1949) nach der Meisterprüfung das Weingut mit knapp 3 ha bestockter Rebfläche in besten Lagen. Mit dem Tode seines Vaters Peter Lauer I 1991 ging auch das Mungenasterbe in Form des schwarz-goldenen Etiketts. Seit 2002 ist die Symbolkraft, ebenso die Bedeutsamkeit der Etiketten einer neuen dreigeliederten Qualitätspyramide gewichen.

Drei einfache Stufen führen vom Trinkwein über die hochwertigen Lagenweine hin zu den besten Weinen eines jeden Jahrgangs von Alten Reben (→). Wie in Großvaters Zeit werden alle Weine mit einer Fassnummer bezeichnet, jeder Wein im Fass entspricht einer besonderen Herkunft und einem markanten Ausbaustil.

Anbau | Lage

Lauer baut zu 100% *Riesling* an. Naturnahe, biologische Weinerzeugung auf höchstem Niveau und eine vorausschauende Arbeit im Weinberg sind die Grundprinzipien seines Handelns. Geerntet werden die Parzellen separat in Handarbeit, kommen in jeweils für diese Moste vorgesehene Fässer und vergären spontan (➤) mit den wilden Hefen aus dem Weinberg.

Seit 2005 ist Sohn Florian gemeinsam mit Vater Peter Lauer mitverantwortlich für Erzeugung und Vinifikation (➤) der Lauer-*Rieslinge*. Seit langem genießt das Weingut in Ayl unter Kennern den Ruf, zu den besten Rieslingerzeugern zu gehören. Absatz und Vermarktung laufen vorrangig über das Hotel-Restaurant »Ayler Kupp«. Die Gäste sind sich der Qualität der feinherben Lauer-*Rieslinge* bewusst. 2005 kam Sohn Florian vom Studium an der Fachhochschule für Weinbau in Geisenheim (➤) in den elterlichen Betrieb zurück. Kunst und Handwerk des Weinmachens verdankt er aber vor allem der väterlichen Erfahrung, sowie einem Önologie-Studium an der Ecole Nationale in Montpellier/Frankreich.

Weine

Seit der Mitwirkung von Florian Lauer sind die Weine des Weinguts noch aussagekräftiger und lauer-typischer geworden. Von Jahr zu Jahr werden sie zu den besten feinherben Rieslingweinen Deutschlands gekürt. *Gault Millau* vergab dem *Ayler Kupp »Kern« Riesling 2008* – Fass 9 – zweimal das Prädikat »Bester Riesling feinherb Deutschlands«. Generell sind Lauerweine voller Stil und Eleganz, weniger alkoholreich, aber mit dichten, geradezu tiefgründigen Geschmacksbestandteilen des jeweiligen Terroirs.

ADRESSE:	Weingut Vols – Helmut Plunien Zuckerberg, 54441 Ayl/Saar Tel.: 0651/9935414, Fax: 0321/212566 87 Mobil: 0152/9874738 info@vols.de, www.vols.de
INHABER/KELLERMEISTER:	Helmut Plunien
ÖFFNUNGSZEITEN:	nach Vereinbarung
EINZELLAGEN:	das Kernstück bildet die Toplage Vols in Wiltingen, Wiltinger Schlangengraben, Wiltinger Kupp, Wiltinger Braunfels, Ayler Kupp, Ayler Schonfels
BESTÜCKTE REBFLÄCHE:	7 ha, 85% Riesling, 7% Weißburgunder, 6% Spätburgunder, 2% Chardonnay
JAHRESPRODUKTION:	ca. 45 000 Flaschen
AUSZEICHNUNGEN:	Robert Parker, Gault Millau, Eichelmann, Mosel Fine Wines, Der Feinschmecker
BESONDERES:	Weine, Sekte, Tresterbrand, Riesling Crémant brut, Crémant Pinot brut
WEINTIPP:	2010 Schonfels Riesling feinherb, 2010 Spätburgunder trocken, 2009 Riesling Vols II Riesling (45 Jahre alte Reben)
WEINPROBEN:	nach Terminvereinbarung
BEWIRTUNG:	nach Absprache
ÜBERNACHTUNG:	Gästezimmer

Weingut Vols – Helmut Plunien

Weingut | Familie | Geschichte

Das *Weingut Vols* in Ayl ist ein junges Weingut mit besten Aussichten, einmal zu den
Großen zu gehören. Helmut Plunien hat im
September 2010 das alteingesessene *Weingut Altenhofen* übernommen und dieses in
Weingut Vols umbenannt, dessen Name von
der Toplage *Vols* in Wiltigen stammt. Diese
ist eine nach Westen ausgerichtete Wein-
bergverlängerung des *Scharzhofberges*. Helmut Plunien ist mit Roman Niewodniczanski
vom *Weingut Van Volxem* Alleinbesitzer der
exponierten Einzellage. Plunien ist es gelungen, das *Weingut Vols* mit alter Weinbautradition in Ayl am Unterlauf der Saar zu etablieren. Zu den Weinbergen in Wiltingen kamen

Helmut Plunien

Weinberge an der Ayler Kupp, Scheidt und Schonfels hinzu.
Seit einigen Jahren experimentiert er dort, um die besten Weine aus
zum Teil 90 Jahre alten, wurzelechten (➤) Rebstöcken zu erzeugen.
Daraus entstehen extrem genussreiche und fruchtbetonte Weine, die
seit Jahrhunderten auf allen Tafeln der Welt zu Hause sind. Plunien
präsentiert seine Erzeugnisse in der traditionellen, tiefdunklen Schle-
gelflasche. Seine Philosophie der Weinerzeugung ist recht einfach:
Man nehme Trauben aus besten Lagen, keltere die besten Früchte
mit höchstem Engagement und erzeuge so die besten Weine der
Welt.

Weine

Die geringen Erträge aus seinen alten Weinbergen bringen hoch-
konzentrierte Moste, die spontan mit Weinbergshefen vergoren (➤)
und lange schonend ausgebaut werden. Weine aus einem solchen
Keller sind in aller Regel charaktervoll, lagerfähig und bergen einen
Hauch natürlicher Restsüße (➤). Plunien hat seine Erfahrungen in der
Schweiz, der Pfalz, Bayern und in Trier gemacht. Er erzeuge »Wei-
ne, die nervös machen«, sagt Plunien, wenngleich die Stilistik seiner
Weine unverwechselbar ist. Immer wieder hat er mit Weinfachleuten

Vols-Weine werden einmal zu den Besten gehören

und großen Winzervorbildern aus den Weinbauregionen dieser Welt gesprochen. Dabei verbesserte er die wichtigen Schritte in der Weinproduktion, arbeitete an der Stilistik seiner Weine und vergaß nicht, die Aromenvielfalt seiner Produkte zu bewerten. »Ich habe mich auf die Wurzeln besonnen, um den ursprünglichen, fruchtbetonten und glasklaren Stil der Saarweine in den Vordergrund zu stellen«, sagt er. »Alle Trauben stammen aus alten Weinbergen und werden bei höchster Reife spät geerntet. Unsere Qualitäten erreichen in der Regel Spät- bis Auslese. Dabei sind die Weine nie alkoholbetont oder schwer, sondern immer leicht und beschwingt.«

Vols-Weine werden immer hoch bewertet, ob von *Eichelmann*, *Gault Millau* oder *Mosel Fine Wines*. Selbst Robert Parker, bemerkt zum *2009er Braunfels »Vols I«* *Riesling*, einem klassifizierten Lagenwein aus der *Wiltinger Braunfels*: »Frische Zitrone und ein Duft nach reifem Pfirsich und Feige, akzentuiert von braunen Gewürzen verschmelzen in einem dynamischen Tanz voller Salzigkeit und steinerner (Schiefer) Mineralnuancen.«

Schoden – Von Küfern und Vagabunden

Der Ortsname Schoden, aus dem keltischen »Skoda« stammend, bedeutet in etwa soviel wie »sumpfiges Land/Wiese«. Eine frühe Siedlung in vorrömischer Zeit befand sich an einem Saarmäander. Mit der Einführung des »kommerziellen« Weinbaus durch die Römer begannen auch die Bewohner Schodens Reben zu kultivieren.

Die Ortschaft selbst spielt heute im Weinbau keine so große Rolle wie die benachbarten Ortschaften Ayl, Ockfen und Wiltingen.

Geschichte

Schon Jean Joseph Tranchot, der auf Befehl Napoleons zwischen 1801-1814 das Rheinland kartierte, bezeichnet diese Lagen, sowie die Lage Collbüsch, als erste Weinberge. Bis zur Flurbereinigung 1971 erfuhr Schoden die größte Ausdehnung der Rebflächen. Staatliche Stilllegungsprämien förderten Mitte der 1990er Jahre den Rebflächenrückbau. Doch nach wie vor wachsen an den nach Süden aus-

Bismarckturm in Schoden

Panorama Ayler Kupp von Schoden aus gesehen

gerichteten Hängen zur Saar hingewandt erlesene Rieslingweine von besonderer Mineralität. Zu den besten Lagen zählen *Herrenberg*, *Geisberg* und der *Saarfelser Marienberg*. Da der Weinbau stark zurückgegangen ist, wird das für diese Region so typische Weinlagenbild heute mehr von Weinbergsbrachen und Waldflächen geprägt.

Früher gab es zahlreiche selbstständige Handwerksbetriebe in Schoden. Drei Fassküfer fanden mit ihrer Arbeit Lohn und Auskommen. Eine besondere Kuriosität sollte nicht unerwähnt bleiben: 1780 heiratete in der Pfarrkirche zu Hentern (Landkreis Trier-Saarburg) der aus Mombron bei Metz stammende Ulrich Peter die aus Schoden stammende Maria-Magdalena Kirsch. Beide gaben als Berufsbezeichnung »Vagabund« an – demnach existierte in Schoden auch der Beruf des Vagabunden.

Natur

Der Ausbau der Saar zur Schifffahrtsstraße bescherte dem Ort eine Staustufe, hinter der sich die Saar in ihrem ursprünglichen Landschaftsbild zeigt. Ab Schoden bleibt der Fluss naturbelassen und bietet ein Rückzugsgebiet für seltene Tiere und Pflanzen. In einer großen Schleife passiert er die Weinorte Wiltingen und Kanzem.

ADRESSE:	Weinhof Herrenberg – Claudia und Manfred Loch Hauptstr. 80, 54441 Schoden/Saar Tel.: 06581/1258, Fax: 06581/995438 info@lochriesling.de, www.weinhof-herrenberg.de
INHABER:	Claudia Loch
KELLERMEISTER:	Manfred Loch
ÖFFNUNGSZEITEN:	nach Vereinbarung
EINZELLAGEN:	Schodener Herrenberg (Blauer Devonschiefer), Ockfener Bockstein (Roter Schiefer, hoher Eisenanteil), Wiltinger Schlangengraben
BESTÜCKTE REBFLÄCHE:	3,6 ha, 100% Riesling
JAHRESPRODUKTION:	ca 15 000 Flaschen
AUSZEICHNUNGEN:	Gault Millau, Eichelmann, Feinschmecker, Mitglied Ecovin Bundesverband Ökologischer Weinbau
BESONDERES:	Weine von besonderer, extrem würziger Mineralität, cremige Schmelzigkeit, feinste Säure, wurzelechte Reben – einer der ältesten Ertragsweinberge der Welt (Pflanzdatum vor 1893)
WEINTIPP:	LochRiesling, cremig und vollreif, »Stoveler«, feinherb, exotische Frucht nach Ananas und Pfirsich, »Stier«, feine Fruchtigkeit, pronocierte Mineralik
WEINPROBEN:	nach Terminvereinbarung

Weinhof Herrenberg

Weingut | Familie | Geschichte

Manfred Loch wusste schon lange, wie guter Wein schmeckt, denn er und seine Frau Claudia Loch tranken gerne mal ein Gläschen. Doch gute Weine waren teuer und so kamen sie auf den Gedanken, Wein selbst herzustellen. Da standen nun zwei un-erfahrene Quereinsteiger, die zuvor beruflich etwas gänzlich anderes gemacht hatten, er-warben 1200 m² Weinberg, und stellten sich die Weinherstellung wesentlich leichter vor. Mit einem alten, rostigen Traktor, einer Holz-korb-Kelter aus den frühen Jahren des 20. Jahrhunderts und einem ungeheuerlichen Idealismus starteten sie 1992 ihr Projekt »Weinhof Herrenberg«. Für die beiden gera-de der passende Zeitpunkt, denn der Wein-bau an der Saar lag zu dieser Zeit am Boden. Rebfläche war für wenig Geld zu haben und zu verlieren war höchstens das Erspate. Die Banken gaben für dieses eigenwillige Projekt kein Geld, also wurde kräftig gesammelt.

Typische Moselstock-erziehung der Reben

Nach schweren Anfangsjahren ist der *Wein-hof Herrenberg*, Mitglied im ECOVIN (➤) Bundesverband Ökologischer Weinbau, zu einem begehrten Geheimtipp aufgestiegen, der von *Gault Millau*, *Eichelmann* etc. immer wieder mit den besten Bewertungen aus-gezeichnet wird. Die Arbeit der beiden Winzer im Weinberg ist das Herzstück der Weinherstellung. Im Keller ist der Aufwand minimiert, Most und der daraus entstehende Wein wird schonend, ohne Einsatz von Schönungsmitteln (➤), behandelt. Ziel von Claudia und Manfred Loch: Ihre Weine sollen wahre Trinkfreude bereiten.

Gerade in den Jahren, in denen die Natur den Reben und dem Win-zer alles abverlangt, zeigt sich die Überlegenheit ihres Qualitäts-konzeptes. Claudia und Manfred Loch leisten intensive, harte Hand-arbeit, betreuen jeden einzelnen Rebstock, selektieren gründlich und nehmen so das Risiko einer sehr späten Lese und auch manchmal erhebliche Mengeneinbußen in Kauf. Doch die Mühe lohnt sich: finessenreiche, animierende, schmelzige Jungweine entstehen, die mit den Jahren ihr ganzes Potenzial entfalten.

Anbau | Lagen

Die Weinberge des Saartals mit ihren extremen Steillagen zeugen von einer jahrmillionen alten Geschichte. Auf dem Herrenberg recken sich Weinreben auf Schiefer-Steilhängen der Sonne entgegen. Der Devonschieferboden speichert Wärme und versorgt die Trauben mit einem Höchstmaß an Mineralien. Hinzu kommt das spezielle Mikroklima der Saarweinberge. Sonne und der nächtliche Wärmespeicher Schiefer im Weinberg sorgen für die Reife der Beeren. Dieses »Reizklima« verstärkt das Temperament der *Riesling*-Traube bis zur Vollendung.

Die meisten Winzer an der Saar pflegen zwar einen naturnahen Weinbau, jedoch sind ECOVIN-Mitglieder kompromisslos. Bei den Ökowinzern haben Kunstdünger, Giftspritze und Gentechnik nichts verloren. Das macht die Böden wertvoller, die Reben gesünder und die natürlichen Hefen komplexer. Für die Reinheit der Bio-Qualität bürgt seit Jahren der ECOVIN-Verband. Mit durchdachtem, intelligentem

Manfred Loch

Bio-Weinbau holen die Lochs das letzte Quentchen Qualität aus ihren Trauben. Die geschmacklichen Vorteile sprechen für sich.

Claudia Loch ist für den Rebschnitt verantwortlich. Wie nur wenige beherrscht sie die Reberziehung nach Prof. Cargnello (➤).

Für *LochRiesling* werden ausschließlich Rieslingtrauben aus den eigenen Spitzenlagen verwendet.

Weniger ist mehr – erst recht gilt das für den *Riesling*. Durch Cargnello (➤)-Schnitt und Bio-Anbau liegt der Ertrag des *Weinhofs Herrenberg* bei ca. 33 Hektolitern pro Hektar – ein Viertel der erlaubten Menge für Qualitätsweine. Das bringt diesen Weinen mehr Kraft und Konzentration und schafft eine perfekte Balance von Frische und Rieslingsäure, auch bei trockenen Weinen.

Der *Weinhof Herrenberg* kommt dank überschaubarer Anbaufläche ohne angelernte Hilfskräfte aus. In mehreren Lesegängen werden die Trauben mit größter Sorgfalt sortiert. Nur perfekte Beeren kommen ins Töpfchen, damit *LochRiesling* bei aller Konzentration immer lupenrein und sortentypisch schmeckt. Claudia und Manfred Loch verteilen die Trauben auf kleine Kisten, sodass sie beim Transport zur Kelter nicht zerquetscht werden. Auch dort wird behutsam mit ihnen umgegangen. Luftdruck schont die Beeren beim Pressen und in den Keller kommt der Most nicht per Pumpe, sondern durch eigene Schwerkraft.

Durch getrenntes Keltern der Trauben aus einzelnen Weinbergs-Parzellen entfaltet jedes Fass seinen eigenständigen Charakter. Reduktives Vergären im kühlen Edelstahl erhält die volle Fruchtigkeit der Weine. Die Gärung wird spontan (➤) eingeleitet, manche Sorten erhalten durch Chaptalisieren (➤) eine behutsame Feinabstimmung.

»Technische Tricks im Keller sind bei uns tabu, ebenso unnötige Pumpvorgänge und alles, was dem sensiblen *Riesling* sonst noch Stress macht«, sagt Manfred Loch, der seinen Wein mit Fingerspitzengefühl begleitet und ihm seine Zeit zum Reifen gönnt. So entwickelt sich jeder *LochRiesling* zu einer Wein-Persönlichkeit mit Ausdrucksstärke und Nuancenreichtum.

Wiltingen und seine großen Lagen

Wiltingen hat mit 1400 Einwohnern den dörflichen Charakter bewahrt. Es kann bequem auch mit der Bahn erreicht werden und ist der ideale Ausgangspunkt für Tagestouren zur römischen Kaiserstadt Trier, in Eifel und Hunsrück, nach Luxemburg, Frankreich und das angrenzende Saarland. Zahlreiche in den letzten Jahren angelegte Strecken eignen sich für Wanderungen durch das Weinland und für Radtouren entlang des Saar-Rad-Weges. Von hier können die beliebten Radfernwege »Mosel« sowie der europäische Radweg »VeloRoute Saar-Lor-Lux« oder der Ruwer-Hochwald-Radweg mit seinen zahlreichen Seitentälern befahren werden.

Weine in Wiltingen

Wiltingen ist der wohl bekannteste Weinort an der unteren Saar. Zahlreiche Grand Cru Lagen von Weltruf haben das Weindorf schon vor hundert Jahren an die Spitze der weltweiten Weingemeinden erhoben. Der *Scharzhofberg*, ein eher unspektakulärer Berg mit einer Höhe von 300 Metern über Meeresniveau, profitiert von seiner Ausrichtung nach Süden. Sein besonderes Mikroklima, bedingt durch das raue Grenzklima zwischen Eifel und Hunsrück und seine stark verwitterten Devonschieferböden, speichert die Wärme der Sonne optimal, um sie in der Nacht an die reifenden Trauben abzugeben. Daher wird er von Weinkennern sogar als eine der Top-Lagen der Welt geadelt. Er wird von Familie *Egon Müller*, den *Bischöflichen Weingütern*, den Weingütern *Reichsrat von Kesselstatt*, *Van Volxem*, *von Hövel* und einer Handvoll Winzer mehr bewirtschaftet, die Grand Cru Weine hervorbringen.

Trotzdem sind die großen Weinberge in der Wiltinger Saar-Schleife oder des *Scharzhofberges* vielen Weinliebhabern unbekannt. Die Winzerfamilie Egon Müller zu *Scharzhof* gehört zu den bedeutendsten Vertretern einer Winzergemeinde aus dem Saartal. Die Familie ist Mitglied im Eliteclub der Primum Familiae Vini – PFV »Beste Familien des Weines«, zu dem die weltbesten 12 Weingüter zählen. Außer Egon Müller hat Roman Niewodniczanski mit seinem *Weingut Van Volxem* dazu beigetragen, den Saarwein wieder mit an die Spitze zu bringen.

Wiltingen an der Saar

Weinbau

Auf der linken Saarseite, am Fuße des Schlossberges nach Biebelhausen hin, steht das Kellereigebäude des Saar-Winzer-Vereins. Rund
320 ha Rebfläche mit bis zu 95% Rieslingreben meist auf sehr steilen, nach Süden weisenden Schieferhängen gelegen, werden von
Wiltinger Winzern bewirtschaftet. Die besten Lagen sind der *Scharzhofberg*, die *Wiltinger Kupp*, *-Hölle*, *-Braunfels* und der *Wiltinger
Gottesfuß*. In besonderen Jahren wie etwa 2011 werden die Spitzenweine von kaum einem anderen deutschen Weißwein in Qualität und
Geschmack übertroffen. Die mineralischen Weine zeichnen sich durch
stahlige Säure, großartigen Nuancenreichtum, Körperfülle, Finesse
und Eleganz aus.
Der Blick aus den Weinbergen der *Wiltinger Kupp* wurde in einer
Internetabstimmung des Deutschen Weininstituts (DWI) zur »schönsten Weinsicht 2012 im Weinbaugebiet Mosel« gekürt.

Geschichte Wiltingens

Wiltingen liegt etwa 20 Kilometer westlich der Saarmündung (Konz).
Bereits in frühfränkischer Zeit (ab Mitte des 2. Jh. n. Chr.) wird eine
Besiedlung an gleicher Stelle vermutet. Funde aus spätrömischer Zeit

belegen auch eine kontinuierliche römische Besiedlung davor. Immer wieder finden sich bei Bauarbeiten Reste römischer Siedlungsgeschichte – ein Teil des Dorfes Wiltingen wurde auf römischen Ruinen erbaut. Mit Kanzem bildete Wiltingen im Mittelalter eine eigene Herrschaft, später war der Ort eine luxemburgische Enklave im Kurfürstentum Trier. Im 20. Jahrhundert fand man einen etwa 25 m² großen Mosaikboden und Teile einer Therme, die nicht erhalten sind. Lange brauchten Reisende ein Boot, um die Saar zu überqueren, erst 1912 ersetzte man den Fährbetrieb durch eine Brücke.

Wiltingen im Zweiten Weltkrieg

Während des Zweiten Weltkrieges blieb Wiltingen das Schicksal der anderen Ortschaften (Ockfen, Irsch, Ayl, Schoden u.a.) im Saartal erspart, der Ort blieb von Zerstörung weitgehend verschont. Im Frühjahr 1945 ergaben sich deutsche Wehrmachtsangehörige, die bis dato in Wiltingen stationiert waren, kampflos amerikanischen Truppen.

Lage

Wiltingen und seine großen Weinbergs-Steillagen liegen am Saaraltarm, der durch die Schiffbarmachung der Saar als Wasserverkehrsader entstanden ist. Der Fluss ist völlig naturbelassen. Die Wiltinger Saarschleife, die das Tal so charakteristisch (zwischen *Wiltinger Gottesfuß*, *Wiltinger Kupp* und *Kanzemer Altenberg*) macht, ist ein Paradies für Naturfreunde, Angler, Wassersportler und Wanderer.

Sonstiges

Heute erinnern eine ganze Reihe historischer Gebäude wie *Rauhof* und *Scharzhof* an eine Zeit des Wohlstandes, geprägt durch den Weinbau vergangener Tage. Auf den Resten eines römischen Gutshofes wurde von 1909-1910 die katholische Pfarrkirche St. Martin als massive Hallenkirche in neugotischem Stil erbaut. Der Volksmund nennt die imposante Kirche »Saardom«. 1860 wurde die Bahnstrecke Trier-Saarbrücken eröffnet, was die Anbindung an die Metropolen der Großregion (Saar-Lor-Lux) wesentlich erleichtert.

ADRESSE:	Egon Müller/Scharzhof 54459 Wiltingen/Saar Tel.: 06501/17232, Fax: 06501/150263 egon@scharzhof.de, www.scharzhof.de
VERWALTER:	Egon Müller
KELLERMEISTER:	Stefan Fobian
EINZELLAGEN:	Scharzhofberg, Wiltinger Braune Kupp (Alleinbesitz), zudem Rebflächen in Saarburg, Wawern und Kanzem
BESTÜCKTE REBFLÄCHE:	16 ha, 98% Riesling
JAHRESPRODUKTION:	ca. 75 000 Flaschen
AUSZEICHNUNGEN:	Mitglied im VDP, die Familie Egon Müller ist Mitglied der Vereinigung Primum Familiae Vini
BESONDERES:	restsüße Weine von außerordentlicher Qualität – Auslesen, Beerenauslesen, Trockenbeerenauslesen
WEINTIPP:	2007 Scharzhofberg Riesling Kabinett
WEINPROBEN:	nach Terminvereinbarung und nur für Kunden auf Empfehlung der Händler; kein Ab-Hof-Verkauf

Egon Müller | Scharzhof

Weingut | Familie | Geschichte

Die Weine von Egon Müller IV. gehören zu dem besten, was das kleine Weinbaugebiet Saar zu bieten hat. Darüber hinaus sind die Weine vom *Scharzhof* zu Wiltingen in der ganzen Welt gefragt. Nur wenige Winzer in aller Welt stellen so komplexe restsüße (➤) Weine her mit der idealen Balance von Süße und Säure. Müller hat die Kunst der Weinherstellung von seinem Vater Egon Müller III. übernommen. Dessen Credo: »Die Qualität eines Weines wird zu 100% im Weinberg gemacht. Wir glauben an das Potenzial unserer Weinberge, erzeugen die feinsten Trauben, um diese im Keller schonend ohne zusätzliche Hilfen zu vergären. So bringen wir sie in höchster Qualität in die Flasche.«

Egon Müller IV, einer der besten deutschen Winzer

Auf der Gemarkung Wiltingen fanden Archäologen drei Villae rusticae (römische Landgüter, landwirtschaftliche Betriebe), Weinbau, Ackerbau und Viehzucht gehörten während des römischen Imperiums zu einer wichtigen wirtschaftlichen Stellung dazu.

Rebpflanzungen, die zum Trierer Benediktinerkloster St. Martin gehörten, sind aus dem 12. Jahrhundert bekannt.

Zum ersten Mal wird das Weingut an heutiger Stelle in einer Urkunde aus dem Jahr 1602 erwähnt, die die Familie Müller besitzt.

1719 ließ der Abt des Klosters ein neues Hofgebäude errichten, welches heute als Teil des *Alten Scharzhofes* erhalten ist. Mit den Revolutionskriegen 1794 endete die 800 Jahre anhaltende Geschichte luxemburgischer Herrschaft in Wiltingen-Kanzem. Der Prior des Klosters St. Marien, Johann Jakob Koch, wurde 1796 zur Unterstützung des dortigen Pfarrers nach Wiltingen gesandt. Im gleichen Jahr kam der *Scharzhof*, ehemaliger Besitz der Abtei St. Maria, mit Haus, Scheune, Stallgebäude, Kelterhaus samt Kelter und Grundbesitz für 3 870 Livres in seinen Besitz. Insgesamt aber mag der Kaufpreis mehr als 10 000 Livres betragen haben, da die Weinberge nicht in dem Betrag für den

Der Scharzhofberg. Blick auf den Scharzhof

Hof enthalten waren. Koch trat zwischen den Jahren 1799 und 1801 aus dem Orden aus und heiratete im Jahr 1801 seine aus Bastogne stammende Haushälterin Anna Maria Clomes. Die Eheleute, die wegen eines Überfalls zeitweise in Wiltingen wohnten, kehrten 1809 auf den *Scharzhof* zurück. 1829 baute er ein neues Kelterhaus und stellte auf eine andere Rieslingrebe um, die den Frühjahrsfrösten besser widerstand und daher eine bessere Weinqualität brachte. So konnten die Schwierigkeiten der Anfangsjahre kompensiert werden. Zudem profitierte Koch von dem neuen Zollgesetz, welches 1818 in Kraft trat und die Einfuhr französischer Weine mit vergleichbar hohen Steuern belegte. Die Fuderpreise stiegen bis 1822 an, so dass es sich lohnte, die Anbauflächen zu vergrößern. Bis 1831 besaß Koch bereits 16 ha Weinberg. Der in der Gemarkung Wiltingen auf dem *Scharzhofberg* produzierte Wein zählte schon 1834 zu den angesehensten und bestbezahlten Saar- und Moselweinen. Koch bestimmte seinen Schwiegersohn Felix Müller zu seinem Nachfolger, bevor er 1829 verstarb. Clara Koch verkaufte 1851 ihren Anteil am Erbe an die Hohe Domkirche zu

Trier, stiftete den Erlös einem Benediktinerkloster in Trier und trat selbst dem Orden bei. Diese Tatsache erklärt, weshalb es auf dem *Scharzhof* noch heute zwei Weingüter gibt.

Felix Müllers Sohn Egon I. (1852-1936) übernahm den Betrieb in den 1880er Jahren und führte ihn erfolgreich weiter. Zwischen 1892 und 1905 erzielte er Fuderpreise von mehr als 10500 Mark. Die Weine vom *Scharzhof* gehörten zu den teuersten der Welt, selbst die Spitzenweine aus Bordeaux konnten dem Saar-*Riesling* nicht das Wasser reichen. Die Ernte aus dem Jahr 1900 erhielt bei der Weltausstellung in Paris den Grand Prix, die höchste Auszeichnung, vier Jahre später in St. Louis erneut. Der Wohlstand der Familie Müller mehrte sich aufgrund solcher wirtschaftlichen Erfolge. Doch während der Weltwirtschaftskrise gingen die Verkaufserlöse auch auf dem *Scharzhof* zurück. Egon Müller II. (1887-1941) übernahm 1932 das Weingut und manövrierte es durch schwierige Zeiten bis zum Beginn des Zweiten Weltkrieges. 1941 verstarb er.

Mit Hilfe polnischer und ukrainischer Zwangsarbeiter führte seine Frau den Betrieb durch den Krieg. Wiltingen und der *Scharzhof* blieben von Zerstörungen weitgehend verschont, daher gibt es in Wiltingen noch heute so viel gut erhaltene Bausubstanz. Als Egon Müller III. 1945 aus dem Krieg zurückkehrte und den Hof übernahm, machten er und sein erfahrener Kellermeister aus dem Weingut wieder einen florierenden Betrieb.

Mit den Jahrhundertweinen von 1971, 1975 und 1976 katapultierte sich der *Scharzhof* zurück in die Liga der weltbesten Weingüter. Die Rieslingweine von Egon III. wurden bei Weinverkostungen immer wieder mit den höchsten Punkzahlen dekoriert und die Weine erzielten bei Versteigerungen die höchsten Preise.

Egon Müller IV., jetziger Besitzer des *Scharzhofes*, übernahm die Prinzipien des Vaters, verringerte die Ertragsmenge um etwa die Hälfte und pflanzte in einigen Parzellen wurzelechte Reben (➤) an. Müller, diplomierter Ingenieur, verbrachte Jahre in Frankreich, den USA und Japan, um dort Erfahrungen zu sammeln. Mit seinem tiefgründigen Wissen blieb die hohe Qualität der Scharzhofweine weiterhin erhalten. 1997 wurde Egon Müller IV. Winzer des Jahres, sein Weingut zählt nun zu den besten zehn in Deutschland und zu den dreißig besten der Welt.

Der Scharzhofberg, einer der berühmtesten Weinberge der Welt

Anbau | Lage

Auf halber Strecke zwischen den beiden Ortschaften Wiltingen und Oberemmel befindet sich linker Hand der fast exakt nach Süden ausgerichtete 317 Meter hohe *Scharzhofberg*, eine der ganz großen Weinbergslagen Deutschlands. Von Kennern der internationalen Weinwelt wird er sogar als eine der Top-Lagen der Welt geadelt. Grund dafür ist die besondere Bodenbeschaffenheit und das einzigartige Mikroklima.

An seinem Fuße befinden sich heute zwei Weingüter. Der *Alte Scharzhof*, in dem sich eine Kelterhalle der Bischöflichen Weingüter befindet, gehört zur *Hohen Domkirche zu Trier*. Den *Neuen Scharzhof* besitzt die Familie Müller.

Auch Müller pflegt verantwortungsvoll das ihm überlassene Erbe, um es, so sein Wunsch, einmal Egon V. so weiterzugeben, wie er es von seinen Vorfahren geerbt hat. Für ihn gilt schonende Arbeit im Weinberg, zur Auflockerung des Bodens verwendet er nur Stroh. Die Reben bleiben so lange wie nur möglich am Stock, um dann mit minimalistischem Aufwand über lange Zeit bei niedrigen Temperaturen zu vergären. Für diese temperaturreduzierte Spontanvergärung (➤) kommen ihm nur die ohnehin in der Kellerluft befindlichen natürlichen Hefen zur Hilfe.

Weine

Seit 2008 ist Egon Müller IV Vorsitzender des VDP Großer Ring (➤) MOSEL-SAAR-RUWER. Zu beziehen sind seine restsüßen (➤) Weine ausschließlich über den Fachhandel – Ab-Hof-Verkauf ist nicht möglich. Seine Weine bewegen sich ausnahmslos im Hochpreis-Segment. Für Müller beginnen die Edel-Weine, die Restsüßen (➤), erst ab den Auslesequalitäten. Ihm ist wichtig, dass Weine in sich geschlossen sind und mit der idealen Balance zwischen Restsüße und Säure dem Weintrinker die Sinne versüßen.

ADRESSE:	Weingut Johannes Peters
	Zum Schlossberg
	54459 Wiltingen
	Tel.: 06501/18753, Fax: 06501/15755
	info@peterswein.de, www.peterswein.de
INHABER:	Johannes Peters
KELLERMEISTER:	Johannes Peters
ÖFFNUNGSZEITEN:	nach Vereinbarung
EINZELLAGEN:	Scharzhofberg, Wiltinger Braunfels, Wiltinger Kupp, Wiltinger Klosterberg
BESTÜCKTE REBFLÄCHE:	7 ha
JAHRESPRODUKTION:	50 000-70 000 Flaschen
AUSZEICHNUNGEN:	Gault Millau, Eichelmann, Feinschmecker
BESONDERES:	Weine und erstklassige Riesling-Sekte aus selektiv gelesenen Trauben
WEINTIPP:	2010 Scharzhofberger Riesling Spätlese trocken, 2010 Sauvignon Blanc trocken
WEINPROBEN:	nach Terminvereinbarung, Weine über den Fachhandel
BEWIRTUNG:	keine, Vinothek nach Absprache

Weingut Johannes Peters

Weingut | Familie | Geschichte

Früher ein Mischbetrieb aus Landwirtschaft und Viehzucht, betreibt Familie Peters seit 250 Jahren Weinbau in Wiltingen, dem bedeutendsten Weinort an der Saar. Johannes Peters hält die Tradition der Winzerfamilie hoch und konzentriert sich vor allem auf den Anbau von Weißweinsorten wie *Riesling*, *Weißer Burgunder*, *Sauvignon Blanc* und *Müller Thurgau* (*Rivaner*). Schon in den 1930er Jahren wurden Peterswei-ne hoch geschätzt, beispielsweise schenkte die Rheinisch-Preußische Dampfschifffahrtgesell-schaft ihren Fahrgästen die *Rieslinge* aus Wiltingen aus. In den Casinos der großen Stahlhütten wurde ebenso Peterswein ausgeschenkt. Johann Peters, Vater des heutigen Eigentümers, setzte auf direkten Kundenkontakt und lieferte mit einem alten VW-Käfer die Weine selbst aus. Kundenkontakt und -pflege sind bis heute Maß-

Johannes Peters

stab des Weingutes geblieben. Immer noch findet Peterswein bei Händlern im Saarland und dem gesamten Bundesgebiet Absatz. Als es in der Dorfmitte Wiltingens in den Nachkriegsjahren immer enger wurde, gaben die Peters' das alte Weingut auf und bauten ein neues auf der anderen Saarseite, am Fuße des Wiltinger Schlossberges.

Anbau | Lage

Schon immer bekannte sich die Winzerfamilie zum naturnahen Weinbau, um auch in Zukunft Weine aus diesem besonderen Terroir herzustellen. Seit 1991 ist Johannes Peters Inhaber und Kellermeister des Weinguts. Petersweine ziert das Zeichen einer Eidechse als Symbol der Verbundenheit zum Terroir, dem wärmespeichernden Schiefer. Das Weingut bewirtschaftet beste (Steil-)Lagen, die bekanntesten sind der *Scharzhofberg* und die Lagen *Wiltinger Kupp*, *Braunfels*, *Rosenberg* und *Klosterberg*, die mit viel Idealismus, Sorgfalt, Sensibilität und in aufwendiger Handarbeit gepflegt werden. Die Weine des

Roter Devonschiefer vom Wiltinger Galgenberg. Lebensraum für Flora und Fauna

Weinguts sind sortentypisch und von besonderer Klasse.

Peters gibt seinen Weinbergen reichlich Humus zur Verbesserung der Bodenvitalität, achtet auf Dauerbegrünung der Rebflächen und kann daher weitgehend auf Pflanzenschutzmittel verzichten und trotzdem gute Erträge bringen.

Anders als die meisten Winzer an der Saar setzt Peters auf Spaliererziehung der Rebstöcke, also auf eine moderne Drahtrahmentechnik mit geringem Grünanschnitt. In den Schiefersteillagen ist aufwendige Handarbeit angesagt und das Mostgut wird selektiv gelesen. Tief unten im kühlen Keller reift der Most und wird dort schonend und behutsam ausgebaut, um den besten Geschmack und tiefgründiges Aroma zu erreichen. Die Traubenverarbeitung geschieht ohne Quetschung der Beeren mit einer modernen Membranpresse. Die Spontangärung ist temperaturgesteuert und erfolgt sowohl im Edelstahltank als auch in Holzfässern. Besondere Finesse erhalten die Petersweine bei ihrer Reifung auf dem Hefeeinlager.

Weine

Neben dem Schoppenwein, trocken und halbtrocken, und kräftigen Tischweinen mit anregender Frische baut Peters die meisten Rebsorten trocken aus. Die puren *Rieslinge*, auf Schiefer gewachsen, sind fruchtbetont und mineralisch und eben auch »modern trocken«. Peters kreiert verschiedene Cuvées (➤) aus *Grau-* und *Weißburgunder*, sowie eine aus *Riesling* und *Weißburgunder*, die er »Wein mit zwei Anzügen« nennt. So entstehen hervorragende Tischweine, frisch, frucht-

Kellermeister Johannes Peters

betont und eigenwillig. In besonderen Jahren erzeugt das Weingut Toprieslinge, darunter die *Riesling-Auslese Marthas Weinberg* (2010), fruchtbetont im klassischen Stil. Die feinherben Spät- und Auslesen verfügen über eine mineralische Aromatik mit schöner Länge und sind ein wenig alkoholreduziert. Sein Winzersekt *Riesling Brut* in typischer Flaschengärung beinhaltet nur erstklassige *Riesling*-Grundweine aus selektiv gelesenen Trauben voller Esprit, Rasse und Spritzigkeit. Die feinherben *Riesling*-Spätlesen eignen sich hervorragend zu Speisen mit entsprechendem Gegenpol, so passt etwa die mineralische *Riesling*-Spätlese vom *Wiltinger Klosterberg* zu einem würzigen Apfel-Blutwurst-Strudel.

ADRESSE:	Weingut Peter Neu-Erben Dehenstraße 7, 54459 Wiltingen Tel.: 06501/16439 u. 150701, Fax: 06501/600061 weingut.neu-erben@gmx.de
INHABER/KELLERMEISTER:	Alexander Neu
ÖFFNUNGSZEITEN:	tägl. 8-17 Uhr und nach Vereinbarung
EINZELLAGEN:	Wiltinger Schlangengraben, Klosterberg, Braunfels, Rosenberg
BESTÜCKTE REBFLÄCHE:	2,8 ha; 98% Riesling, 2% Bacchus
JAHRESPRODUKTION:	ca. 10 000 Flaschen
AUSZEICHNUNGEN:	Kammerpreismünzen, Mitglied Bernkasteler Ring
BESONDERES:	Weine, Traubensaft, Trester, Weinhefe, Rieslingsekte und restsüße Weine
WEINTIPP:	2010 Wiltinger Klosterberger Riesling Auslese, 2010 Wiltinger Klosterberg Riesling Beerenauslese
WEINPROBEN:	nach Terminvereinbarung
BEWIRTUNG:	bei Weinproben nach Vereinbarung

Weingut Peter Neu-Erben

Weingut | Familie | Geschichte

Alexander Neu übernahm erst kürzlich das Weingut von Vater Helmut. Das für heutige Verhältnisse recht kleine Weingut blickt auf eine lange Tradition zurück: Seit über 250 Jahren betreibt die Familie Weinbau auf den Schiefer-Steilhängen des Saartals. Der Gründer des Weinguts Peter Neu, war Winzer und Küfer.

Anbau | Lage

Die Arbeit im Weinberg bewältigen Helmut und Alexander Neu alleine, lediglich während der Weinlese helfen fleißige Hände aus der Dorfgemeinschaft. Traditionell geht es auch im Weinkeller zu: Trocken auszubauender *Riesling* wird kontrolliert mit Reinzuchthefen (➤) in Edelstahltanks vergoren, feinherbe bis restsüße Weine vergären spontan (➤) mit Weinberg- und Kellerhefen im Fuder-Holzfass. So erzeugt Alexander Neu rassige *Rieslinge*, die durch Geradlinigkeit und eine ausgeprägte Frucht bestechen.

Helmut und Alexander Neu

Weine

Alle Flaschen des Weingutes Neu werden heute noch mit dem traditionellen Etikett versehen, das Großvater Peter Neu in Anlehnung an die Wiltinger Pfarrei St. Martin entwerfen ließ. Die Weine des kleinen Gutes werden zu 80% fruchtig ausgebaut. Dabei spielen traditionelle An- und Ausbaumethoden und maßvoller technischer Einsatz eine entscheidende Rolle. Das Weingut ist Mitglied im Bernkasteler Ring (➤), der Prädikatswein-Versteigerungs-Gesellschaft Mosel-Saar-Ruwer.

Bernkasteler Ring: 1899 gründeten qualitätsorientierte Weingutsbesitzer diese Gesellschaft mit dem Ziel, selbstgekelterte naturreine Weine zur Versteigerung zu bringen. Der Bernkasteler Ring (➤) ist die älteste Weingütervereinigung führender Weingüter im Anbaugebiet Mosel (Saar und Ruwer). Wie vor hundert Jahren werden Anfang September in Bernkastel-Kues die besten Rieslingweine aus den Steillagen zur Prädikatswein-Versteigerung gebracht.

ADRESSE:	Weingut Hans Resch
	Kirchstraße 29, 54459 Wiltingen/Saar
	Tel.: 06501/16450, Fax: 06501/14586
	info@weingut-resch.de, www.weingut-resch.de
INHABER:	Franz Andreas Resch
KELLERMEISTER:	Franz Andreas Resch
ÖFFNUNGSZEITEN:	nach Vereinbarung
EINZELLAGEN:	Scharzhofberg, Wiltinger Klosterberg, Wiltinger Rosenberg, Wiltinger Schlangengraben
BESTÜCKTE REBFLÄCHE:	6,6 ha
JAHRESPRODUKTION:	ca. 40 000 Flaschen Wein u. 10 000 Flaschen Sekt
BESONDERES:	edelsüße und feinherbe Rieslingweine, Sekte nach der Methode Champenoise
WEINTIPP:	2009 Scharzhofberger Riesling feinherb, 1998 Wiltinger Klosterberg Eiswein
WEINPROBEN:	Weinproben nach Terminvereinbarung
BEWIRTUNG:	nach Kundenwunsch
ÜBERNACHTUNG:	1 Ferienhaus, 2 Doppelzimmer komplett mit Küche

Weingut Hans Resch

Weingut | Familie | Geschichte

Slow-Food Mitglied Franz Andreas Resch, der seine Weinberge öko-logisch bewirtschaftet, baut in fünfter Generation in Wiltingen Wein an. Anna Lioba Resch gründete 1873 das Weingut, und auch heute noch sind Andreas und seine Frau Monika Resch der Tradition ver-bunden. Mit viel Feingefühl und offen für alle dynamischen Zusam-menhänge im Ökoweinbau zeigen sie eine eigene Handschrift bei der Erzeugung ihrer Weine. Das Winzerpaar führt alle wesentlichen Arbeiten, sowohl im Weinberg als auch im Keller, eigenhändig aus. Resch ist einer der jungen Winzer, denen man den Spaß an seiner Tätigkeit anmerkt. Voller Stolz auf seine Heimat und die unverwech-selbaren Steillagen im unteren Saartal erzählt er jedem Besucher von den Besonderheiten, die diese Region ausmachen.

Passagio animato: Gäste, die Resch bewirtet, bringt er erst einmal auf den Wiltinger Galgenberg zur »Passagio Animato«, einem aus-gefallenen Skulpturenobjekt der italienischen Künstlerin Maria Claudia Farina. Der Besucher kann die Skulptur erklimmen, um die Schönheit der Landschaft durch einen Monitor zu betrachten. Von dort oben hat man einen besonders guten Ausblick auf den Wiltinger Gottesfuß, und hinter der alten Saarschleife rechts thront herrschaftlich der Kanzemer Alten-berg. Linker Hand sind Wiltinger Schlangengraben und die Ayler Kupp zu sehen. Ein Blick, der für so manche Strapaze entschädigt, besonders wenn der Gastgeber noch eine Riesling-Auslese zur Verkostung parat hat.

Hier merkt man die Naturbezogenheit der Winzer, deren Endprodukt die Liebe zur Natur und zu gutem Wein erkennen lässt. So wie viele großartige Weinlagen an der Saar erfreuen sich die meisten Wiltinger Einzellagen internationaler Bekanntheit. Seit 1995 besitzen auch die Reschs einen Weinberg am legendären *Scharzhofberg*.

Anbau | Lage

Die Natur überlässt Resch weitgehend sich selbst und greift nur be-hutsam ein, die natürliche Begrünung der Weinbergböden bleibt er-halten. Vitale Böden sind Grundvoraussetzung für gesunde Reben, aus denen die besten Weine gekeltert werden.

Weine

Andreas Resch erzeugt typische leichte Saar-*Rieslinge*, konzentratreich, fruchtig, mineralisch, finessenreich, mit geringerem Alkoholgehalt. Der Winzer empfiehlt zu seiner feinherben *Riesling*-Spätlese vom *Scharzhofberg* eine in Ingwer-Chili gebeizte Languste.

Besonderes

Familie Resch hat ein über 120 Jahre altes ehemaliges Kelterhaus zu einem Gästehaus im Landhausstil umgebaut. In zwei Doppelzimmern können bis zu vier Personen eine erholsame Zeit in einer der schönsten Weinregionen der Republik erleben.

Vielerorts an Mosel und Saar werden die Ruten in Herzform gebunden

ADRESSE:	Weingut Schmitz-Simon Bei der Langheck 30, 54459 Wiltingen/Saar Tel.: 06501/16416, Fax: 06501/164 17 schmitz-simon@t-online.de, www.schmitz-simon.de
INHABER:	Hermann-Josef Schmitz
KELLERMEISTER:	Hermann-Josef Schmitz
ÖFFNUNGSZEITEN:	täglich nach Vereinbarung
EINZELLAGEN:	Wiltinger Gottesfuß, Wiltinger Kupp, Wiltinger Klosterberg, Wiltinger Braunfels, Niedermenniger Sonnenberg
BESTÜCKTE REBFLÄCHE:	5 ha
JAHRESPRODUKTION:	ca. 20 000 Flaschen
AUSZEICHNUNGEN:	Qualitätsmarke »Q« unter der Dachmarke »Mosel«
BESONDERES:	Weine, Sekte, Trester
WEINTIPP:	2010 Riesling Spätlese feinherb vom Wiltinger Gottesfuß
WEINPROBEN:	nach Terminvereinbarung
BEWIRTUNG:	nach Absprache
ÜBERNACHTUNG:	2 Doppelzimmer und eine Ferienwohnung

Weingut Schmitz-Simon

Weingut | Familie | Geschichte

Das Weingut liegt in einem kleinen Park mit Bachlauf direkt unterhalb der Wiltinger Weinberge. Seit 1733 wird von der Familie nachweislich Wein an Saar und Ruwer angebaut. Diese lange Tradition und die Liebe zum Weinbau sowie die Ausbildung in moderner Kellertechnologie bilden die Grundlage für das vielfältige Weinangebot des Weinguts. Hermann-Josef Schmitz, Dipl. Ing. für Weinbau und Kellerwirtschaft, ist der verantwortliche Winzer, während seine Frau Maria Schmitz, Wein-Erlebnisbegleiterin und Weindozentin, für Kundenpflege und die Veranstaltungsorganisation verantwortlich ist. Für Feiern jeder Art eignen sich im Besonderen der Rieslingfestsaal mit Dachterrasse des Weinguts sowie das weitläufige Parkareal.

Anbau | Lage

Das Weingut verfügt über einen alten Gewölbekeller, in dem der *Riesling* in traditioneller Holzfasslagerung in seiner charakteristischen Eigenart vollendet wird. Hier bekommt er den Schliff und das feine Spiel, für das diese Rebsorte in der ganzen Welt gerühmt wird.

Weine

Zur Produktpalette der Winzerfamilie gehören hauptsächlich Rieslingweine, Weine aus *Blauem-*, *Weiß-* und *Spätburgunder* und die pilzresistente Neuzüchtung *Regent* aus dem Institut für Rebenzüchtung (heute Johannes Kühn-Institut Geilweilerhof – Südpfalz). Hermann-Josef Schmitz baut zu 80% Rieslingweine aus, speziell trockene, aber auch edelsüße.

Besonderes

Für Erkundungen der Region ist Wein-Erlebnisbegleiterin Maria Schmitz bestens ausgebildet. Sie beantwortet Fragen zu den kulturellen Besonderheiten der Weinregion Mosel-Saar-Ruwer und den Themenbereichen Kultur, Wein, Geschichte und Geologie.

ADRESSE:	Weingut Van Volxem – Roman Niewodniczanski Dehenstraße 2, 54459 Wiltingen/Saar Tel.: 06501/16510, Fax: 06501/13106 office@vanvolxem.com, www.vanvolxem.com
INHABER:	Roman Niewodniczanski
VERWALTER:	Herrmann Trapp
KELLERMEISTER:	Dominik Völk
ÖFFNUNGSZEITEN:	Mo-Sa 8-19 Uhr und nach Vereinbarung
EINZELLAGEN:	Kanzemer Altenberg, Wiltinger Scharzhofberg, Volz, Wiltinger Braunfels, Wiltinger Kupp, Wiltinger Braunfels, Wiltinger Goldfuß, Wawerner Goldberg
BESTÜCKTE REBFLÄCHE:	51 ha
JAHRESPRODUKTION:	ca. 300 000 Flaschen
AUSZEICHNUNGEN:	Mitglied im VDP, Gault Millau, Eichelmann, Feinschmecker und viele mehr
BESONDERES:	Weine und Sekte von besonderem Schmelz und Komplexität, 96% Riesling, 4% Weißburgunder
WEINTIPP:	2010 Saar Riesling, 2010 Schiefer Riesling, 2010 Kanzemer Altenberg »Alte Reben«
WEINPROBEN:	nach Terminvereinbarung

Weingut Van Volxem –
Roman Niewodniczanski

Weingut | Familie | Geschichte

Roman Niewodniczanski ist gelungen, was außer ihm nur Egon Müller vom *Scharzhof* in Wiltingen vermochte: *Riesling* von der Saar in der Welt des Weines auf einem Spitzenrang zu platzieren. Als der Quereinsteiger 1999 das *Weingut Van Volxem* in Wiltingen erwarb, war sein größtes Ziel, an die Weinbautraditionen anzuknüpfen und zu erreichen, dass die Rieslinge von der Saar wieder zu den Besten der Welt gehören.

Roman Niewodniczanski, Weinmacher und leidenschaftlicher Sammler historischer Dokumente und Karten

Das Weingut wurde einst von Luxemburger Jesuiten 1743 im historischen Zentrum von Wiltingen gegründet und auf den Fundamenten einer römischen Hofanlage erbaut. Mit dem Einmarsch der Franzosen um 1800 wurde das Gut säkularisiert und kam später in private Hände. Der Trierer Bierbrauer Gustav Van Volxem übernahm das Anwesen und baute es zu einem repräsentativen Weingut aus. Das ehemalige Klostergut wurde vier Generationen lang von der Familie Van Volxem betrieben. Im Jahre 1993 übernahm es der Münchner Unternehmer Peter Jordan, der es unter dem Namen *Jordan & Jordan* führte.

1999 erwarb der studierte Betriebswirt und Wirtschaftsgeograph Roman Niewodniczanski das Wiltinger *Weingut Jordan & Jordan*. Nach einiger Zeit in einer Unternehmensberatung hatte sich Niewodniczanski auf die Suche nach einer Lebensaufgabe gemacht. Finanziell unabhängig, investierte er in das Wiltinger Weingut, benannte es in den alten Namen *Van Volxem* um und begann mit der Arbeit im Weinberg. So knüpfte er an die Leidenschaft seines Ur-Großvaters an: Dieser war Brauereibesitzer aus der Eifel und pflegte an Feiertagen bernsteinfarbene Weine von Egon Müller vom *Scharzhof* aus alten Kristallgläsern zu trinken. »Dieses Funkeln in seinen Augen und der beseelte Blick beim würdigen Umgang mit diesem Moselwein haben tiefe Eindrücke hinterlassen«, sagt Niewodniczanski.

Anfangs gestalteten sich die Verhandlungen mit seinen älteren Kollegen, deren Rebflächen er erwerben wollte, schwierig, doch Niewodniczanski setzte sich durch. Zudem baute er das ehemalige Klosterweingut um, bewahrte jedoch die Tradition.

Mythos Saarwein: Schon vor mehr als hundert Jahren begleitete den Saarwein ein Mythos. Weine aus dem Bordelais wurden schon immer gut bezahlt, aber Weine von den Schiefersteillagen der Saar waren doppelt so teuer! Eine Flasche besten Saarweines wurde mit 15 bis 80 Goldmark bezahlt, was heute etwa einem durchschnittlichen Monatslohn entspricht. Als die Titanic im April 1912 zu ihrer einzigen Fahrt über den Nordatlantik aufbrach, befanden sich in ihren Vorratsräumen mehr Weine von Saar und Mosel als aus dem Burgund.

Jahr 2009

2009 war für Niewodniczanski das bislang erfolgreichste Jahr in seiner Laufbahn als Saarwinzer. In diesem Jahr stimmte einfach alles, Kollegen und Kritiker lobten die Qualität seiner Trauben. Die Fachpresse kürte seinen *Saar Riesling 2009* zum besten Weißwein des Jahres, andere *Rieslinge* aus dem Weingut folgten. Niewodniczanski, pardon – Niewo, wie ihn Freunde und Winzerkollegen nennen, sah sein Ziel endlich näherrücken.

Kellermeister Dominik Völk in den Wiltinger Steillagen um ca. 60% Neigung

Anbau | Lage

Schon das Klostergut verfügte zu Beginn des 18. Jahrhunderts über große Parzellen in den Kernlagen der bedeutendsten Wiltinger Weinberge wie *Scharzhofberger*, *Braunfels*, *Kupp* und *Gottesfuß*. Komplettiert wurde dieses herausragende Lagenpotenzial 2003 mit großen Parzellen im besten und ältesten Teil des berühmten *Kanzemer Altenbergs*. Eine Besonderheit sind 120 Jahre alte und wurzelechte (➤) *Riesling*-Reben in der *Grand Gru Lage/Große Lage* ⅟ *Wiltinger Gottesfuß*. Nach der preußischen Lagenklassifikation von 1868 zählten die Lagen der Wiltinger Weinberge zu den beiden Klassen höchster Bonität.

Weitere Rebflächen werden im so genannten »Saar-Riesling-Projekt« von Vertragswinzern bewirtschaftet, die nach strengen Qualitätskriterien arbeiten müssen. Praktiziert wird konsequent umweltschonender Weinbau mit Verzicht auf Insektizide und synthetische Düngung. Niewodniczanski erzeugt extrem niedrige Erträge von durchschnittlich 45 Hektoliter/Hektar (2010), beginnt die Lese Ende Oktober und zögert sie bis in den Dezember hinaus. Im Keller vergären die Weine spontan (➤) mit weinbergseigenen Hefen sowie einer langen Hefesalzlagerung überwiegend in Holzfässern.

Hottenträger bei der Weinlese 2011

Weine

Die Gutsweine werden zum Großteil getrennt nach Lagen vinifiziert (➤) und durchgegoren als Qualitätswein oder fruchtsüß als Prädikatswein angeboten. Aus den besten Lagen werden zwei besondere *Rieslinge* erzeugt, einer aus der gesamten Fläche und eine Selektion aus den jeweils hochwertigsten Parzellen, deren ursprüngliche Namen dann zusätzlich zur Lagenbezeichnung auf dem Etikett erscheinen. Aus dem Saar-Riesling-Projekt entsteht eine trockene *Saar Riesling Cuvée* (➤) sowie neben einer fruchtigen *alte Reben Spätlese* ein trocken ausgebauter *Van Volxem Alte Reben Riesling*. Van Volxem produziert trockene, trotzdem fruchtige Weine mit Schmelz, bis hin zu feinherben Schieferrieslingen. Seine naturnahen Anbaumethoden bringen bekömmliche, ausdrucksstarke, mineralische und finessenreiche Naturweine mit eindeutigem Lagenprofil und großem Reifepotenzial hervor.

ADRESSE:	Weingut Zeimet-Conen In der Burg 165, 54459 Wiltingen/Saar Tel.: 06501/16504, Fax: 06501/150018, Mobil: 0171/2030248 weingut-zeimet-conen@web.de, www.weingut-zeimet-conen.de
INHABER:	Michael Zeimet
KELLERMEISTER:	Michael und Herbert Zeimet
ÖFFNUNGSZEITEN:	Mo-Fr 9-17 Uhr
EINZELLAGEN:	Wiltinger Rosenberg, Wiltinger Schlangengraben, Wiltinger Klosterberg
BESTÜCKTE REBFLÄCHE:	3,8 ha, 98% Riesling, 1% Chardonnay, 1% Dornfelder
JAHRESPRODUKTION:	ca. 30 000 Flaschen
AUSZEICHNUNGEN:	Kammerpreismünzen Silber/Bronze
BESONDERES:	Prädikatsweine, Sekte u. Winzersecco, Traubensaft, Trester
WEINTIPP:	2010 Saarriesling trocken
WEINPROBEN:	jederzeit nach Terminvereinbarung
BEWIRTUNG:	nach Absprache
ÜBERNACHTUNG:	Ferienwohnung Burgzauber

Weingut Zeimet-Conen

Weingut | Familie | Geschichte

1945 baute Michael Zeimet mit Ehefrau Christine Conen das Weingut auf. Sie stammte aus einer alten Weinbaufamilie der Region, die seit dem 18. Jahrhundert Weinbau betreibt. Heute bauen sie in den besten Lagen der Region am *Wiltinger Klosterberg*, am *Rosenberg* und im *Schlangengraben Riesling* an. 1968 hatte Herbert Zeimet 18-jährig den Betrieb übernommen. Nach und nach erweiterten er und seine Frau Hildegard den Betrieb von einem auf 3,8 ha Rebfläche. 2009 übernahm Sohn Michael Zeimet den Betrieb.

Herbert Zeimet

Weine

Die Winzer legen Wert auf reife, fruchtige Rieslingweine und haben sich auf die Versektung der eigenen Rieslingweine spezialisiert.

Besonderes

Die Winzer bieten eine Ferienwohnung im Zentrum von Wiltingen an, ein idealer Startpunkt für schöne Wanderungen durch die Wiltinger Weinberge. Wer die Weine des Weinguts probieren will, kann dies im Weingut oder auf einem der zahlreichen Weinfeste der Region (z.B. Saarburg) tun.

Kanzem – Idyll am Altarm der Saar

Kanzem liegt auf einer künstlich geschaffenen Insel, die durch die Saarbegradigung in den 1970er Jahren entstand. Das 600-Seelen-Dorf mit seinen Topweinlagen in Erster Lage VDP (➤) – *Kanzemer Altenberg* – in perfekter Süd-Südost Ausrichtung ermöglicht dem *Riesling* eine lange Wachstumszeit, um an sonnigwarmen Tagen und in kühlen Herbstnächten den optimalen Reifegrad zu erreichen.

Die mineralischen Weine werden durch Devonschiefer mit Einschlüssen von Eisenoxyd geprägt. Kanzem schließt sich mit dem *Altenberg* unmittelbar an den Wiltinger Saarbogen an, der die Saar in diesem Abschnitt zu einem Biotop aufwertet, welches nicht nur Weine in Spitzenqualität hervorbringt, sondern auch vielen einheimischen Tier- und Pflanzenarten Rückzugsmöglichkeit bietet.

Vier Brücken verbinden heute die beschauliche Ortschaft mit Konz, Ayl, Wawern und Wiltingen.

Geschichte

Kanzem wurde erstmals 1030 in einer Urkunde der Trierer Abtei St. Marien als der Mutterkirche Wiltingen zugehörend erwähnt. Die Ortschaft lebt seit Altersgedenken von und mit dem Weinbau. Im Kurfürstentum Trier war Kanzem gemeinsam mit Wiltingen eine Luxemburger Enklave, das heißt der Luxemburgische Besitz war im trierischen Herrschaftsbereich eingeschlossen. Während Land und Leute dem Luxemburger Großherzog untergeben waren, gehörten die Saar und die Leinpfade zur kurfürstlichen Herrschaft. Jahrhundertlang war die Entwicklung des Dorfes durch Adel und Klerus geprägt, denn Weinbau war für beide Stände eine lukrative Einnahmequelle. Bis heute genießen *Rieslinge* von höchster Güte, die auf dem *Kanzemer Altenberg* gedeihen, in der Welt der Weinliebhaber großes Ansehen. Elf Kanzemer Weinbaubetriebe teilen sich die Spitzenlagen 1ᵍ, darunter das *Weingut von Othegraven*, die kirchlichen Weingüter *Vereinigte Hospitien* und die *Bischöflichen Weingüter*.

Zu Beginn des 19. Jahrhundert wurden in Kanzem die Pfarrei St. Marien und ihre Pfarrkirche errichtet. Im Zweiten Weltkrieg schwer beschädigt, wurde diese 1960 restauriert und um einen Chorturm erweitert. Die Kanzemer Bürger pflegen die dörflichen alten Baustrukturen, was der Ortschaft das Flair einer typischen Weinbaugemeinde beschert.

Blick auf Kanzem vom Altenberg, einer großen Weinbergslage

Das wiederum lieben die vielen Besucher der Region, die vom Frühjahr bis spät in den Herbst die Region erkunden.

Weinbau

Historiker vermuten, dass in Kanzem bereits im 1. Jahrhundert n. Chr. Reben gepflanzt wurden. Nachweisen lässt sich der Rebanbau auf allen geeigneten Flächen ab dem 2. Jahrhundert. Der *Altenberg* mit seiner exponierten Südhanglage bietet mit Schiefer und Grauwackenböden, welche die Wärme der Sonne ausgezeichnet speichern, eine optimale Lage. Er ist für seine mineralischen, feinherben *Rieslinge* bekannt, die den typischen Charakter eines Saarweines wiedergeben.

Die Winzer, die Rebflächen auf dem *Altenberg* auf rechter Saarseite besaßen, mussten den Fluss mit einer Saarfähre überqueren. Die erste Brücke 1927 erleichterte die Arbeit der Weinbauern ungemein. Ein großer Förderer des Rieslinganbaus war der letzte Trierer Kurfürst Clemens Wenzeslaus, der 1787 verfügte, dass alle Rebflächen auf die Rebsorte *Riesling* umgestellt werden sollten. Bis Mitte der 1960er Jahre hielten sich die Winzer an diese Verordnung, danach pflanzte man, wenn auch nur in kleinem Maße, andere Weißweinsorten wie den *Weiß-* und *Grauburgunder*. In den letzten Jahren werden in Kanzem auch häufiger Rotweine angebaut.

ADRESSE:	Weingut Dieter Schafhausen Kirchstraße 9, 54441 Kanzem/Saar Tel: 06501/602014, Fax: 06501/150551 info@weingutschafhausen.de, www.weingutschafhausen.de
INHABER/KELLERMEISTER:	Dieter Schafhausen
ÖFFNUNGSZEITEN:	nach Vereinbarung
EINZELLAGEN:	Kanzemer Altenberg, Kanzemer Sonnenberg, Wawener Ritterpfad, Ayler Kupp
REBFLÄCHE:	75% Riesling, 15% Weißburgunder, 10% Spätburgunder
BESTÜCKTE REBFLÄCHE:	6,5 ha
JAHRESPRODUKTION:	ca. 20 000 Flaschen
BESONDERES:	Weine, Sekte, Traubensaft, Trester, Weinhefe, alles aus eigener Herstellung
WEINTIPP:	2009 (2010) Gutsriesling trocken – angenehme Fruchtsüße, die durch nicht zuviel Säure in ihren Aromen abgemildert wird. Duft und Geschmack nach Zitrusfrüchten und grünem Apfel. Guter Trinkwein für warme Sommertage.
WEINPROBEN:	(nach Terminvereinbarung) bis 70 Personen
BEWIRTUNG:	auf Wunsch nach Vereinbarung
ÜBERNACHTUNG:	Ferienwohnung bis 6 Personen

Weingut Dieter Schafhausen

Weingut | Familie | Geschichte

Nach dem Studium zum Techniker für Weinbau und Kellerwirtschaft in Bad Kreuznach übernahm Dieter Schafhausen mit seiner Frau Manuela im Jahr 2000 den elterlichen Betrieb in der Saarweinbaugemeinde Kanzem. Schafhausen führt den Betrieb nun in der vierten Generation, verbindet Tradition und Moderne mit fortschrittlichen Arbeitsweisen.

Anbau | Lage

Die Reben von Dieter Schafhausen wachsen auf Schiefer und Grauwackböden mit einem Steingehalt von 60-70%, die sich am Tag stark erwärmen und in der Nacht die gespeicherte Wärme an die Reben abgeben. So entstehen die typischen Weine, die Kunden

Winzer Dieter Schafhausen im Kanzemer Sonnenberg

dieses Weinguts so schätzen. Schafhausen baut seine Weine nach ökologischen Prinzipien an, düngt mit Kompost und verzichtet auf Insektizide. Seit über zwanzig Jahren setzt er in den Weinbergen der Familie keine Chemikalien ein, was sich in der Vitalität der Rebflächen und der Qualität der Weine widerspiegelt. Vergoren wird mit Weinbergshefen kalt und spontan (➤) bei Temperaturen um 15-16 °C. Der Ausbau (➤) der Weine erfolgt im Holzfuderfass oder im Edelstahltank.

Weine

Die Weine von Dieter Schafhausen, etwa ein *Kanzemer Altenberg QbA* im Litergebinde oder eine *Kanzemer Altenberg Riesling Spätlese*, sind nicht ganz so hochpreisig wie jene von Winzerkollegen in anderen Weingemeinden der Saar.

ADRESSE:	Weingut Dr. Frey Alter Weg 9, 54441 Kanzem Tel.: 06501/945015 und -16445, Fax: 06501/945017 flaschenpost@weingutdrfrey.de, www.weingutdrfrey.de
VERWALTER:	Dr. agr. Cord-H. Treseler, Katharina Frey-Treseler
KELLERMEISTER:	Dr. agr. Cord-H. Treseler
ÖFFNUNGSZEITEN:	Mo-Fr 11-17 Uhr (Bitte um kurzen Anruf)
BESTÜCKTE REBFLÄCHE:	2,04 ha (derzeit, Erweiterung ist angestrebt)
EINZELLAGEN:	Wawener Jesuitenberg (Alleinbesitz), Wawener Ritterpfad, Kanzemer Sonnenberg, Schodener Saarfeilser, Wiltinger Schlangengraben
GROSSLAGEN:	Scharzberg, 80% Riesling, 20% Weißburgunder
JAHRESPRODUKTION:	ca. 15 000 Flaschen
AUSZEICHNUNGEN:	Mitglied bei ECOVIN (➤)
BESONDERES:	Weine, Sekt, Weinhefebrand, Pfirsichbrand aus eigenen Pfirsichen
WEINTIPP:	filigrane fruchtige Weine von lockerem Grauschieferboden vom Kanzemer Sonnenberg mit teils 60 Jahre alten Reben, 2008 Kanzemer Sonnenberg »Alte Reben« trocken, 2009 Wawener Jesuitenberg Spätlese feinherb
WEINPROBEN:	nach Terminvereinbarung
BEWIRTUNG:	bei Weinproben auf Anfrage

Weingut Dr. Frey

Weingut | Familie | Geschichte

Das *Weingut Dr. Frey* ist ein Traditionsbetrieb seit 1889. Damals erwarb Heinrich-Joseph Patheiger aus Trier das Weingut, auf dem vorwiegend *Riesling* angebaut wurde. Bis in die 1980er Jahre war der Betrieb Mitglied im VDP (➤), danach verpachtete die Familie Frey das Weingut. Doch im neuen Jahrtausend entschied sie sich, die Pacht nicht zu verlängern, da ihnen die Arbeitsweisen des Pächters gegen ihre Philosophie des naturnahen Weinbaus ging. Zwar mussten sie nicht bei Null beginnen, doch es vergingen ein paar Jahre, bis die Rebflächen soweit vorbereitet waren, dass die Freys ökologischen Weinbau betreiben konnten.

Anbau | Lage

Die verwitterten Schiefersteillagen bieten beste Voraussetzungen für Weine mit einem beachtlichen Aromenspektrum von trockenen Weinen bis fruchtig süß. Speziell wird auf der im Alleinbesitz befindlichen Lage *Wawener Jesuitenberg* auf tiefgründigem Boden jene das Rieslingsortiment ergänzende Rebsorte *Weißburgunder* (*Pinot Blanc*, *Pinot Gris*) angebaut. Die Winzer verzichten auf den Einsatz von chemisch-synthetischen Pflanzenschutz- und Düngemitteln. Mit organischer Düngung und blütenreicher Begrünung fördern sie Nützlinge und erhalten die natürliche Bodenfruchtbarkeit.

Seit 2006 wurde der Betrieb jährlich durch eine Öko-Kontrollstelle geprüft. Seit 2007 ist das Weingut Mitglied in ECOVIN (➤), dem Bundesverband Ökologischer Weinbau e.V.

Grundsatz der Ökowinzer ist ein verantwortungsvolles Arbeiten mit und in der Natur. Mittelpunkt der ökologischen Arbeit ist ein ganzheitliches Anbausystem, welches optimale Erträge bringt und die Artenvielfalt bewahrt. Die Erhaltung der Bodenstrukturen ermöglicht ein ausgeglichenes Schädling-Nützling-Verhalten. Der gezielte Einsatz von Rebsorten, die zum jeweiligen Standort passen, minimiert das Risiko von Pilzerkrankungen. Diese treten dennoch in bestimmten Jahren auf und werden schonend mit pflanzlichen und mineralischen Präparaten behandelt.

Weine

Weine aus ökologischem Anbau sind von Sinnlichkeit geprägt, Nase und Gaumen spüren die Nähe zur Natur, das Zusammenspiel von Reben, Terroir und der Arbeit des Winzers im Weinberg und der Kellerarbeit. Weil eben nur geringfügig in dieses sensible Zusammenspiel eingegriffen wird, zeichnen sich ECOVIN (➤) Weine durch eine Vielzahl raffinierter Geschmacksnuancen aus. Renommierte Weinführer wie *Gault Millau*, *Eichelmann Deutschlands Weine* und *Feinschmecker* bewerten Ökoweine regelmäßig mit hohen Punktzahlen.

Die Trauben des *Weinguts Dr. Frey* werden bei optimaler Reife gelesen und schonend vinifiziert (➤). Nur so können die Freys ihre erfrischenden, mineralischen, fruchtigen, manchmal erdigen Weine herstellen, die diese Weinbauregion so spannend machen.

ADRESSE: Weingut Johann Peter Mertes
Kirchstraße 19, 54441 Kanzem/Saar
Tel.: 06501/17163, Fax: 06501/16629
info@weingut-mertes.de, www.weingut-mertes.de

INHABER/KELLERMEISTER: Johann Peter Mertes

ÖFFNUNGSZEITEN: Mo-Sa 8-18 Uhr

EINZELLAGEN: Kanzemer Altenberg, Kanzemer Sonnenberg, Wawener Ritterpfad, Wawener Goldberg, Ockfener Bockstein, Saarburger Kupp, Saarburger Stirn (Alleinbesitz)

BESTÜCKTE REBFLÄCHE: 11,6 ha, 90% Riesling, 5% Spätburgunder, 5% Müller-Thurgau

JAHRESPRODUKTION: 65 000 Flaschen

AUSZEICHNUNGEN: Gault Millau, Eichelmann, Wein-Plus

BESONDERES: Weine, Sekte, Traubensaft, Trester, Weinhefe, Edelbrände aus eigener Brennerei, Viez – Apfelwein Trierer Art

WEINTIPP: 2009 (2010) Riesling trocken, Kanzemer Altenberg Alte Reben, 2010 Saarburger Stirn feinherb 2010, Riesling Beerenauslese Kanzemer Altenberg

WEINPROBEN: zu den Öffnungszeiten und nach Terminvereinbarung

BEWIRTUNG: nach Absprache

Weingut Johann Peter Mertes

Weingut | Familie | Geschichte

Das Weingut des Dipl. Ing. (FH) für Weinbau und Önologie (➤) Johann Peter Mertes liegt in Kanzem an der Saar auf halbem Weg zwischen der alten Römerstadt Trier und dem idyllischen Städtchen Saarburg. Seit Jahrhunderten wird in bevorzugten Lagen erstklassiger *Riesling* kultiviert. Die Vorfahren des Winzer Mertens waren immer bestrebt, Weinberge in den besten Lagen zu erwerben. Seit seiner Ausbildung 1991 in der Lehr- und Forschungsanstalt Geisenheim (➤), am Rhein zwischen Wiesbaden und Rüdesheim gelegen, hat Johann Peter Mertes diese Ziele ebenso verfolgt. Seit 1891 betreibt die Familie bereits in der fünften Generation Weinbau und kann mit Recht auf eine traditionsreiche Geschichte zurückblicken. Voller Stolz verweist Mertes auf seine Weinberge in den Steillagen von Kanzem, Wawern, Saarburg und Ockfen, die mit edlen Rieslingreben und *Blauem Spätburgunder* bestockt sind. Im Jahre 2009 konnte der Saarwinzer die besondere Lage *Saarburger Stirn* erwerben, die er heute im Alleinbesitz bewirtschaftet. Auf seinen Flächen baut er zu 90% *Riesling* an. Eines seiner Ziele ist es, die Weinberge in bestem Zustand an die nächste Generation weiterzugeben. Die *Saarburger Stirn* ist ihm sehr ans Herz gewachsen. Mertes hofft, die Pflanzungen noch als alte, gute Reben zu erleben.

Anbau und Lagen
Einzellage Die »Stirn«

Die *Stirn*, ein markanter Weinberg, wölbt sich aus der *Saarburger Kupp* den Sonnenstrahlen entgegen. Seine auffallende Beschaffenheit und Ausrichtung gaben ihm den Namen »Stirn«. Die eingetragene Einzellage bringt Weine bester Güte hervor. 1977 hatte Mertes auf der *Saarburger Kupp* einen Weinberg mit neuen Rieslingreben angelegt. Sein Hauptaugenmerk lag in der Pflege seiner Weinberge. Heute weiß der Winzer die Qualität der mittlerweile fast 35 Jahre alten Reben zu schätzen, wie er sagt: »Guter *Riesling* kommt von alten Reben, die auf Schiefer stehen.« Nach seiner Vorstellung sollten ausgesuchte Rebsorten nur dort wachsen, wo sie sich am besten mit den Bodeneigenschaften vertragen. Für ihn und seinen *Riesling* kommt

daher nur ein Bodentyp in Frage: Devonschiefer (→) in seinen viel-fältigen Variationen.

Altenberg

Doch auch die anderen Weinparzellen der Familie haben ihre Be-sonderheiten. Aus dem Kelterhaus, direkt am alten Saararm gelegen, sieht man den majestätischen *Altenberg* vor sich. In der Hauptsache besteht der steile Hang aus stark verwittertem Devonschiefer. Hin-zu kommt die Süd-Südost Lage des Hangs, mit ihrer Schutzwirkung vor den kühlen Winden aus dem Norden. Das flache Gewässer des Saaraltarmes sorgt für den Temperaturausgleich durch den Fluss. Das sind ideale Bedingungen, die den *Kanzemer Altenberg* zugehörig zu den »ersten Lagen« der Welt machen. Die Rebflächen auf ihm sind heute in Teilen neu angelegt, aber ebenso verfügt diese Weltbest-lage über einen alten Bestand an Rieslingreben.

Kanzemer Sonnenberg

Die Lage *Kanzemer Sonnenberg* bringt klassische Rieslingweine hervor, die frostsicher durch den Herbst kommen, da sie von dem in den 1980er Jahren erbauten Saarkanal geschützt werden. Die besten alten Reben stehen im *Breizwingert* und in der *Sank*. Sie bringen bei niedrigen Erträgen extraktreiche und nachhaltige Weine hervor. Besondere Kabinettqualitäten ermöglichen die schweren, durch reichliche Eisenerz-Einschlüsse rötlich scheinenden Schieferböden des *Wawener Ritterpfads*. Die Weine dieser Lage haben einen mineralisch-erdigen Geschmack und und geringe Alkoholwerte, die ihnen einen besonderen Charakter verleihen.

Wawerner Goldberg

Ein ebenso herausragendes Stück Weinberg ist ein fast zwei Hektar großes Filetstück am *Wawerner Goldberg*. Ein Glücksfall! War er vor zwanzig Jahren noch fast unbekannt, konnte er in der Zwischenzeit mit seiner Qualität überzeugen. Daher fiel Mertes die Entscheidung, den Weinberg zu erwerben, leicht: Um die Mittagszeit scheint die Sonne fast senkrecht in die Rebzeilen und bietet beste Voraussetzung für eine perfekte Reifung der Trauben. Geringe Erträge durch zurückhaltenden Anschnitt sind die Grundlage für exzellente Weine. Der Berg bringt vollkommene, harmonische Rieslinge mit einer unnachahmlichen Kombination von feiner Säure und eleganter Dichte hervor.

Weine

1991 pflanzte Johann Peter Mertes hier auf einem Viertel Hektar *Spätburgunder*, die Königin der roten Trauben an. Vor hundert Jahren stand aus gutem Grund schon am gleichen Ort *Blauer Spätburgunder*. An diesem einzigartigen Flecken entwickelt die Rotweinrebe eine ganz besondere Traube, was sonst selbst in südlicheren Gefilden kaum möglich ist. Die hier entstehenden Weine zeigen einen feinfruchtigen Duft und zart-würzigen Geschmack. Die Weine des Weinguts vergären mit eigenen Weinbergshefen spontan (➤) und sind frei von Schönungsmitteln (➤). Die Moste sind dicht und aromenreich und erreichen als ausgebautes Endprodukt eine angenehme Mundfülle.

ADRESSE:	Weingut Johann Peter Reinert Alter Weg 7a, 54441 Kanzem/Saar Tel.: 06501/13277, Fax: 06501/150068 kontakt@weingut-reinert.de www.weingut-reinert.de
INHABER/KELLERMEISTER:	Johann Peter Reinert
ÖFFNUNGSZEITEN:	nach Vereinbarung
EINZELLAGEN:	Kanzemer Altenberg, Kanzemer Sonnenberg, Ayler Kupp, Wawener Ritterpfad, Wiltinger Klosterberg, -Braunfels, -Schlossberg, -Schlangengraben
BESTÜCKTE REBFLÄCHE:	4,2 ha, 74% Riesling, 6% Elbling,7% Rivaner (Müller-Thurgau), 6% Weißburgunder, 3% Ortega, 3% Regent, 1% Bacchus
JAHRESPRODUKTION:	ca. 27 000 Flaschen
AUSZEICHNUNGEN:	4 Staatsehrenpreise des Landkreises Trier-Saarburg, Bundesehrenpreis als einziges Weingut von der Saar
BESONDERES:	Weine, Sekte, Weinhefebrand, Apfelsaft aus eigenen Streuobstwiesen
WEINTIPP:	2010 Kanzemer Sonnenberg »Großes Gewächs« Riesling trocken (Versteigerungswein Bernkasteler Ring), 2010 Filzener Steinberger Riesling Spätlese trocken
WEINPROBEN:	nach Terminvereinbarung
BEWIRTUNG:	Catering auf Wunsch

Weingut Johann Peter Reinert

Weingut | Familie | Geschichte

1813 gründeten die Vorfahren von Johann Peter Reinert dieses Weingut, hinter dem sich die lange Tradition einer Winzerfamilie verbirgt. Mit 24 Jahren heiratete der erste Johann Peter Reinert aus dem Nachbarort Ayl-Biebelhausen die Kanzemer Winzerstochter Anna Schawel. Im Ortskern von Kanzem gründete er ein neues Weingut, welches bis heute im Besitz der Familie geblieben ist. Johann Peter trägt den Vornamen der Winzer seit 1813 in bereits fünfter Folge, lediglich sein Sohn, der einmal das Weingut übernehmen wird, wurde Johannes Peter benannt. Johann Peter Reinert, der jetzige, feierte 1988 175-jähriges Bestehen des Rei-

Johannes Peter und Johann Peter Reinert

nertschen Weinguts. Seitdem wird alljährlich am letzten Augustwochenende ein Hoffest gefeiert, bei dem das gesamte Sortiment der Reinert-Weine probiert werden kann. Johann Peter Reinert ist Mitglied des Versteigerungsvereins »Bernkasteler Ring (➤)« und zugleich dessen stellvertretender Vorsitzender. Er war einer der jüngsten Winzermeister der Region und hat sich schon früh zu ökologischem Arbeiten in Weinberg und Keller bekannt.

Anbau | Lage

Auch Reinert beherrscht die Reberziehung nach Prof. Cargnello (➤), eine Methode der Vertikoerziehung (➤). Bei Reinert ist fast alles handgemacht, dies gehört zu seiner Philosophie. Diese beinhaltet einen begrenzten Einsatz von Technik und eine Einstellung zum Produkt Wein, die auch im alltäglichen Leben zum Ausdruck kommt.
1987 wurde der Abstand zwischen den Rebzeilen in seinen Weinbergen auf 2,60 m verdoppelt, um den Rebstöcken mehr Sonne und somit Licht, Luft und Raum zum Wachsen zu geben. Heute gedeihen in den Zwischenräumen Wildkräuter, die den Boden auflockern, gleichzeitig düngen und vielerlei Nützlinge anlocken. Marienkäfer und an-

dere Insekten dienen als natürliche Schädlingsbekämpfer, die den Einsatz chemischer Spritzmittel auf ein Minimum reduzieren. Reinert: »So arbeiten wir naturnah und umweltschonend.« Durch die verringerte Stockanzahl und die veränderte Erziehungsweise fielen einige Arbeitsgänge ganz weg, andere wurden erleichtert. So kam er dem angestrebten Ziel, ökonomisch und zukunftsorientiert zu arbeiten, ein entscheidendes Stück näher. Maschinen werden heute lediglich zur Bodenbearbeitung genutzt, alle anfallenden Arbeiten an den Rebstöcken erledigt Reinert von Hand.

Die traditionell bewährte Handlese schont Trauben und Rebstöcke und ermöglicht eine erweiterte Qualitätssteigerung. 2001 wurde der Betrieb auf Ganztraubenpressung umgestellt. So gelangen die Trauben unbeschadet in die Presse und weniger Trübstoffe in den Wein.

Der Ausbau (→) erfolgt sorten- und lagenrein im Eichenholzfass und in Edelstahltanks. Der Keller wird von einer natürlichen Quelle durchflossen, die für Kühle und hohe Luftfeuchtigkeit sorgt und damit lange Gärzeiten (spontan (→)) gewährleistet. Ab diesem Zeitpunkt sind Geduld, die nötige Ruhe und Erfahrung im Umgang mit den jungen Weinen sehr wichtig. Während des Winters bietet eine lange Reifephase den Jungweinen die Möglichkeit, sich ungestört zu entwickeln. Bei Reinert wird im darauffolgenden Mai abgefüllt.

Weine

Nach einer weiteren Ruhephase bis Ende August werden die Flaschenweine auf dem traditionellen Hoffest vorgestellt. Nur die Sommerweine der Sorten *Rivaner, Ortega* und *Weißburgunder* bilden hier eine Ausnahme: Sie werden bereits im Mai des folgenden Jahres präsentiert. 2001 wurde erstmals die Rebsorte *Regent* als Rosé ausgebaut.

Eine Spezialität sind Reinerts Sekte *Elbling Brut-Igeller Dullgärten, Riesling Brut-Kanzemer Altenberg* und *Riesling Extra Trocken* aus dem *Wiltinger Schlangengraben.*

Seit über 20 Jahren wird der Winzersekt rebsortenrein und handgerüttelt nach der »Méthode Champenoise«, der traditionellen Flaschengärung, hergestellt.

ADRESSE:	Weingut von Othegraven
	Weinstraße 1, 54441 Kanzem/Saar
	Tel.: 06501/150042, Fax: 06501/18879
	info@von-othegraven.de, www.von-othegraven.de
INHABER:	Günther Jauch
VERWALTER:	Swen Klinger
KELLERMEISTER:	Andreas Barth
ÖFFNUNGSZEITEN:	Mo-Fr 9-16 Uhr
EINZELLAGEN:	Kanzemer Altenberg, Wawener Herrenberg, Wiltinger Kupp, Ockfener Bockstein
BESTÜCKTE REBFLÄCHE:	16 ha
JAHRESPRODUKTION:	ca. 80 000 Flaschen
AUSZEICHNUNGEN:	Mitglied im VDP
BESONDERES:	Wein, Sekt aus Toplagen 1ℳ VDP, monumentale Steilwandlage (Kanzemer Altenberg-Hausberg) in vollendeter Süd-Südost Ausrichtung
WEINTIPP:	2010 »Max« Riesling trocken, 2010 Altenberg Riesling Kabinett, 2010 Altenberg »Alte Reben« Spätlese
WEINPROBEN:	nach Terminvereinbarung – samstags nach Terminvereinbarung

Weingut von Othegraven

Weingut | Familie | Geschichte

Als wäre es nicht genug, Journalist, Moderator, Produzent und Werbedarsteller in Personalunion zu sein, nun ist Günther Jauch auch unter die Spitzenwinzer gegangen. 2010 erwarb er das Weingut von Othegraven in Kanzem an der unteren Saar von seiner Tante Dr. Heidi Kegel und bewahrte so das Familien-Weingut vor dem Schicksal des Außer-Haus-Verkaufs. Jauch kehrte zurück an den Ort seiner Kindheitserinnerungen, wenn auch eher in der Rolle des Machers und Bewahrers als in der Kluft eines Weinbauern.

Das Weingut von Othegraven verfügt über Filetstücke der richtig guten Weinlagen an der Saar, überwiegend Erste Lage 1🍷 Klassifikation nach VDP (➔). Schon immer in seiner 200-jährigen Geschichte war das Gut bekannt für seine filigranen, mineralischen, fruchtbetonten Weine mit einer ausbalancierten Säure, die so typisch für die Steillagen der Saar ist.

Die Geschichte des Weinguts von Othegraven ist eng verknüpft mit dem Weinbau an der Saar. Bereits um 1500 bewirtschaftete die Familie Metzenhausen von Hagen das Gut. Peter von Metzenhausen errichtete 1604 ein Kelterhaus mit zugehöriger Kelter. Noch heute ist die Jahreszahl 1604 über dem Eingangsportal des Weinkellers zu sehen. In den Folgejahren wechselte das Weingut mehrfach den Besitzer, blieb jedoch stets in Privatbesitz. 1654 kam es in den Besitz des hochadeligen, von der Mosel stammenden Geschlechts der Familie von der Leyen, deren Stammburg Schloss Gondorf war. Reichsgraf Philipp von der Leyen-Hohengeroldseck (1766–1829) erhielt infolge eines kaiserlich-französischen Dekrets das Weingut in Kanzem.

Kellermeister Andreas Barth ist seit vielen Jahren im Weingut von Othegraven.

1805 verkaufte er es an den Trierer Kaufmann Emmerich Grach (1753-1826), der 1812 auch das Weingut des Trierer Bankiers Johann Josef Reverchon erwarb, ein Weingut mit Rebflächen in der Lage *Wawerner Herrenberg*. Mit seinem Sohn Joseph begann Grach

Familienwappen von Othegraven

einen Weinhandel aufzuziehen, der sich von Oberemmel aus nach Bonn, Köln und Düsseldorf erstreckte. Das Kanzemer Weingut ging an Grachs Tochter Katharina (1789-1826), die mit Franz Anton Weiße-bach (1778-1857) verheiratet war, und wurde um die Flächen am *Kanzemer Altenberg* erweitert. Katharina starb 1824, zwei Monate nach dem Tod des Vaters. Der Besitz blieb weiterhin in den Familien Grach-Weißebach-v. Othegraven.

Mitte der 1950er Jahre erwarb Maximilian von Othegraven die Anteile seiner Geschwister und seines Schwagers Hans Jauch und nannte das Weingut *Maximilian von Othegraven.* Nach Maximilians Tod im Jahre 1968 wurde es von seiner Witwe Maria von Othegraven weitergeführt. Ihre Ehe mit Maximilian war kinderlos geblieben, daher erbte 1995 Dr. Heidi Kegel, die Nichte Maria von Othegravens, das Weingut, das bis heute den Namen *von Othegraven* führt.

1995 tauschte Dr. Heidi Kegel das Narkosegerät der Anästhesistin gegen die Kelter im Weingut und begann, sich auf ihre Wurzeln besinnend, das Weingut zu bewirtschaften. Schon zu ihrer Zeit vinifizierte (➤) sie die besten Reben aus den Lagen *Kanzemer Altenberg, Wiltinger Kupp* und *Ockfener Bockstein.*

Als Kind hatte Dr. Heidi Kegel eine enge Verbindung zu ihrem Patenonkel Maximilian von Othegraven und verbrachte in Kanzem ihre Kindheit und Teile ihrer Jugend. Der Kontakt zum Weingut, zum Park und

Extremste Steillage – Kanzemer Altenberg

letztendlich zum Wein verband sie eng mit der Region. Als sie 1995 das Kanzemer Weingut übernahm, wusste sie von dem Schatz, den sie geerbt hatte. Im Team mit dem Seiteneinsteiger Andreas Barth, der den Keller übernahm, und dem Gutsverwalter Swen Klinger wurden die Weine von Othegraven wieder qualitativ und geschmacklich hochwertig. Die Spitzenerzeugnisse aus einer kleinen Anbauregion waren wieder auf den Weinkarten renommierter Häuser im In- und Ausland zu finden.

2010 erwarb Günther Jauch, Enkel von Maximilians Schwester Elsa von Othegraven, das Weingut – so kam es wieder in die Linie der direkten Nachfahren. Auch nachdem das Weingut in den Besitz Günther Jauchs gewechselt hatte, blieben Barth und Klinger in Keller und Verwaltung tätig.

Anbau | Lage

Auf den Verwitterungsschieferböden (Devon) des Rheinischen Schiefergebirges wachsen Rieslingreben mit den jeweiligen lagentypischen Charakteren. Salze und Mineralien prägen die Unterschiede im Detail.

Während der Schieferboden im Kanzemer Altenberg durch den hohen Eisenanteil rostrot gefärbt ist, bestehen die Verwitterungsböden der *Wiltinger Kupp* aus eher grau-schwarzem Gestein. Dieses wiederum unterscheidet sich von der helleren, feinkörnigen *Ockfener Bockstein*-Unterlage. Die unterschiedlichen Böden sind der Grund für die vielfältigen Geschmacksnuancen der Weine. Die Trauben des *Altenberges* ergeben einen mineralischen Wein, jene der *Wiltinger Kupp* filigran-fruchtige und die aus dem *Bockstein* würzige Weine.

Weine

Das Weingut erzeugt Weine »Saargemacht« in Kabinett-, Spät- und Auslesequalitäten traditionell (80%) trocken. Zu 100% werden Rieslingtrauben verarbeitet, die selektiv zum besten Lesezeitpunkt geerntet und schonend gekeltert werden und anschließend spontan (➤) vergären. Die Standzeiten der Maischen variiert. Mal kommt die Maische direkt in die Gärtanks, ein anderes Mal lässt man die Maische, nachdem die Beeren aufgebrochen sind, vor der Gärung zwei oder drei Tage ruhen, um Farb-, Gerb- und Aromastoffe herauszulösen. Je länger diese Phase dauert, umso farbkräftiger und fruchtbetonter wird der Wein. Barth arbeitet ertragsreduziert (ca. 50 hl/ha), nur mit Weinbergshefen und lässt der Gärung viel Zeit, meist zwischen 150 und 200 Tagen. Für diese extrem langen Gärzeiten bedarf es einer neutralen Hülle, dem Edelstahltank. Auf das Endprodukt ist das ganze Othegraven-Team stolz.

Othegraven-Wein kommt von den steilsten Weinlagen im gesamten Anbaugebiet Mosel. Die Neigung des Altenbergs beträgt zwischen 65 und 80 Grad, die Rebzeilen im klassischen Moselstockverfahren sind über 200 Meter lang. Da braucht es das ganze Jahr über Kondition, denn vorbildliche Weinbergsarbeit ist die Grundvoraussetzung für beste Weine. Das Ensemble von Park mit seltenem Baumbestand, Gutshaus und Altenberg ist inzwischen denkmalgeschützt. Das Weingut von Othegraven ist seit 1910 Mitglied im VDP (➤) und gehört zu dessen Gründungsmitgliedern.

Rieslinge von Othegraven passen hervorragend in die warme Jahreszeit als erfrischende, weniger alkoholreiche Trinkweine, als Begleiter zu Geflügelragouts, im Herbst zu frischen Steinpilzen und bestens zum Brie de Meaux.

Konz-Filzen

Der malerische Ort Filzen, unmittelbar am Ufer der Saar gelegen, schmiegt sich an die Weinbau-Steillagen *Urbelt*, *Unterberg*, *Herrenberg*, *Pulchen* und *Steinberger*.

Etwas flussaufwärts liegt der Ortsteil Hamm, der früher eine besondere Bedeutung hatte: Eine Fähre verband Hamm und Filzen mit den auf der anderen Saarseite gelegenen Ortschaften Könen und Wawern. Der Bau einer Brücke in Kanzem machte aber diese Fährverbindung überflüssig.

Geschichte

Im Jahr 1030 wurde der seit Jahrhunderten vom Weinbau geprägte Ort Filzen erstmals als »Velse« erwähnt. Dieser Name wies auf die Felsen an Saar und der oberhalb der Dorfgemeinde bewaldeten Hochebene hin. Nannte man die Ortschaft um 1200 herum noch »Vilcine«, so hieß sie seit dem Jahr 1490 Feltzen.

Schon die Römer, wie Reste von römischen Bauwerken belegen, bewohnten diese Region am letzten Saarbogen vor der Mündung in die Mosel. Die Abtei St. Maria ad Martyres, eine der großen Trierer Benediktinerabteien des Mittelalters, besaß 1030 ein Hofgut in Filzen, welches Wein und Obst anbaute. Im 12. Jahrhundert unterhielt die Abtei St. Maximin hier eine Verladestation an der Saar, um Wein in die Bischofsstadt Trier zu transportieren.

Der Dreißigjährige Krieg dezimierte die Bevölkerung Filzens erheblich, 1648 waren von ehemals 16 Haushalten gerade noch 8 verblieben.

1970 wurde Filzen zur Stadt Konz eingemeindet. An Stelle des 1976 abgerissenen Schulhauses wurde ein Dorfplatz mit dem nach Urbanus, dem Schutzpatron der Weinbauern, benannten Brunnen samt Weinpavillon gestaltet. Einige gut erhaltene Weinhöfe bilden den Kern der kleinen Weinbaugemeinde, die ihren dörflichen Charakter bewahrt hat.

Sehenswertes

Herausragende Denkmäler sind die 1854 erbaute katholische Filialkirche St. Nikolaus, das barocke Quereinhaus von 1721, in dem sich heute das Weingut Claus Piedmont befindet, und eine 1840 erbaute Winzervilla im Schweizer Landhausstil, heute Weingut Reverchon.

ADRESSE:	Weingut Claus Piedmont Saartalstraße 1, 54329 Konz-Filzen/Saar Tel.: 06501/99009, Fax: 06501/99003 piedmont.weingut@t-online.de www.piedmont.de
INHABER/KELLERMEISTER:	Claus Piedmont
VERKAUF:	Monika Piedmont
ÖFFNUNGSZEITEN:	Mo-Fr 13-18 Uhr sowie nach Vereinbarung
EINZELLAGEN:	Filzener Pulchen 1. Lage im Alleinbesitz
BESTÜCKTE REBFLÄCHE:	2,5 ha, 90% Riesling, 10% Weißburgunder
JAHRESPRODUKTION:	ca. 20 000 Flaschen
AUSZEICHNUNGEN:	Mitglied im VDP seit 1910 (Gründungsmitglied)
BESONDERES:	Weine, Sekte, leichte Weine im Kabinettbereich mit leichter Süße
WEINTIPP:	2010 Riesling Kabinett trocken (Filzener Pulchen), 2010 Weißburgunder trocken (RZ 12,5 – S 6,0), wenig Alkohol
WEINPROBEN:	nach Terminvereinbarung
BEWIRTUNG:	große Gesellschaftsräume für Proben und Events, 20 bis 70 Personen nach Absprache

Weingut Claus Piedmont

Weingut | Familie | Geschichte

Das Weingut befindet sich direkt an der Saar in einem Barockgebäu-
de, das von der Benediktinerabtei St. Maximin 1698 erbaut wurde.
Das Haus, die Weinberge, der Garten und der Hof sind arrondiert,
was in der Landwirtschaft soviel bedeutet, dass die Arbeits- und
Transportwege zwischen den einzelnen Weinbergs-Parzellen opti-
miert sind. Zum Weingut gehört die 1. Lage (nach VDP (➤) *Filzener
Pulchen*, die sich im Alleinbesitz der Familie Piedmont befindet.

Nach der Schlacht an der Konzer Brücke im Jahre 1673 bot sich für
das Kloster St. Maximin die Möglichkeit, das Holz der nun nicht mehr
benötigten Befestigungsanlagen und Redouten zu ersteigern. Aus
diesem wurde das Gutsgebäude im Jahre
1698 errichtet und ist bis zum heutigen Tag
erhalten. Nach der Säkularisierung des Kir-
chenbesitzes durch Napoleon ging das Gut
in Privatbesitz über. Im Jahre 1887 erwarb
der Kaufmann Julius Piedmont das Weingut
als Sommersitz für seine kinderreiche Familie. Heute wird in der vierten Generation in
Filzen immer noch nach alter Tradition *Riesling* im Holzfass ausgebaut.

Claus Piedmont, Jahrgang 1959, studierte in
Geisenheim (➤) und schloss das Studium erfolgreich als Dipl. Ing. für Weinbau und Kellerwirtschaft ab. Seit 1989 führt er gemeinsam mit seiner Frau Monika Piedmont das
traditionsreiche Weingut.

Claus Piedmont – Steillagen
von bis zu 85% sind für ihn
eine Herausforderung.

Anbau | Lage

Die Weine des Guts gedeihen auf blauem Devonschiefer (Steinanteil
> 80%) und grauem Verwitterungsschiefer mit einem Steinanteil von
ca. 60%. Piedmonts Weinberge mit Steillagen um die 85% liegen unmittelbar an der Saar und erreichen auf ihrer Gesamtlänge Höhen von

143 m bis 200 m über NN – eine besondere Herausforderung.
Piedmont-Weine sind alkoholreduziert mit dezenter Süße.

Weine

Der Schwerpunkt der Weinbereitung liegt im Kabinettbereich, durchweg leichte Weine für den täglichen Genuss. Jedes Jahr zum 1. Mai werden vier bis fünf neue Weine aus dem zurückliegenden Jahr vorgestellt und verkauft. Nach dem Anspruch des Winzers müssen die Weine leicht und bekömmlich sein, die für die Saar typische Säure besitzen, dabei nicht sauer sein und einen Hauch von Genuss fördernder Restsüße (➤) beinhalten.

ADRESSE:	Weingut König Johann im Saartal Saartalstraße 9a, 54329 Konz-Filzen Tel.: 06501/9698 10, Fax: 06501/9698 120 info@koenig-johann.de, www.koenig-johann.de
VERWALTER:	Andrea Schmitt
KELLERMEISTER:	Michael Schnur-Schmitt
ÖFFNUNGSZEITEN:	Mo-Fr 8-17 Uhr, Vinothek Sa 12-22 Uhr, Straußwirtschaft ab 2012 Fr u. Sa 17-22 Uhr
GROSSLAGEN:	Wiltinger Scharzberg
EINZELLAGEN:	Serriger König Johann Berg, Filzener Steinberger, Filzener Urbelt
BESTÜCKTE REBFLÄCHE:	10,5 ha
JAHRESPRODUKTION:	ca. 90 000
AUSZEICHNUNGEN:	Hamburger Weinsalon »Neuentdeckung des Jahres« 2011
BESONDERES:	Riesling-Weine, Sekt, Weinbrand
WEINTIPP:	2010 »Bellus« Filzener Steinberger Riesling Spätlese – Apfel- und Zitrusaromen, moderates Säurespiel; 2010 »Venustus« Serriger König Johann Berg Riesling Spätlese – Duft nach Bratapfel
WEINPROBEN:	nach Terminvereinbarung
BEWIRTUNG:	Straußwirtschaft ab 2012
ÜBERNACHTUNG:	Ferienhaus, 4 Doppelzimmer

Weingut König Johann im Saartal

Weingut | Familie | Geschichte

2009 brachten Andrea Schmitt und Michael Schnur-Schmitt den ersten Jahrgang auf den Markt. Für Andrea kein besonderes Ereignis, kommt sie doch aus einer alteingesessenen Winzerfamilie aus Filzen an der Saar. Für Michael Schnur-Schmitt allerdings, der 2010 erfolgreich eine Winzerlehre absolvierte, war es die erste Erfahrung mit den eigenen Weinbergen.

Bis vor kurzem firmierten die Winzer noch unter »Weingut Ökonomierat A. Schmitt«. Vater Adolf Schmitt führte das Gut seit 1950. Er war von 1985 bis 2009 Präsident des Weinbauverbandes Mosel und stellte 22 Jahre lang seine Dienste als Vizepräsident dem Deutschen Weinbauverband zur Verfügung. Noch heute ist er ehrenamtlicher Vorsitzender der Gebietsweinwerbung. Ab 2006 wollte er kürzer treten und übergab das Weingut Tochter Andrea. Gemeinsam mit ihrem Mann entschied sie, den Weinberg *König Johann* in Serrig zu erwerben (Alleinbesitz). Beide wollten den Weinanbau im neu zu strukturierenden Betrieb intensivieren. Mit frischem Label und modernen Weinen präsentieren sie sich als junges Team, das den Saarwein wieder ganz nach oben bringen will.

Der Kauf des *König Johann Berges* in Serrig inspirierte die beiden, das vom Vater übernommene Weingut in *Weingut König Johann im Saartal* umzubenennen. Seit dem 15. Mai 2011 treten sie mit neuem Namen im Markt auf. Zu dieser Neuorientierung ge-

Winzerpaar Michael Schnur-Schmitt und Andrea Schmitt

hörten umfangreiche Erweiterungsarbeiten und die Modernisierung des Betriebes. Mit der hinzugewonnenen Weinbergslage und dem Strategiewechsel konnte ein neues Weinsortiment etabliert werden. Ihr Engagement sollte sich auszahlen. Erste Erfolge ließen nicht lange auf sich warten. Die Wein Trophy Berlin ehrte ihre Weine, darunter

Riesling aus dem *König Johann Berg* mit vier Goldmedaillen. Decanter World Wine Awards vergab drei Medaillen für die hervorragende Qualität ihrer Weine. 2011 kürte sie der Hamburger Weinsalon als »Grand Prix d`Excellence – Entdeckung des Jahres national«.

Anbau | Lage

Das Familienweingut in Konz-Filzen praktiziert naturnahen Weinbau und hat sich auf *Riesling* mit typischem Saarweincharakter spezialisiert. Optimale Bedingungen bieten dafür die Verwitterungsböden des Devonschiefers, die für die ausgesprochene Mineralität der Weine verantwortlich sind. Besondere Finesse bieten die *Rieslinge* aus dem Serriger Weinberg, dessen Grauschieferbuntsandsteingemisch für die Aromen von Apfel, Zitrone und Waldbeeren die beste Grundlage bieten. Gelesen wird selektiv, die Abstände zwischen den Rebreihen sind recht groß. Der Winzer verzichtet auf den Einsatz von Zuchthefen und setzt auf Spontanvergärung (➤) ausschließlich mit Weinbergshefen. Ein neues Kippsystem im erweiterten Kelterhaus verbringt das Lesegut auf schonende Weise zur Kelter. Neue Stahltanks im Keller gewährleisten eine kontrollierte Gärung.

Interessierte Weinliebhaber können die frischen Produkte in der ansprechenden Weinstube des Winzerpaares probieren.

Weine

Die Weine von Andrea Schmitt und Michael Schnur-Schmitt verfügen über eine ausgesprochene Mineralität. Ein richtig guter Tropfen aus ihrer GOLD EDITION ist der *2010 Filzener Urbelt Riesling trocken*, den sie »Clivus« nennen. Ein würziger erdiger Wein mit einem frischen Duft nach Zitrusaromen, im Geschmack auch Aromen der Mandarine. Der Wein mit dem angenehmen Säurespiel passt hervorragend zu Königinpastetchen mit braunen Champignons und Greyerzer Käse, ebenso zu asiatisch angehauchten Gerichten wie Chicken Tandoori. Der *2009 Riesling Classic* ist typisch als idealer Tageswein mit einer ausgewogenen Balance aus Säure und Fruchtsüße. Leicht und trocken ist der *2010 Riesling Qualitätswein* in der Literflasche, eben ein typisch spritziger Saarwein für alle Gelegenheiten.

ADRESSE:	Weingut Reverchon KG Saartalstraße 2-3, 54329 Konz-Filzen Tel.: 06501/923 500, Fax: 06501/923 509 kontakt@weingut-reverchon.de www.weingut-reverchon.de
INHABER:	Hans Maret
KELLERMEISTER:	Bernhard Maas
ÖFFNUNGSZEITEN:	Vinothek Mo-Fr 10-18 Uhr, am Wochenende 11-17 Uhr
EINZELLAGEN:	Filzener Herrenberg (Alleinbesitz), Filzener Urbelt, Konzer Karthäuser Klosterberg
BESTÜCKTE REBFLÄCHE:	14 ha
JAHRESPRODUKTION:	ca. 90 000 Flaschen
AUSZEICHNUNGEN:	Kammerpreismünzen der Landwirtschaftskammer Rheinland-Pfalz-Weinwelt »Bester Riesling feinherb 2010« Gault Millau, Eichelmann
BESONDERES:	Weine trocken und feinherb, Sekte – Rieslingsekt Brut, Riesling Crémant Brut, Chardonnay Brut
WEINTIPP:	2010 Riesling Kabinett feinherb, 2010 Riesling Alte Reben trocken
WEINPROBEN:	nach Terminvereinbarung
BEWIRTUNG:	nach Absprache

Weingut Reverchon KG

Weingut | Familie | Geschichte

Trocken, leicht und pur beschreibt Hans Maret den Weinstil seines Weinguts, nur wenige Kilometer von der Mündung der Saar in die große Schwester Mosel entfernt. 80% der Weine werden trocken ausgebaut. Die feinherben, fruchtigen Weine verfügen ebenso über trockene Seiten des jeweiligen Geschmacksspektrums. Da sie alkoholreduziert sind, schmecken Weine und Sekte besonders leicht und belebend. Trockene Reverchon-Weine liegen im Bereich von 10 bis maximal 12,5 Vol.% Alc. Die Säuren sind angenehm balanciert, die *Rieslinge* bereiten hohen Trinkgenuss und sind sehr bekömmlich. Reverchon-Weine haben eine klare Struktur, werden rebsortenrein ausgebaut und vergären spontan (➤) mit Weinbergshefen, um den Terroir-Charakter und die Saartypizität zu betonen. Diese Philosophie gilt auch für die ausschließlich aus weingutseigenen Weinen in klassischer Flaschengärung hergestellten, handgerüttelten Sekte.

Seit 1685 befand sich das Weingut Reverchon im Privatbesitz der Familie Staadt, die es 1921 an die Familie Reverchon verkaufte. Das heutige Gutshaus in Filzen diente der in Trier ansässigen Bankiersfamilie Reverchon als Sommersitz.
Als sich 2007 die Gelegenheit ergab, ein traditionsreiches Weingut zu erwerben, zögerte der Quereinsteiger Hans Maret nicht und übernahm das heruntergewirtschaftete Weingut Reverchon. Damit erfüllte er sich einen Jugendtraum, denn als kleiner Junge durfte er bei den Weinproben seines Vaters mithelfen. Sein Vater, Arzt in Trier, war ein großer Weinkenner und Autor mehrerer Weinbücher. Als er zehn Jahre alt war, so der Quereinsteiger und Neuwinzer, habe er dann auch mal bei einer Probe ein Gläschen *Riesling* versucht. Die Leidenschaft zum Wein kam mit der Liebe zu einer Winzerstochter aus einem Filzener Weingut.

Reverchon-Weine waren die Weine der Industriellen, besonders zu Beginn des 20. Jahrhunderts. Rund 500 000 Flaschen pro Jahr verließen in den dreißiger Jahren die Saar und gingen in die ganze Welt. Das Weingut Reverchon belieferte die führende Gastronomie Deutschlands mit seinen hervorragenden Rieslingweinen und erwarb

Idylle pur. Weingut Reverchon in Filzen.

sich eine weit über die Grenzen des Landes hinausgehende Reputation. Auch Bundeskanzler Konrad Adenauer und der Deutsche-Bank-Chef Hermann Josef Abs gehörten zu den Liebhabern des Saar-*Rieslings* des Weinguts. Doch Name und Kapital aus den guten Zeiten des Saarweinbaus waren 2007 aufgebraucht, Reverchon musste Insolvenz anmelden. Maret, Finanzfachmann mit Weitblick, zog schnell einen Schlussstrich unter die wenig erfolgreiche Verwaltung und Vermarktung der vergangenen Jahre und bereinigte das Sortiment.

Anbau | Lage

Derzeit verfügt das Wein- und Sektgut Reverchon über 14 Hektar Rebfläche und ist somit wieder eines der bedeutenden Weingüter an der Saar. Maret konzentriert sich auf einen 85%igen Anteil *Riesling* und 7% *Weißburgunder*, somit auf zwei an der Saar mit Tradition verbundene Edelrebsorten. Je 4% *Spätburgunder* und *Chardonnay* gehen in die Herstellung der Premium Manufaktursekte des Hauses.

Maret und sein Team haben einen gehobenen Qualitätsanspruch: »Das Leben ist viel zu kurz, um schlechten Wein zu trinken«, sagte schon der deutsche Dichter Johann Wolfgang von Goethe (1749-1832). Dies ist einer der Gründe, warum sich der Winzer dem höchsten Qualitätsanspruch verpflichtet fühlt. Hans Maret pflegt die Tradition und Eleganz der Reverchonweine durch schonenden Anbau im Weinberg, sorgfältige Selektion schon bei der Handlese und sorgfältigen Ausbau (➤) auf der Grundlage zeitgemäßer Kellertechnik.

Maret versteht sich als moderner Saar-Traditionalist. Er führt das Weingut unter dem renommierten Namen und unter Wahrung einer großen Rieslinggeschichte weiter. Der neue Weingutsbesitzer investierte große Summen zur Modernisierung des Kellers, zum weiteren Ausbau der Anbaufläche und zur Renovierung des denkmalgeschützten Weinguts.

Weine

Heute verfügt das Weingut über hervorragende Produktionsbedingungen. Reverchon-Weine sollen am Stil erkennbar bleiben, denn sie bieten Aromenexplosionen. Der *2010 Riesling Kabinett feinherb* verfügt über eine gebündelte Mineralität, erfrischende Säure und den Geschmack von blauem Flieder, rotem Apfel und weißem Pfirsich. Somit ist er der perfekte Begleiter für einen herbstlichen Zwiebelkuchen oder Pasteten aus einer Farce von Fleisch, Wild und Geflügel (am besten Ente). Auch Terrinen von Innereien (Leber) oder Fisch (Hecht) gehen eine geschmackvolle Verbindung mit der *2010 Riesling Spätlese* mit ihrer rauchig-würzigen Schiefernote vom Filzener Herrenberg ein.

Eines von Hans Marets Lieblingszitaten: »Schade, dass man Wein nicht streicheln kann« (Kurt Tucholsky).

Konz – Wo die Flüsse sich vereinen

Geschichte – Römische Sommerresidenz

Vor mehr als 2000 Jahren lebten an den Zusammenflüssen von Saar und Mosel Kelten vom Stamm der Treverer (Latène-Zeit 475-20 v. Chr.). Mit der Eroberung der Region durch die Legionen Roms änderten sich die Lebensgewohnheiten der Kelten, die Schritt für Schritt romanisiert wurden. Während der Gallischen Kriege (58-51 v. Chr.) unterwarf Julius Cäsar das keltische Volk, dessen Siedlung sich im Tal der Mosel befand. Kaiser Augustus gründete die römische Stadt »Augusta Treverorum – Kaiserstadt der Treverer« (heute Trier), welche bald zur mächtigsten Stadt nördlich der Alpen heranwuchs. Unter Kaiser Diokletian (Regentszeit 284-305 n.Chr.) wurde Trier Verwaltungssitz einer der vier römischen Präfekturen und gehörte neben Alexandria, Byzanz und Rom zu den bedeutendsten Städten des römischen Reiches. Im 4. Jahrhundert wurde die »Stadt der Treverer« sogar zur römischen Kaiserresidenz erhoben und avancierte zum Verwaltungszentrum des weströmischen Reiches.

Statue von Kaiser Valentinian I. Hier in Konz schuf er sich eine Sommerresidenz

Nur wenige Kilometer von Trier entfernt, an der Stelle des heutigen Konz, schuf sich Kaiser Valentinian I. (Regentszeit 364-376 n. Chr.) eine Sommerresidenz, die 371 erstmals *Contionacum* benannt wurde. Ausonius (➤), spätrömischer Dichter, Politiker und Gelehrter, besang die Kaiservilla in Versen seiner Reisebeschreibung »Mosella«. Hier befand sich auch ein Verkehrsknotenpunkt, der die Kaiserstadt Trier mit dem keltischen Zentrum Metz (über Tawern und Dalheim) verband. Einfallende Germanenstämme schwächten das Machtgefüge Roms, was etwa um 400 dazu führte, die Palastvilla aufzugeben. Bis heute wurde nur der Westflügel des Kaltbades – »frigidarium« – und Teile der Stützmauer des Mittelsaales und einer Wandelhalle erhalten. Im 11. Jahrhundert trug das Rittergeschlecht de Cunza (später von Cons) den Ortsnamen als Toponym in ihrem Wappen.

Konzer Hauptbahnhof an der Bahnstrecke Trier-Saarbrücken. Er wurde 1895 eröffnet.

Geschichte – Mittelalter

Während des Mittelalters lösten sich verschiedene adelige Familien als Grundherren des noch locker bebauten Konz ab, welches über den Resten der römischen Villa entstanden war. Der Deutsche Ritterorden, Johanniter, das Trierer Kloster St. German und das Trierer Stift St. Paulin besaßen im 14. und 15. Jahrhundert mehr als 100 Morgen Äcker, Wiesen, Wälder und Weinberge.

Lothar von Metternich erwarb 1599 die Grundherrschaft, welche mit dem Patronatsrecht bis 1794 im Besitz der Familie blieb. Der Trierer Kurfürst, Adelige und der Klerus hatten in Konz Grundbesitz. Während des Dreißigjährigen Krieges 1618-1648 verringerte sich die Anzahl der Haushalte in Konz um mehr als 30 Prozent, die Bevölkerungszahl ging um etwa 50-60 Personen zurück. 1798 wurde Konz Kantonshauptstadt mit zentraler Funktion, die 1858 zur Vereinigung der Bürgermeistereien Konz, Oberemmel und Wasserliesch führte. Bis heute ist Konz Sitz der Stadt- und Verbandsgemeinde.

Die Kirche in Konz wurde 1959 bis 1961 vom Schweizer Architekt Hermann Baur in den Resten einer römischen Villa gebaut. Frühere Kirchen, die teils seit 1265 existierten, sind nicht mehr erhalten.

Kloster Karthaus

Sehenswürdigkeiten

Konz bietet eine ganze Reihe historischer Gebäude. Besonders sehenswert sind u.a. das Kloster Karthaus und das Freilichtmuseum Roscheider Hof.

Das Kloster Karthaus

Die in rotem Sandstein gehaltene barocke Fassade des Klosters Karthaus erinnert an ein prächtiges Schloss, welches es allerdings nie war. Erzbischof Balduin von Luxemburg errichtete das Gebäude ab dem Jahr 1331. Er ließ das Kloster St. Alban südlich der Kaiserthermen am Fuße des Heiligkreuzberges errichten. Während der Reunionskriege 1674 wurde es auf Geheiß des französischen Kommandanten Pierre Comte de Vignory zerstört. An anderer Stelle entstand nun das Karthäuserkloster (nun St. Bruno) nach den Plänen des Mainzer Baumeisters Vitus Schneider im damaligen Ortsteil Merzlich, heute Konz-Karthaus. Während der Französischen Revolution wurde das

Kloster aufgehoben und 1804 auf Abbruch versteigert. Der Wiederaufbau nach dem Brand von 1855 erfolgte in den Jahren 1885-87. Heute dient das Klostergebäude als Kulturzentrum und Bürgerhaus der Stadt Konz.

Das Freilichtmuseum Roscheider Hof

Freilichtmuseum
Roscheider Hof

Der Verein Volkskunde- und Freilichtmuseum Roscheider Hof wurde 1973 gegründet, um das Nebeneinander von Industrie und bäuerlichen Strukturen für die Nachwelt zugänglich zu machen. Ziel des Vereins war es, ein Freilichtmuseum zu eröffnen, das die Besonderheiten der Menschen, ihrer Berufe und Behausungen, der Flusstäler von Mosel, Saar und Ruwer, der Mittelgebirge von Hunsrück, Eifel und Saargau und der benachbarten Regionen Luxemburg, Lothringen und des Saarlandes zeigte. Innerhalb dreier Jahrzehnte entwickelte sich auf dem ehemaligen Pachthof der Benediktinerabtei St. Matthias in Trier auf einer Fläche von 20 Hektar ein Museum. Auf mehr als 3 000 m² Ausstellungsfläche präsentiert es vergangene ländliche Volkskultur nach Themen geordnet. Die Museumsmacher unter der Leitung von Dr. Ulrich Haas erwarben Häuser aus den beschriebenen Regionen, zerlegten diese fachgerecht und bauten sie in mühevoller Arbeit originalgetreu im Museumsbereich wieder auf.

Der Förderverein zählt über 1 000 Mitglieder, ein wenig Zuschuss kommt vom Land Rheinland-Pfalz. 60 000 Besucher zieht es jährlich zum Roscheider Hof in die Ladengasse mit den Handwerkerläden, den ständig wechselnden Sonderausstellungen und den Themenhäusern, in denen man noch immer spürt, wie sich das Leben in alter Zeit abgespielt haben muss. Der Besucher sollte sich einen ganzen Tag Zeit nehmen, denn das Erleben der Geschichte einer ganzen Großregion ist kurzweilig und in höchstem Maße informativ.

ADRESSE:	Weingut & Ferienhof Luy Am Berendsborn 20, 54329 Konz Telefon/Fax: 06501-99 404 Weingut-Luy@t-online.de, www.weingut-luy.de
INHABER/KELLERMEISTER:	Hans-Josef Luy
ÖFFNUNGSZEITEN:	Di-So ab 17 Uhr
EINZELLAGEN:	Konzer Karthäuser Klosterberg, Konzer Euchariusberg
BESTÜCKTE REBFLÄCHE:	3,6 ha, 50% Riesling, 30% Spätburgunder, 10% Weißburgunder, 5% Regent, 5% Rivaner
JAHRESPRODUKTION:	ca. 25 000 Flaschen
AUSZEICHNUNGEN:	Mitglied ECOVIN Bundesverband Ökologischer Weinbau
BESONDERES:	Weine, Sekte, Traubensaft aus Bioanbau, Trester, Weinbergspfirsichmarmelade
WEINTIPP:	2010 Riesling Spätlese trocken vom Konzer Karthäuserberg 96°Oe
WEINPROBEN:	nach Terminvereinbarung
BEWIRTUNG:	Weinstube mit Restaurant
ÜBERNACHTUNG:	4 Ferienwohnung

Weingut & Ferienhof Luy

Weingut | Familie | Geschichte

Der Winzer Hans-Josef Luy ist einer von drei Biowinzern im Anbaugebiet Saar. Schon 1982 kam dem Winzermeister, der die Weinbauschule in Trier besuchte, der Gedanke, sich verstärkt mit ökologischem Weinbau zu befassen. Seit 15 Jahren ist das Weingut Luy Mitglied des Bundesverbandes Ökologischer Weinbau ECOVIN (➤). Der kleine Familienbetrieb von Hans-Josef Luy besitzt eine Jahrhunderte alte Weinbautradition und baut seine Weine mit typischen Saarcharakteren aus. Das Weingut bewirtschaftet ausschließlich Steil- und Hanglagen vorrangig mit den Rebsorten *Riesling* und *Spätburgunder*.

Anbau | Lage

Wie es sich für einen Öko-Winzer gehört, verzichtet Hans-Josef Luy vollständig auf den Einsatz von Chemikalien und Düngemittel, lediglich der Austrag von Kupfer im Weinberg ist nach streng kontrollierten Ökorichtlinien gestattet, ansonsten kommen nur Hilfsmittel natürlichen Ursprungs (z.B. Backpulver gegen Mehltau (➤) zum Einsatz. Die Begrünung der Berge – der Wildwuchs sogenannter »Unkräuter« – wird nicht entfernt, sondern lediglich gemäht. Die abgestorbenen Pflanzen dienen somit als natürlicher Dünger für den Boden und bieten einen idealen Lebensraum für Nützlinge.

Der Einsatz von Hilfsmitteln im Kellerbereich ist für Winzermeister Luy ebenso tabu. Seine Weine werden jahrgangsabhängig mit natürlichen Hefen spontan vergoren (➤). Der Winzer setzt auf eine starke Vorklärung, abhängig vom Gesundheitszustand des Mostes. Ansonsten lässt er seinen Weißweinen die nötige Zeit zur Reife und Entwicklung. Eine Spezialität des Winzerhofes ist der *Spätburgunder Rosé* aus dem Steilhang. Nicht zu verachten ist die Rotweinsorte *Regent* vom Weingut Luy, die nach biologischem Säureabbau BSA (➤) in der Regel um die 4,2% Säure aufweist.

Mittlerweile hat sich die Erkenntnis durchgesetzt, dass die malolaktische Gärung (➤), also der biologische Säureabbau, bei guten und sehr guten Rotweinen nahezu unerlässlich ist. Die Weine werden dadurch weicher und komplexer. Für manchen Winzer ist diese Methode auch bei Weißweinen (vor allem *Chardonnay*) inzwischen fast die Regel. Für sie bedeutet dieses Prozedere eine gewisse Risikominderung. Bei nur einem Teil ihrer Weine wird ein biologischer Prozess eingeleitet und die Säurespitze gebrochen. Die Milchsäurebakterien (➤) werden durch Zusatz von Schwefeldioxid, Kühlung oder Filtration gebremst. Später werden beide Teile wieder zusammengeführt.

Für große Rotweine ist die »Malo« heute die Regel. Durch die Einleitung in einem Barrique-Fass (➤) werden die roten Jungweine geschmeidiger und haben eine angenehmere Aromatik. Generell handelt es sich um einen weitgehend natürlichen Prozess im Keller, der in einem etwas wärmeren Klima – ab 20° Celsius – entweder spontan (➤) durch in bereits genutzten Fässern vorhandene oder in Form von Kulturen eingeführte Bakterien (Leuconostoc oenos) in Gang gebracht wird. Dies kann während oder nach Abschluss der alkoholischen Gärung passieren. Hierbei wandelt sich die spitze und scharfe Apfelsäure (➤), gewöhnlich bei Weinen aus nördlicheren Regionen, in weiche Milchsäure (➤) um. Bei Weißweinen ist ein derartiges Vorgehen allerdings sorgfältig zu überlegen: Wird der Säureabbau übertrieben, können aromatische, fruchtige Sorten wie der *Riesling* ein unerwünschtes Aroma von Joghurt, Molke oder Sauerkraut entwickeln. Weil seine Kontrolle nicht einfach ist und dabei auch unerwünschte Nebenreaktionen bis hin zum Milchsäure- (➤) und Essigstich auftreten können, wurde bis Mitte der achtziger Jahre auf Weinbauschulen noch vielfach vom Säureabbau abgeraten. Empfohlen wurde stattdessen ein Verschnitt der Weine.

Weine

Das Anliegen des Konzer Weinguts ist es, erstklassige Weine zu erzeugen, anzubieten und dabei gleichzeitig einen Beitrag zum aktiven Umweltschutz zu leisten.

Aus der Rebsorte *Riesling*, welche vorwiegend angebaut wird, keltern sie nicht nur schöne rassige *Riesling*-Weine, sondern stellen auch ebenso spritzige Sekte her. Der *Riesling*-Winzersekt wird im hofeigenen Keller von Hand gerüttelt und im Trockenabschussverfahren vollendet. Die *Riesling*-Weine zeichnen sich durch ihre markante Säure, Fruchtigkeit und zarte Eleganz aus.

Riesling-Spaliererziehung

Besonderes

Seit 1996 finden Weinurlauber, Radfahrer und Familien mit Kindern vier Ferienwohnungen auf dem Hof. Seit einigen Jahren wird das gesamte, am Stadtrand liegende Weingut mit regenerativer Energie versorgt. Alle Wander- und Radwege sind von hier aus gut erreichbar, besonders empfehlenswert ist der Panoramaweg von Konz über Filzen nach Kanzem und zurück (7 km, etwa 2 ½ Stunden). Die Küche des Restaurants bietet regionale Produkte ohne Zusatz- und Farbstoffe und Glutamat.

Das Konzer Tälchen –
Zwischen Saar und Mosel

Das Konzer Tälchen mit seinen sanften Hängen ist vom Weinbau geprägt, was sich in den Orten Niedermennig, Obermennig, Krettnach und Oberemmel zeigt. Das Tälchen selbst ist ein ehemaliges Flussbett der Mosel, ein Mäander, dem der Fluss vor vielen Millionen Jahren von Konz über Wiltingen folgte. Dort haben sich meterhohe Sedimentschichten erhalten.

Der Moselmäander bildete einen Umlaufberg, in dessen Mitte sich heute die Ortschaft Kommlingen befindet. Als der Prallhang zwischen Konz und Igel aufbrach, suchte sich die Mosel einen anderen Weg. Das weitläufige alte Tal trocknete aus und schuf ideale Voraussetzungen für Weinbau und Landwirtschaft. Es ist eine sanfte Landschaft zwischen Saar und Mosel, zu deren weichen Linien die erholsame Ruhe der drei kleinen Dörfer genauso passt wie das milde Klima einer Weinbauregion.

Reise in die Vergangenheit

Als im *Unteren Pleistozän* (etwa 2,5 Mio. bis ca. 10000 Jahre v. Chr.) die tiefsten Schichten des weicheren Bodenmaterials abgetragen waren, erreichten die Moselfluten die härteren Schieferschichten. Da diese vom Fluss nur schwer eingeschnitten werden konnten, suchte er sich eine Ausweichstrecke und stellte das Energiegleichgewicht durch eine große Flussschleife wieder her, in deren Verlauf das »Kommlinger Umlauftal« entstand. Vermutlich brach in der sogenannten Saale-Zeit an einer Engstelle die Mosel durch und verließ das Kommlinger Umlauftal, welches daraufhin austrocknete. Nach und nach entstand ein Trocken-Tal (Konzer Tälchen) von etwa 7 km Länge aus diesem »alten« Mäander.

Heute durchfließen lediglich zwei kleine Bäche dieses stille, reizvolle Tal, an dessen Hängen sich ein Rebenmeer ausgebreitet hat. Die Orte Niedermennig, Obermennig, Krettnach und Oberemmel – letzterer zählt strenggenommen nicht mehr zum Tälchen – sind ruhige, erholsame Weinbau-Ortschaften.

Kapelle im Weinberg von Niedermennig

Tor ins Tälchen – Niedermennig

Vier Kilometer von Konz entfernt liegt Niedermennig, die größte Ortschaft im Tälchen. Wie die Nachbarorte Obermennig und Krettnach wird das Leben auch hier vom Weinbau bestimmt.

Urkundlich erwähnt wurde der Ort erstmals im Jahr 1329. Neben dem Falkensteinerhof, einem ehemaligen Weingut des Trierer Friedrich-Wilhelm-Gymnasiums, findet man hier südöstlich des Ortes auch die historische Ölmühle. In der Kapellenstraße stand bereits um 1700 eine Kapelle der Abtei Mettlach. 1876 wurde an gleicher Stelle die heutige St. Wendelinus-Kapelle erbaut. Der Dauner Künstler Franziskus Wendels stattete das Kirchenhaus 1998 mit einem Kunstwerk aus, welches die Attribute des Hl. Wendelin, etwa den Schäferstab, zeigte. Nur wenige Meter entfernt befindet sich das ehemalige barocke Hofhaus der Abtei Mettlach.

In einem Wiesengrund am Konzer Bach steht die erst kürzlich restaurierte historische Ölmühle aus dem 19. Jahrhundert, eine der wenigen noch erhaltenen Ölmühlen in Rheinland-Pfalz. Um sie zu betreiben, wurde eigens ein höher gelegener Mühlenteich angelegt.

Auch Mettlacher Benediktinermönche bewirtschafteten ihre Güter in Niedermennig. Im Jahre 1329 besaßen die Kirchenmänner in diesem Gebiet acht Hufen (➜ *Infokasten*) Land nebst Weinbergen.

> **Hufe:** Eine Hufe ist ein altes deutsches Flächenmaß, das in unterschiedlichen Gegenden unterschiedliche Größen aufweist, meist zwischen 30 bis 80 Morgen – so also 7,5 bis 20 ha.

Ölmühle Niedermennig

Schon vor 1500 werden in Niedermennig Weinbergslagen genannt. Die Namen *Boedemcher*, im *Kampert*, *unter Kaselshaidchen* oder *Plantern* deuten darauf hin, dass es »Junge Wingerte«, also neubepflanzte Weinberge gab. Eine ganze Reihe von Lagenbezeichnungen hat sich zumindest in modernerer Schriftform erhalten. Seit dem 18. Jahrhundert gab es die Flurnamen *Cretnacher Berg*, *Doctors weingarth* genannt, beim *Kestenbaum*, *bey der Capell* und viele mehr.

Ort mit Eigenheiten – Obermennig

Weniger als 300 Menschen leben in Obermennig, umgeben von sonnenverwöhnten Hängen mit Obstbäumen und einem nicht enden wollenden Rebenmeer. Drei Obstbrennereien gibt es hier, denn die Menschen wollen eine lange Tradition weiterführen. Im Winter, wenn die Brenner ihre Öfen anheizen, um in ihren Brennanlagen die Maischen der unterschiedlichsten Früchte zu destillieren, riecht der ganze Ort nach Vergorenem.

Eine kleine Kapelle, der Heiligen Barbara gewidmet, ist den Obermennigern sehr ans Herz gewachsen. Ertönt ihre Glocke, so spürt man eine gewisse Heimatverbundenheit, Entspannung und Ruhe, weitab der hektischen Betriebsamkeit der Städte Konz oder Trier. Ursprünglich wurde die Kapelle von der Trierer Abtei St. Matthias um 1723 gebaut. Als 1975 die Ortsdurchgangsstraße verbreitert wurde, musste die Kapelle weichen. Unter Verwendung der Originalteile wurde sie nach Süden versetzt wieder aufgebaut. Schmuckstück ist ein steinerner Altar aus dem 17. Jahrhundert.

»St. Ursula« – Krettnach

Der erstmals 1148 als Cretenach und 1203 als Crittenach erwähnte Ort wurde im Mittelalter und in der frühen Neuzeit von der Trierer Abtei St. Matthias verwaltet. Der Ort war im Mittelalter Ziel einer Bannprozession, vergleichbar mit der Echternacher Springprozession. Auch Einwohner von Konz nahmen teil, die auf dem Rückweg von Niedermenniger Einwohnern bewirtet werden mussten.

Oberemmel – die Nordseite des Scharzhofberges im Sonnenuntergang

Sehenswert ist die Pfarrkirche »St. Ursula«, die bereits 1148 in Krettnach genannt wurde. Aus dieser Zeit stammt auch der romanische Chorturm. In den Jahren 1733/34 wurde das Langhaus neu erbaut. Querschiffartige Anbauten folgten 1959 und der romanische Chorraum mit einer einzigartigen Altarnische wurde wieder aufgebaut. Seit 1969 bilden Krettnach und Niedermennig eine Gesamtgemeinde, die 1970 in die Stadt Konz eingegliedert wurde.

Krettnach und der Wein gingen schon vor langer Zeit eine innige Verbindung ein. Römische Landherren stärkten den Anbau von Reben. Mönche und andere klerikale Herrschaften verbesserten ihr Wissen um den Wein und seine Anbaumethoden über Jahrhunderte. Erste schriftliche Vermerke aus dem 12. Jahrhundert belegen den Weinbau in dieser Zeit.

Oberemmel – was der Name verrät

Die Geschichte des Ortes Oberemmel geht weit zurück. In ihrer Publikation »Trierische Geschichte – Geschichte des trierischen Landes und seines Volkes« beschreiben M. Haller und P. Züscher die Namensherkünfte der Region. Auf keltische Herkunft weisen u. a. keltische Bildungen in den Namen -acum und -iacum (-ach, -ich) hin. Diese Zusätze bezeichnen oft die Herkunft oder Zugehörigkeit zu einer Person, werden also an den Namen des Besitzers angehängt. Ursprünglich bezeichnete dieser Name ein Ackergut und ging dann später in den Ortsnamen über. Solche Namen sind z.B.: Emmel (Ambiliacum) oder Craach (Criacum), Merzig (Marciacum), Mettlach (Matiliacum) und viele mehr.

ADRESSE:	Weingut Falkensteiner Hof – Erich u. Marita Weber Falkensteinerhof 3, 54329 Konz-Niedermennig Tel.: 06501/6255 winzerweber@web.de
INHABER/KELLERMEISTER:	Erich Weber
ÖFFNUNGSZEITEN:	täglich nach Vereinbarung
EINZELLAGEN:	Niedermenniger Herrenberg, Niedermenniger Sonnenberg, Falkensteiner Hofberg, Krettnacher Euchariusberg, Krettnacher Altenberg
BESTÜCKTE REBFLÄCHE:	7,5 ha, 95% Riesling, 5% Weißburgunder, 1 ha rote Weine, 50% Spätburgunder, 25% Merlot, 25% Cabernet Sauvignon
JAHRESPRODUKTION:	ca. 35 000 Flaschen
AUSZEICHNUNGEN:	Gault Millau, Eichelmann, Vinum, Robert Parker
BESONDERES:	Wein und Sekt – säurebetont filigran von grauem, blauem und rotem Schiefer
WEINTIPP:	2010 Krettnacher Altenberg Riesling trocken (Gutstrinkwein), 2010 Niedermenniger Sonnenberg feinherb
WEINPROBEN:	nach Terminvereinbarung
BEWIRTUNG:	nach Absprache

Weingut Falkensteiner Hof – Erich und Marita Weber

Weingut | Familie | Geschichte

Nach dem Weinbaustudium in Geisenheim (➤) stand für den aus Krettnach stammenden Erich Weber fest, Weine zu erzeugen, die beste Qualität haben sollten und bezahlbar blieben. Die Weine des Winzers sind ausgezeichnet.

Vor etwas mehr als 20 Jahren kaufte er den Falkensteiner Hof am Ortseingang von Niedermennig. Um 1900 stand an gleicher Stelle das Gerätehaus eines Weinguts des Friedrich-Wilhelm-Gymnasiums Trier, welches um 1928 um ein Haupthaus – das heutige Gutsgebäude – erweitert wurde. Das Friedrich-Wilhelm-Gymnasium war im 16. Jahrhundert in den Weinbau eingestiegen, um die Ausbildung seiner Schüler zu finanzieren. Als die Webers das Anwesen übernahmen, war dieses durch die Zentralisierung der Betriebsabläufe des Weinguts *Friedrich Wilhelm Gymnasium* am Stammsitz in Trier ziemlich heruntergekommen, die Gebäude waren über Jahrzehnte verfallen. Nun

wurde es vor einigen Jahren vom neuen Besitzer mustergültig instand gesetzt. Schrittweise renovierte er das Weingutsgebäude mit Hilfe seiner Frau Marita und verwandelte es in eine Idylle zwischen Saarburg und der Römerstadt Trier. Zu seinem Lagenportfolio gehören exzellente Parzellen im *Niedermenniger Herrenberg* und vor allem im *Krettnacher Euchariusberg*. Die aktuelle Weinkollektion ist geprägt von schnörkellosen *Rieslingen* mit der klaren typischen Saarart, von denen die schlanken Spätlesen aus dem *Niedermenniger Herrenberg* und die mineralisch-rassige *Euchariusberg Auslese* überzeugen.

Das Weingut Falkensteinerhof bildet eine bauliche Gesamtanlage aus zwei parallel hintereinander gestaffelten Traufenhäusern in Reformarchitektur und wurde 1928 inmitten des Weinbergs mit Steinen aus den umliegenden Äckern errichtet.

Anbau | Lage

Der Falkensteiner Hof liegt seitlich im Weinberg, in jenem Seitental der Ur-Mosel, in dem auf sanften Hügeln und sonnenbestrahlten Steillagen fruchtig knackige Weine wachsen. Die Lage *Falkensteiner Hofberg* ist berühmt und wird nur von Erich Webers Familie und den Bischöflichen Weingütern bepflanzt. Hier im Tälchen, unweit von Trier,

wachsen auf Schieferverwitterungsböden saftige, rassige *Rieslinge* mit unverwechselbarer Mineralität, farbkräftige, samtige und herzhafte Rotweine der Sorten *Spätburgunder* und *Regent*. Aus ihnen lassen sich hervorragende Sekte erzeugen, für die sich diese Weinbauregion einen Namen geschaffen hat. Winzersekt von der Saar – ob Crémant, Brut oder Extra-Brut – findet mittlerweile Liebhaber im deutschsprachigen Raum, im europäischen Ausland und in der ganzen Welt.

Erich Webers Arbeitsweisen im Weinberg sind durchaus als ökologisch zu beschreiben. Er selbst bezeichnet sich als Bio-Winzer ohne Biovereinsanschluss. Besondere Freude bereiten ihm die säurebetonten *Rieslinge*, die auf Rotschiefer gewachsen sind, der vorwiegend in Niedermennig vorkommt. Weite Standräume der Rebstöcke sind gängige Praxis und eine Ertragsminderung ermöglicht

Winzer Erich Weber

den Reben volle Konzentration der Aromen und Mineralität in nur wenigen Trauben. Dies erlaubt eine überbordende Aromenvielfalt in den Weinen, die 6-8 Monate auf der Feinhefe liegen dürfen. Webers Weine gären spontan (➤) mit Weinbergs- oder Kellerhefen im Holz-Fuderfass. Seine Rotweine lernen nach der Gärung das Barrique (➤) kennen und dürfen erst nach erlangter Reife in die Flasche. Ein wenig bedauert er die in den letzten Jahren früher werdende Weinlese, da der *Riesling* es gerne kühler hat. Durch den Klimawandel werden die Trauben physiologisch früher reif, was zur Folge haben kann, dass ein wenig Aroma auf der Strecke bleibt. Noch vor wenigen Jahren gab es den ersten Weber-Wein frühestens ab dem Johannistag (24. Juni), heute kann der Kunde diesen schon ab Ostern verkosten.

Das Weingut liegt unübersehbar in den Weinbergen auf dem Weg von Konz nach Niedermennig. Die Zufahrt ist von der Straße aus zu sehen. Es ist gut zu Fuß oder auch mit dem Fahrrad aus der Nähe zu besichtigen.

ADRESSE:	Weingut Euchariusberg – Fam. Mangerich Am Großschock 7, 54329 Konz-Obermennig Tel.: 06501/13362, Fax: 06501/13134 info@euchariusberg.de, www.euchariusberg.de
INHABER/KELLERMEISTER:	Arthur Mangerich
ÖFFNUNGSZEITEN:	Di-So 15-21 Uhr, Mo Ruhetag
EINZELLAGEN:	Krettnacher Euchariusberg, Niedermenniger Euchariusberg
BESTÜCKTE REBFLÄCHE:	1,6 ha
JAHRESPRODUKTION:	ca. 15000-18000 Flaschen
AUSZEICHNUNGEN:	Haus der besten Schoppenweine
BESONDERES:	Riesling-Weine, Riesling-Secco
WEINTIPP:	2010er Riesling Auslese fruchtig (Bestes Rieslingfass 2010), 2008er Riesling Trocken (Bestes Rieslingfass 2008), 2009er Saar Secco Dry (Blanc de Noir)
WEINPROBEN:	nach Terminvereinbarung
BEWIRTUNG:	Restaurant
ÜBERNACHTUNG:	Hotel

Weingut Euchariusberg – Fam. Mangerich

Weingut | Familie | Geschichte

Arthur Mangerich kennt sich in den Weinlagen von Mosel, Saar und Ruwer bestens aus, denn er war viele Jahre Oberleiter der Flächenkontrolle im Landesdienst der Weinprüfstelle in Trier und arbeitete als gelernter Winzer in verschiedenen Betrieben.

Das Erwerbsweingut Euchariusberg ist wohl das flächenmäßig kleinste Weingut im Konzer Tälchen.

Anbau | Lage

Seit sechs Generationen ist die Familie Mangerich dem Weinbau auf das Engste verbunden. Heute kultivieren sie in Steillagen auf Schieferverwitterungsböden aus dem Devon Rieslingreben, aber auch rote und weiße Burgundersorten. Die herausragenden Spitzenlagen gehörten in der Weinbergklassifizierung von 1868 zur 1. Klasse der Weinbergslagen und waren zum größten Teil über Jahrhunderte im Besitz adliger Weingüter. Das natürliche Qualitätspotenzial aus den Erträgen der Weinberge wird durch den naturnahen Anbau von Arthur Mangerich, dessen Familie seit Generationen eine verbesserte und modernisierte Kellerwirtschaft unterstützt, gesteigert. Das Ergebnis sind exzellente Saarweine, spritzig von feinster Mineralität und von natürlichen Fruchtaromen getragen.

Weine

Das wohl kleinste Weingut an der Saar erzeugt tolle typische Saar-*Rieslinge*, deren Preis-Leistungsverhältnis sich sehen lassen kann. Seine *Rieslinge* sind aus jeder Geldbörse zu bezahlen. Die Tälchen-Weine sind im Allgemeinen für ihre Mineralität und Spritzigkeit bekannt – so auch die Mangerichs.

Zum Weingut gehört das Hotel-Restaurant »Landhaus Euchariusberg«. Die Küche des Hauses bietet vor allem saisonale Speisen mit Produkten aus der Region und den Mittelgebirgen Hunsrück und Eifel, die für ihren Wildbestand bekannt sind. Besondere Akzente setzen die frischen Kräuter aus den umliegenden Wiesen. Zu den Kreationen der Küche passen die Weine der Winzer- und Landhausfamilie

bestens. Die Weine des Hauses wurden in den Jahren 2007 bis 2011 als »Die besten Ausschankweine der Region« ausgezeichnet (Haus der besten Schoppen 2010).

ADRESSE:	Weingut Matthias Rausch Am Euchariusberg 2-4, 54329 Konz-Obermennig Tel.: 06501/99077, Fax: 06501/99075 weingut_rausch@t-online.de www.weingut-rausch.de
INHABER/KELLERMEISTER:	Matthias Rausch
ÖFFNUNGSZEITEN:	nach Vereinbarung
EINZELLAGEN:	Niedermenniger Sonnenberg, Krettnacher Euchariusberg, Wiltinger Klosterberg
BESTÜCKTE REBFLÄCHE:	6 ha
JAHRESPRODUKTION:	ca. 35 000 Flaschen
AUSZEICHNUNGEN:	jährliche Teilnahme an der Landesweinprämierung – Kammerpreismünzen
BESONDERES:	Weine und Sekte, die Sekte werden selbst in einem separaten Keller in Wellen/Obermosel hergestellt
WEINTIPP:	Riesling Crémant Brut, Frühburgunder Rotwein trocken – eine Spezialität von der Saar
WEINPROBEN:	nach Terminvereinbarung
BEWIRTUNG:	nach Absprache

Weingut Matthias Rausch

Weingut | Familie | Geschichte

Das Weingut Rausch ist wie so viele Betriebe in dieser Weinbauregion aus einem ehemaligen Mischbetrieb entstanden. Vater Matthias Rausch war der einzige Schmiedemeister in Obermennig. Neben der Dorfschmiede gereichten ein wenig Ackerbau und Viehzucht, gepaart mit etwas Rebanbau, zum Leben. Matthias Rauschs Vater erntete 1959 den ersten Jahrgang, 1960 entschloss er sich dann, Wein in Flaschenabfüllung zu vermarkten. Wie viele seiner im Nebenerwerbs-Weinbau tätigen Kollegen hatte er erkannt, dass sich Wein in der Flasche einfach besser an den Kunden bringen lässt. Mitte der 1970er Jahre wurde die Schmiede stillgelegt und die Flaschenvermarktung forciert. Für den Sohn, ebenso Matthias genannt, war die berufliche Findung nie ein Thema. Er studierte an der Fachhochschule für Weinbau in Geisenheim/Rheingau und beendete sein Studium als Dipl-Ing. für Weinbau und Önologie (➤).

Anbau | Lage

Auf insgesamt zirka sechs Hektar Rebfläche im Anbaugebiet Saar in der Ortslage Wiltingen und im Konzer Tälchen, Niedermennig und Krettnach sind die Rebsorten *Riesling* zu 50%, *Spät-* und *Frühburgunder* zu 25% und *Müller-Thurgau* (*Rivaner*), *Kerner*, *Optima* zu ebenso etwa 25% gepflanzt. Alle Rebsorten werden von Matthias Rausch von trocken bis edelsüß, sowie in allen Qualitätsstufen vom Landwein bis zum Eiswein ausgebaut.

Rausch vergärt seine Weine ausschließlich mit Reinzuchthefen (➤). So erzeugt er reintönige, fruchtige, sortentypische Weine. Seine Erträge aus den Weinbergsflächen minimiert er durch entsprechende »Grüne Lese« (➤), d.h. ein Auslichten der Trauben vor der Traubenverfärbung im Juli, um den Gehalt von Zucker und Extraktstoffen in den verbliebenen Trauben zu erhöhen und dadurch den Geschmack des Weines zu intensivieren.

Das Weingut vermarktet seine Produkte vorwiegend im Bundesgebiet. Zwei Drittel der Weine gehen direkt an den Endverbraucher, der Rest in den Fachhandel und die Gastronomie. Die meisten Kunden

Konzer Tälchen – ein alter Moselmäander von ca. 7 km Länge

kommen aus einem Umkreis von etwa 100 Kilometern, eine Seltenheit für ein Weingut aus einem Weinbaugebiet, welches eher Weinliebhabern aus der ganzen Welt ein Begriff ist. Die Weinbautradition dieses Betriebes wird wohl vorerst gesichert sein, denn Tochter Raphaela Rausch wird nach ihrem Studium in Geisenheim (➤) einmal den Weinbaubetrieb des Vaters weiterführen.

Weine

Das Weingut Rausch bietet *Spätburgunder*-Weine in einigen Varianten: als *Blanc de Noir*, *Weißherbst herb*, *Rosé mild* oder *Rotwein trocken*.

Ganz neu im Programm des Weinguts ist ein kräftig-herber Rotwein, der *Frühburgunder*, eine Seltenheit an der unteren Saar. Weitere Sorten sind *Rivaner*, *Kerner*, *Findling* und *Optima*. Winzer Rausch erzeugt Sekt nach dem traditionellen Champagnergärverfahren in einem ehemaligen Bergwerksstollen in Wellen an der Obermosel bei einer konstanten Lagertemperatur von 8 °C. Rausch bescheinigt seinem Winzersekt durch diese Konstanz einen intensiven Geschmack mit feinem Mousseux. Vermarktet werden seine Sekte unter dem Qualitätssiegel »Motus-Sekt«. Wörtlich bedeutet dieser aus dem

Lateinischen stammende Begriff *Motus* Schwingung, Bewegung. Genau diese Schwingungen wünscht sich der Winzer beim Genuss seines Sektes von einem zufriedenen Kunden. Die *Cuvée* (➤) *Nr. 1 trocken*, ein fruchtiger Saar-Sekt mit angenehmer Süße, ist ein idealer Begleiter zu vielen Gelegenheiten. Von weicherem Charakter ist da schon der *Saar-Riesling-Sekt*. Als wahrer Gaumenschmeichler, vergoren aus ganzen Trauben, schonend gepresst, mit 12,5% Vol.Alkohol, 12,2 g/l Restsüße (➤) und einem Säurepegel von 7,8 g/l kann der *Saar-Riesling-Cremant Brut* so manche Feier versüßen. Am Genuss der bezahlbaren edelsüßen Auslesen des Weinguts führt kein Weg vorbei. Die *Riesling*-Auslesen mit reifen Beerentönen, angemessener Balance zwischen Süße und Säure und der von vielen Weinjournalisten beschriebenen wuchtigen Eleganz passen hervorragend zu Ziegenkäse, am besten aus der Region, mild gewürzten Pasteten und Kuchen mit den Früchten des Herbstes.

ADRESSE: Weingut Willemshof – Udo und Beate Willems
Am Großschock 6, 54329 Konz-Obermennig/Saar
Tel.: 06501/18933, Fax: 06501/18934
U.Willems@willemshof.de, www.willemshof.de

INHABER/KELLERMEISTER: Udo Willems

ÖFFNUNGSZEITEN: nach Vereinbarung

EINZELLAGEN: Niedermenniger Herrenberg, Niedermenniger
Sonnenberg, Niedermenniger Euchariusberg,
Krettnacher Euchariusberg, Oberemmeler
Karlsberg, Wiltinger Rosenberg

BESTÜCKTE REBFLÄCHE: 8 ha, davon Riesling 55%, Spätburgunder 10%,
Weißburgunder 15%, Müller-Thurgau (Rivaner) 10%,
Dornfelder 10%

JAHRESPRODUKTION: ca. 60000 Flaschen

BESONDERES: Weine, Sekte, Traubensaft, Trester und Weinhefe
aus hervorragenden Lagen des Konzer Tälchens

WEINTIPP: 2010 Riesling Devonschiefer trocken

WEINPROBEN: nach Terminvereinbarung

BEWIRTUNG: nach Absprache

ÜBERNACHTUNG: 1 Gästehaus mit 4 GZ / je mit DB

Weingut Willemshof – Udo und Beate Willems

Weingut | Familie | Geschichte

Seit über sechzig Jahren erzeugt das Familienweingut *Willems* Weine von steigender Qualität. Udo Willems, Weinbautechniker aus Obermennig, verbindet Weinbautradition und moderne Technik. Es gibt nicht viele Betriebe an der Saar, in denen die Modernisierungsanstrengungen der letzten Jahre so deutlich sichtbar werden. Der Willemshof ist ein moderner Vorzeigebetrieb, der von der Kelterhalle über den Keller bis hin zum Flaschenlager in den zurückliegenden Jahren neu strukturiert und modernisiert wurde. Probierstube und Vinothek, in modernem und gemütlichem Ambiente, verlocken geradezu, die sauberen, klaren Weine zu probieren. Man sollte sich von Udo Willems ganz ungeniert durch seine Weinpalette begleiten lassen. Auch dem Autofahrer unter den Weinliebhabern ist dieses Vergnügen gegönnt, denn Übernachtung ist im gutseigenen Gästehaus möglich.

Udo und seine Frau Beate Willems bewirtschaften gemeinsam mit Tochter Julia und Sohn Martin das Weingut. Der Familienbetrieb in einem Seitental der Saar wurde Anfang der 1990er Jahre von den Eltern Hans und Hedwig Willems übernommen. Bereits Ende der 1950er Jahre stellte Hans Willems den Betrieb von der Fasswein- zur Flaschenwein-Vermarktung um. Heute versucht die Familie mit Einsatz, Idealismus und im Einvernehmen mit der Natur, ökologisch sinnvoll Weinbau zu betreiben, um saartypische und vor allem bekömmliche Weiß- und Rotweine sowie Winzersekte in die Flasche zu bringen. Das Weingut liegt in dem etwa 1 Mio. Jahre alten ursprünglichen Moseltal. Heute mündet die Saar bei Konz in die Mosel (ca. 5 km entfernt), die sich im Laufe der erdgeschichtlichen Entwicklung einen anderen Weg suchte.

Anbau | Lage

Das Weingut Willemshof mit seinen dazugehörenden Weinbergen von Niedermennig bis Wiltingen an der Saar liegt mitten in dieser sanften Landschaft zwischen Saar und Mosel, in einem Tal voller fruchtbarer Wiesen, Äcker und seinen Devonschiefer-Steilhängen, die den Anbau von Wein begünstigen. Die Weinberge erstrecken sich durch das ganze Tal, oftmals bis zum Waldsaum auf den Höhen hin. Der blaue, wärmespeichernde Devonschiefer stammt aus dem Erdzeitalter vor 250 Mio. Jahren. Er ermöglicht die Mineralität dieser Weine, verbunden mit einer eleganten Säure und einer feinen belebenden Frucht. Das Sortiment der Willemsweine besteht hauptsächlich aus *Riesling*, *Weißburgunder* und *Müller-Thurgau* (*Rivaner*). Seit Anfang der 90er Jahre werden die Rebsorten *Dornfelder* und *Spätburgunder* angebaut.

Weine

Die Willemsweine bestechen durch das exzellente Preis-Leistungsverhältnis. Udo Willems keltert ausgesprochen süffige trockene und feinherbe *Rieslinge*, auch die *Weiß-* und *Spätburgunder* können sich sehen und schmecken lassen. 2010 war ein Jahr mit guter Traubenqualität, aber geringen Mengen. Doch Udo Willems bewies mit diesem Jahrgang, dass die Saarwinzer es gelernt haben, mit hohen Mostgewichten und hohen Säurewerten zu jonglieren. Neben seine fruchtsüßen feinherben Rieslingauslesen vom *Niedermenniger Herrenberg* gesellen sich 2010 trockene *Sonneberg-Rieslinge* von ausgesprochener Authentizität. Ein besonderer Genuss ist der *2010er Riesling Kabinett* aus der Großlage *Wiltinger Scharzberg*, die nicht mit der Einzellage *Scharzhofberg* verwechselt werden sollte. *Willems*

Winzersekte brut und *trocken*, handgerüttelt nach altklassischem Champagner-Verfahren in Flaschengärung erzeugt, überzeugen auch den immer noch von der französischen Crémantlinie beeinflussten Sektliebhaber. Man braucht den Vergleich nicht zu scheuen, oftmals schlägt ein deutscher Winzersekt den Schaumwein der Nachbarn um Längen.

ADRESSE:	Weingut Schnitzler – Christine u. Bernhard Faber St. Ursula Straße 9, 54329 Konz-Krettnach Tel.: 06501/12039 od. 989990, Fax: 06501/12030 info@weingut-schnitzler.de, www.weingut-schnitzler.de
INHABER/KELLERMEISTER:	Bernhard Faber
ÖFFNUNGSZEITEN:	Weinstube Schnitzler ganzjährig Mi-So ab 17 Uhr
EINZELLAGEN:	Krettnacher Altenberg, Niedermenniger Herrenberg, Niedermenniger Euchariusberg
GROSSLAGE:	Wiltinger Scharzberg
BESTÜCKTE REBFLÄCHE:	11 ha, 65% Riesling, 10% Müller-Thurgau (Rivaner), 15% Weißburgunder, 10% Rotwein (Spätburgunder, Regent)
JAHRESPRODUKTION:	ca. 70000 Flaschen
AUSZEICHNUNGEN:	von selection bei Degustationswettbewerb 2011 mit drei Sternen*** ausgezeichnet, Decanter, Wein Trophy Berlin
BESONDERES:	Weine, Sekte, Traubensaft, Trester, Likörweine (Regent), Weinschokolade
WEINTIPP:	2009-2010 Riesling Kabinett trocken (RZ 2g/l), Firalldo – Cuvée Riesling/Weißburgunder feinherb
WEINPROBEN:	nach Terminvereinbarung
BEWIRTUNG:	Weinstube
ÜBERNACHTUNG:	1 Ferienhaus

Weingut Schnitzler –
Christine und Bernhard Faber

Weingut | Familie | Geschichte

Seit 1982 führt Winzermeister Bernhard Faber das Weingut Schnitzler, welches er, damals 3 ha groß, von seinem Vater Peter Faber übernommen hatte. Mittlerweile ist das Weingut auf eine Flächengröße von 11 ha angewachsen.

Winzermeister Bernhard Faber

Der Ursprung der Winzerfamilie ist im Saarweinort Ayl zu finden. Peter Schnitzler war es, der aus etwa 40 Miniatur-Weinbergsparzellen Anfang des 19. Jahrhunderts ein wenig Weinanbau betrieb. Ende des 19. Jahrhunderts heiratete Peter Schnitzlers Schwester Scholastika (griech.-latein. bedeutet: die Lernende) Peter Faber. Dessen Sohn, ebenso Peter genannt, baute ab 1954 den eigentlichen Weinbaubetrieb auf und arbeitete bis 1992 noch im Weingut, u.a. als Rebveredler, mit. Für den nächsten Spross Bernhard war klar, dass er den Betrieb einmal übernehmen würde, also machte er eine Ausbildung zum Winzer.

> **Wussten Sie schon...?**
> Wenn man im Ort nach dem Winzer Bernhard Faber fragt, bekommt man die Antwort: »Den Schnitzler-Bernd finden Sie im Weingut Schnitzler.« Das hat folgende Bewandtnis: Schnitzler ist im Dorf ein alter Familienname, der von Generation zu Generation weitergegeben wurde. Seit 1834 werden alle Bewohner des Hauses nicht mit dem eigentlichen Familiennamen angesprochen, sondern mit dem »Hausnamen« Schnitzler. Diese Angewohnheit ist im gesamten moselfränkischen Raum, so auch im Luxemburger Teil, noch heute häufig üblich.

Vor ein paar Jahren hat die Familie Faber den Simonshof, ein wahres Schmuckstück, übernommen. Mit viel Liebe und finanziellem Aufwand wurde das Weinbergshaus in jüngster Zeit renoviert und modernisiert. Heute wird der Hof für Weinproben, Verkaufsaktivitäten und ebenso als Ferienhaus für Gäste des Weingutes genutzt.

Anbau | Lage

Familie Faber bewirtschaftet heute 11 ha Rebfläche, deren Trauben sie überwiegend zu trockenen Weinen ausbaut. Zu etwa 65% wird die Rebsorte *Riesling* angebaut, die auch in diesem nach Südwesten geneigten Tal die optimalen Bedingungen für hochwertige Weine findet.

Fallen die Ertragsjahre bezüglich des Mostgewichtes einmal richtig üppig aus, baut Faber *Riesling* auch zu edelsüßen Weinen aus.

Aufgrund seiner Weinlagen in weniger starken Neigungswinkeln erntet der »Schnitzler-Bernd« seine Trauben bis zu 85% mit dem Vollernter, den Rest mit einem zuverlässigen Team in Handarbeit. Etwa 90% seiner Weine bleiben in Deutschland bei Privatkunden, Gastronomen und dem Fachhandel. Das Übrige geht in das europäische Ausland an Endverbraucher.

Weine

Fabers Spezialitäten im Weißweinsektor sind *Rivaner* und *Weißburgunder*, bei den Rotweinen die Sorten *Regent*, *Dornfelder* und *Spätburgunder*.

Zum Weingut gehört eine Weinstube, die sich in den hohen, hellen Räumen der ehemaligen Dorfschule befindet und von seiner Frau, Christine Faber, geführt wird. Hier bekommt der Gast Köstliches, von Käsevariationen bis zum Schiefersteak oder Riesengarnelen. Zur gehobenen Küche werden Weine aus eigenem Anbau serviert.

ADRESSE:	Weingut Agritiushof – Alfred u. Edith Kirchen 54329 Konz-Oberemmel Tel.: 06501/14350, Fax: 06501/150611, Mobil: 0171/5421772 weingut-agritiushof@t-online.de – www.weingut-agritiushof.de
INHABER/KELLERMEISTER:	Alfred Kirchen
ÖFFNUNGSZEITEN:	nach Vereinbarung und telefonischer Voranmeldung
GROSSLAGE:	Wiltinger Scharzberg
EINZELLAGEN:	Oberemmeler Karlsberg, Oberemmeler Altenberg, Oberemmeler Rosenberg
BESTÜCKTE REBFLÄCHE:	8,5 ha
JAHRESPRODUKTION:	ca. 50 000 Flaschen
AUSZEICHNUNGEN:	Gault Millau, Eichelmann, Feinschmecker
BESONDERES:	Weine, Sekte, Trester-Marc vom Riesling, Weinhefe, Obstbrände aus eigener Destille, Liköre, z.B. vom Weinbergspfirsich, Traubenlikör, Winzerkaffee mit Sahne
WEINTIPP:	2010 Embilaco Gutsriesling trocken, 2010 nat.ur.R (natürlich.ursprünglich.Riesling) trocken weniger als 1 g/l RZ, 2010 Riesling Rotschiefer feinherb
WEINPROBEN:	nach Terminvereinbarung
BEWIRTUNG:	nach Absprache

Weingut Agritiushof –
Alfred und Edith Kirchen

Weingut | Familie | Geschichte

Kompromissloses Engagement und Leidenschaft sind für Alfred Kirchen Grundvoraussetzung für den Rebanbau in den steilen Hanglagen. Aus Kirchens Weinen schmeckt man diese Leidenschaft, den Respekt vor der Natur und den Enthusiasmus, mit dem der Winzermeister sein Handwerk ausübt. 1983 an der Fachschule für Weinbau und Kellertechnik in Trier ausgebildet, verfolgt Alfred Kirchen nur ein Ziel: klare, ehrliche, saubere Weine herzustellen, deren Mineralität und Fruchtigkeit trotz des trockenen Ausbaus (➤) erhalten bleiben. Respektabel ist sein *Riesling 2010 nat.ur.R (natürlich.ursprünglich.Riesling) trocken* mit weniger als 1 g/l RZ, aber einer ausgesprochenen Fruchtigkeit. Sein trockener 2010er *Riesling*, den er *Embilaco* nennt (alter römischer Name für Oberemmel), von den Steillagen des *Oberemmeler Karlsberges*, ist ein zart mineralischer *Riesling* mit einer schönen Säurestruktur und einem Duft nach reifen Aprikosen und einem Hauch von Orangen.

Winzer Alfred Kirchen

Anbau | Lage

Das Weingut liegt am Hang, am Ortsausgang von Oberemmel in Richtung Krettnach. Von hier aus blickt man in das »alte Moseltal« und spürt die Ruhe, die von ihm ausgeht. Lediglich im Oktober oder im November, wenn der *Riesling* seine physiologische Reife erreicht hat und die Winzer sich ans »Herbsteln« machen, kommt in dem ansonsten romantischen Tälchen etwas Hektik auf. Aber bis dahin vergeht viel Zeit im Weingut. Kirchen hat ein zuverlässiges Team von polnischen Helfern, die sich um die Wingert- und Laubarbeiten kümmern. Die selektive Lese wird von Hand erledigt. Seine Rebfläche von 8,5 Hektar in den Oberemmeler Einzellagen *Altenberg*, *Karlsberg* und

Immer wieder werden die Rebstöcke ausgedünnt.

Rosenberg sind zu 85% mit *Riesling*, sowie den Sorten *Weißburgunder*, *Chardonnay*, *Grauburgunder*, *Spätburgunder* und *Dornfelder* bestockt. Er besitzt Alte Reben (➤), die zum Teil bis zu 50 Jahre alt sind. Er verfolgt konsequent naturnahen, umweltschonenden Weinbau. Seine Philosophie ist es, Weine mit natürlichen Aromen zu erzeugen, die das Lagenterroir der Saar, respektive des Konzer Tälchens, widerspiegeln. Es erfolgt eine langsame, bis zwölf Monate andauernde schonende Spontanvergärung (➤) mit wilden Hefen.

In geeigneten Jahren werden bei lang anhaltender Kälte von -7°C und kälter auch die am Stock gefrorenen Trauben geerntet und zu Eiswein gekeltert. Das Geheimnis des Eisweines liegt im Unterschied zu anderen edelsüßen Weinen in der dichten Konzentration der Beeren-Inhaltsstoffe und einem vergleichsweise hohen Säuregrad. Das Zusammenspiel von Stoffkonzentration und Säuregrad des Lesegutes entsteht durch eine länger anhaltende Kälteperiode, in der die wenigen Trauben (oftmals nur 3-5 hl/ha Ertrag) am Rebstock gefrieren. Die Lese in den frühen Morgenstunden findet oftmals noch in der Dunkelheit statt, idealerweise bei -10° bis -12°C. Bei diesen Temperaturen gefrieren dem Winzer und seinen Helfern fast die Finger. Die im Weinberg gefrorenen Trauben müssen in diesem »eisigen« Zustand noch am frühen Wintermorgen gekeltert werden. Das in den Beeren

Refraktometer zur Bestimmung des Mostgewichtes in Grad Öchsle.

enthaltene Wasser bleibt als Eis auf der Kelter zurück, während nur der süßeste Saft als hochkonzentrierter Most gewonnen wird.

Weine

Das Weingut Agritiushof bietet auch Winzer-Sekte in Flaschengärung an. Für mindestens drei Jahre liegen die *Riesling*-Sekte Brut auf der Hefe, bis sie zum Kunden kommen. In der hauseigenen Destillerie werden aus eigenen Früchten Edelbrände (Hefe, Trester, Obst) und Liköre produziert.

2003 wurde das Weingut um eine moderne Destillieranlage erweitert – damit hat sich Kirchen einen Traum erfüllt.

Besonderes

Der Agritiushof verfügt über eine neue, komfortable Ferienwohnung, die romantisch mitten in der Natur und umgeben von Weinbergen liegt.

ADRESSE:	Weingut Alois Kirchen Karlsbergstr. 8, 54329 Konz-Oberemmel Tel.: 06501/15568 o. 15569, Fax: 06501/18219 info@weingutkirchen.de, www.weingutkirchen.de
VERWALTER:	Alois und Gisela Kirchen
KELLERMEISTER:	Alois Kirchen
ÖFFNUNGSZEITEN:	tägl. 9-18 Uhr und nach Anfrage
EINZELLAGEN:	Raul – Grand Cru Lage nach der preußischen Lagenqualifikation von 1868 (neben der Lage Oberemmeler Hütte), Oberemmeler Altenberg, Oberemmeler Karlsberg, Oberemmeler Rosenberg
BESTÜCKTE REBFLÄCHE:	8,2 ha
JAHRESPRODUKTION:	ca. 80 000 Flaschen
BESONDERES:	Weine, Sekte, Traubensaft, Trester, Traubengelees Gisela Kirchen ist zertifizierte Weinerlebnisbegleiterin und lädt zu kulinarischen Weinwanderungen ein.
WEINTIPP:	2010 Riesling Auslese Edelsüß, 2009 Oberemmeler Raul Riesling Spätlese trocken, 2009 Zauber der Sinne – Riesling Auslese Oberemmeler Karlsberg Edelsüß
WEINPROBEN:	nach Terminvereinbarung
BEWIRTUNG:	nach Absprache

Weingut Alois Kirchen

Weingut | Familie | Geschichte

Die Weinbautradition der Familie Kirchen lässt sich bis ins 16. Jahrhundert zurückverfolgen. Heute bewirtschaftet Alois Kirchen mit seiner aus der Vulkaneifel stammenden Frau Gisela ein etwa 8 ha großes Weingut und erzeugt fantastische Weine im typischen Devonschiefer-Saar-Charakter.

Geschichte der Familie »Kirchen«
Der Name Kirchen hat eine lange Geschichte. Im frühen 16. Jahrhundert war dieser ein alter Haus- und Familienname, so Autor Alfons Tapp aus Oberemmel. Vorfahre Hans Kirchen war in dieser Zeit als einer von sieben Schöffen im Jahrgeding tätig, einem ländlichen Gericht. Während der Hexenprozesse in den Jahren 1586-1630 wurde Peter Kirchens Frau Apollonia († 4.6.1586) der Hexerei bezichtigt, angeklagt und schließlich auf dem Scheiterhaufen hingerichtet. Es spielte wohl überhaupt keine Rolle, dass ihr Mann Schöffe und der Schwager Schultheiß in Oberemmel waren. Da sie bereits zweimal verheiratet war und sich öffentlich gegen die Einberufung ihres Peters als Schütze im Bohnenkrieg 1568 beschwerte, stellte sich die Dorfgemeinschaft gegen sie. So wurde ihr vorgeworfen, nicht zur Beichte zu gehen und das Kreuzzeichen nicht richtig zu vollziehen.

Anbau | Lage

Die Weine werden von Alois Kirchen vorwiegend trocken ausgebaut. Ihm ist es wichtig, Menschen für sein Produkt und die deutschen Weine überhaupt zu begeistern. Durch seine verantwortungsvolle Arbeit weist er auf die Unterschiede zwischen handwerklich gut gemachten authentischen Weinen und der industriell gefertigten Massenware hin.

Der Winzer hält es wie die meisten seiner Kollegen: verantwortungsvolles Arbeiten im Ökosystem Weinberg, Erhalt der jahrtausendalten Kultur und der damit verbundenen Verantwortung gegenüber nachfolgenden Generationen sind seine Grundsätze.

Weine

Neben dem König der Weißweine, dem *Riesling* (70%), vinifiziert (➤) Kirchen die Rebsorten *Grau-* und *Weißburgunder* (12%), *Spätburgunder* (ebenso 12%) und die Sorten *Dornfelder* und *Kerner* (4%). Seit Anfang der 1980er ist Alois Kirchen ganz vom Fasswein weggekommen und füllt seitdem nur noch in die Flasche ab. Seine Weine decken verschiedenste Geschmacksrichtungen ab, von trocken bis feinherb und edelsüß. Die Erzeugnisse des Weingutes bestechen auf hohem Niveau, man merkt die Leidenschaft der Winzerfamilie, unverwechselbare Weine zu erzeugen. Weinkritiker Hugh Johnson schrieb einmal: »Wenn das Klima mitspielt, entsteht hier einer der überragenden Weißweine der Welt: apfelähnliche Frische, ein wunderbares Zusammenspiel von Honigduft und optimaler Säure. Weine, die nie überladen sind.« Dies muss man zweifelsfrei bestätigen. Gerade der *2010 Riesling Classic*, ein fruchtiger, aromareicher Wein mit Zitrusnoten und der Frische des grünen Apfels, eignet sich als idealer Sommerwein zu gegrillten Gambas, mild geräuchertem Schinken und saisonalen Salaten mit den Kräutern aus der Region. Zu einem schmackhaften Kalbsfrikassee mit braunen Champignons passt hervorragend die *trockene Riesling Spätlese* aus dem *Oberemmeler Raul*. Der *halbtrockene Riesling Kabinett* wird durch ein Stück Vanille-Apfel-Kuchen abgerundet.

Die trockenen Winzersekte des Weinguts bestechen durch ihre Frische und Eleganz.

Der *2009 Saar-Rieslingsekt* ist trocken, blass zitronengelb, mit feinen, langsam aufsteigenden Perlen (Perlage), mit leichtem, dennoch recht fruchtbetontem Duft nach Mirabellen und Pfirsich. Er verfügt über eine saartypische Säurestruktur, ausgewogen und mit angemessener Restsüße (➤). Das Preis-Leistungsverhältnis ist hervorragend.

Besonderes

Gisela Kirchen, die gute Seele im Hause, ist zertifizierte Weinerlebnisbegleiterin und lädt zu kulinarischen Weinwanderungen ein.

Die holzzersetzende
Krankheit Esca, aus
dem Mittelmeerraum
stammend, ist auf dem
Vormarsch in den Wein-
bauregionen nördlich der
Alpen.

ADRESSE:	Weingut Petra und Ludwin Schmitt Brotstraße 2-4, 54329 Konz-Oberemmel Tel.: 06501/99790, Fax: 06501/99791 Mobil: 0170/8010355 info@weingut-schmitt.de, www.weingut-schmitt.de
INHABER/KELLERMEISTER:	Ludwin Schmitt
ÖFFNUNGSZEITEN:	nach Absprache
EINZELLAGEN:	Oberemmeler Altenberg, Oberemmeler Karlsberg, Oberemmeler Rosenberg
BESTÜCKTE REBFLÄCHE:	3 ha
JAHRESPRODUKTION:	ca. 30 000
AUSZEICHNUNGEN:	Kammerpreismünzen der Landwirtschaftskammer Rheinland-Pfalz
BESONDERES:	Weine, Sekte, Traubensaft, Trester, Weinhefe, Weinessig, Traubengelee
WEINTIPP:	2010 Riesling »S« trocken (Steillagenriesling mit mind. 80° Öchsle) harmonisch, ausgesprochene Mineralität; 2010 Riesling »Classic« trocken
WEINPROBEN:	nach Terminvereinbarung
BEWIRTUNG:	Straußwirtschaft (60 Sitzplätze), Mitte März-Mitte Juni und Anfang September-Mitte November, Fr und Sa ab 17 Uhr, Sonn- und Feiertag ab 16 Uhr,
ÜBERNACHTUNG:	2 Ferienwohnung, 2-8 Pers.

Weingut Petra und Ludwin Schmitt

Weingut | Familie | Geschichte

Laut Winzermeister Ludwin Schmitt soll Wein richtig gut schmecken, aber auch bezahlbar sein. Mit 16 Jahren ging er in die Lehre, um eine Ausbildung zum Winzer zu machen. Mit 23 Jahren besuchte er erfolgreich die Meisterschule der Landeslehr- und Versuchsanstalt für Weinbau in Trier. Als er 1987 den elter-lichen Betrieb übernahm, modernisierte er diesen und stellte die Rebanlagen von der moseltypischen Einzelpfahlerziehung zur Spaliererziehung mit Volldrahtrahmen um. Die betriebliche Rebfläche erweiterte er auf 3 Hektar, gerade genug, um davon als Vollerwerbswinzer leben zu können. Das gewachsene Weingut wurde 1989 um eine Straußwirtschaft erweitert, die von Ehefrau Petra Schmitt geführt wird. 1994 kamen zwei Ferienwohnungen hinzu.

Petra und Ludwin Schmitt, gemeinsam beim Rebschnitt im Weinberg Oberemmeler Karlsberg.

Anbau | Lage

Das Rebsortenangebot von Ludwin Schmitt ist etwas breiter gefä-chert als es sonst an der Saar üblich ist. Auf seiner Fläche baut er 54% *Riesling* an, 10% *Weißburgunder*, 8% *Spätburgunder*, 10% *Regent*, 5% *Auxerrois*, 4% *Kerner*, 5% *Bacchus* und für den Federweißen, den seine Gäste gerne in der Straußwirtschaft probieren, hat Schmitt 4% *Findling* gepflanzt. Diese weiße Rebsorte ist eine Mutation der *Müller-Thurgaurebe*, die der deutsche Züchter Franz Kimming selek-tionierte. Die Beere reift früher als die des Stammvaters und bringt höhere Mostgewichte, weshalb sie sich so ideal zur Federweißener-zeugung eignet.

Die Reben von Ludwin Schmitt wachsen auf Schieferhängen, die zu den Ausläufern des Hunsrück gehören. Der Verwitterungsschiefer be-sitzt einen hohen Steinanteil, der für eine gute Wasserdurchlässigkeit zu den Wurzeln sorgt. Gerade dieser Umstand, so Ludwin Schmitt, prägt den Geschmack seiner Weine, macht sie fruchtig und leicht zu

Ludwin Schmitt

genießen. Vergoren werden die Moste des Weinguts ganz individuell. Trockene Weine werden spontan (➤) angegoren, danach übernehmen Reinzuchthefen (➤) die weitere Entwicklung – damit trockene Weine auch trocken bleiben. Die Restsüßen (➤) erleben ausschließlich eine Spontanvergärung (➤) mit weinbergseigenen Hefen. Zum richtigen Zeitpunkt wird dann die Gärung gestoppt. Seine Weine baut der Winzer in Edelstahltanks aus, nur *Spätburgunder* und *Regent* erleben eine Zeit der Reife im Barrique (➤).

Weine

Zu den Spezialitäten der Wirtschaft passt hervorragend ein *2010 Oberemmeler Riesling Kabinett* – spritzig feinherb oder *2010 Riesling »Classic« halbtrocken* und ein *Oberemmeler Karlsberg Riesling trocken* mit einer belebenden Frische.

Besonderes

Die Oberemmeler Straußwirtschaft wird sehr gerne besucht. Petra Schmitt und die Familie servieren regionale Spezialitäten, die immer seltener auf den Speisekarten der Gastronomie zu finden sind. Natürlich bekommt der Gast ein Winzersteak und Zwiebelkuchen, obligatorisch auch Hausmacher Wurst. Doch wo gibt es noch Spundkäse mit Laugenbrezeln? Oder Arme (rostige) Ritter, eine einfache Speise aus altbackenen Brötchen, die in einer Mischung aus Rahm, Eiern, Zucker und Vanille eingeweicht, in Butterschmalz ausgebacken und zu einer Zimt-Vanillesoße gereicht werden.

ADRESSE: Weingut Michael Hutmacher
Brotstraße 6, 54329 Oberemmel/Saar
Tel.: 06501/15557, Fax: 06501/150408,
Mobil 0170/5417206
weingut-hutmacher@t-online.de –
www.weingut-hutmacher.de

INHABER/KELLERMEISTER: Michael Hutmacher

GROSSLAGEN: Wiltinger Scharzberg

ÖFFNUNGSZEITEN: jederzeit nach Vereinbarung

EINZELLAGEN: Oberemmeler Altenberg, Oberemmeler Rosenberg

BESTÜCKTE REBFLÄCHE: 3 ha

JAHRESPRODUKTION: ca. 25 000 Flaschen

AUSZEICHNUNGEN: Staatsehrenpreis der Landwirtschaftskammer
Rheinland-Pfalz

BESONDERES: Weine, Sekte, Traubensaft, Trester, Weinhefe,
Edelbrände, Liköre

WEINTIPP: 2010 Oberemmeler Rosenberg Riesling feinherb,
2010 Oberemmeler Rosenberg Riesling Kabinett
trocken, 2009 Riesling Winzersekt Brut – nach
klassischem Flaschengärverfahren hergestellt

WEINPROBEN: nach Terminvereinbarung
Erlebnisweinproben im Weinberg, der Winter ist
Destillationszeit – Schaubrennen mit Tresterfleisch

BEWIRTUNG: Weinproben mit Bewirtung nach Absprache

Weingut Michael Hutmacher

Weingut | Familie | Geschichte

Seit vier Generationen wird im Weingut Hutmacher Wein ausgebaut. In den 1950er Jahren betrieben die Hutmachers noch Ackerbau und Viehzucht. Zehn Jahre später stellten sie wie viele Landwirte in der Region, die entsprechende Flächen besaßen, ganz auf Weinbau um. Der ehemals kleinbäuerliche Betrieb schrumpfte zu Gunsten der Weinerzeugung auf wenige Tiere: zwei Pferde, ein paar Schweine zur Fleischversorgung, wenige Kühe und ein paar Hühner bereicherten den Bauernalltag. Davon ist heute lediglich die Weinerzeugung geblieben.

Michael Hutmachers Weine sind grundsolide und spiegeln die Erfahrungen der Produzenten der gesamten Region wider. 1995 übernahm er den elterlichen Betrieb mit der ältesten Brennerei in Oberemmel. Tradition und Moderne sind die Maßstäbe, die, in Einklang gebracht, zukunftsorientiertes Handeln bestimmen. Trotz moderner Technik im Weinkeller, die Hygiene und Kontrolle vereinfacht, sind die Traditionen der Weinbereitung nicht in Vergessenheit geraten. Viel Handarbeit und geringer Einsatz von Technik erlauben die schonende Vorbereitung der Weinbergflächen und der Reben für besten Most und die daraus erzeugten Weine.

Anbau | Lage

Traditionsbewusst beschränkt sich die Winzerfamilie auf die drei klassischen Weißweinsorten *Riesling*, *Weißburgunder* und *Müller-Thurgau* (*Rivaner*). *Blauer Spätburgunder* und die Rebsorte *Regent* sind die roten Sorten, die erst seit den 1990er Jahren auf einem Teil der Rebflächen angebaut werden. Der Rebsortenspiegel: *Riesling* 65%, *Weißer Burgunder* 10%, *Müller-Thurgau* 8%, *Blauer Spätburgunder* als Rosé und *Blanc de Noir* 9% und *Regent* 8%. Aus ihnen erzeugt Michael Hutmacher vor allem trockene und feinherbe Weine.

Die Qualität seiner Trauben ist die Grundlage für hervorragende Weine. Das allerdings setzt geringe Stockbelastung voraus. Eine Grüne Lese (➤) reduziert die Erträge weit unter die sonst üblichen Mengen, denn nur mit gesundem, extraktreichem Lesegut lassen sich gute bis sehr gute Weine vinifizieren. Die Trauben werden spät und selektiv von Hand gelesen. Die Reben wurzeln in einem 400 Millionen Jahre alten Schiefergestein. Dies ermöglicht die Aufnahme einer Reihe von Mineralien, die den *Riesling* aus der Mosel-Saar-Ruwer-Region so unverwechselbar machen. Keine andere Bodenart verleiht den Weißweinsorten solch eine Vielzahl von Fruchtaromen, Eleganz und Frische. Die krümeligen kleinen Schieferplättchen der Böden wirken wie kleine solare Kraftwerke, speichern bei Tag die Sonnenwärme und geben sie in der Nacht an die Reben wieder ab.

Die *Rieslinge* des Konzer Tälchens sind bekannt für ihre Eleganz, harmonierende Säure und eine besondere Fruchtigkeit. Die Seitentäler von Mosel und Saar bieten optimale Klimavoraussetzungen, denn der *Riesling* mag es lieber etwas kühler. In Durchschnittsjahren, in denen sich die Sonnenstunden gleichmäßig über die gesamte Wachstumsperiode verteilen, erfährt der *Riesling* seine physiologische Reife recht spät. Menschen aus der Region berichten immer wieder, dass die Weinlese in früheren Zeiten meist erst um Allerheiligen begann. Doch die globale Klimaerwärmung macht auch vor der etwas »kühleren« Saarregion nicht halt. Das Jahr 2010 war das beste Beispiel. Große Hitze schon zu Beginn des Frühjahrs, eine frühe Rebblüte, Frost im Mai und danach ein recht trockenes Jahr, Hagel im August (vor allem an der Mosel) zerstörten einen Großteil der Trauben, aber perfektes Wetter im September ermöglichte die Weinlese zu einem der frühesten Lesetermine seit dem frühen Mittelalter. 2011 wurde qualitativ ein gutes Jahr mit ausreichender Menge, um die Verluste des Vorjahres wieder auszugleichen. Eine pikante Säure und eine hohe Mineralität des Rebensaftes machten den Jahrgang 2011 zu einem ausgezeichneten Jahrgang.

❦ Weinbau und Klimaerwärmung

Trotz des guten Jahrgangs 2010 sehen die meisten Winzer wie auch Michael Hutmacher die Entwicklung sehr kritisch. Einerseits ermöglicht die Klimaerwärmung den leichteren Anbau von Rebsorten, die es im Allgemeinen etwas wärmer lieben, andererseits kommen mit ihr auch Rebkrankheiten, z.B. Esca (➤), eine Pilzerkrankung, die vor allem in mediterranen Ländern häufig anzutreffen ist und am ehesten Alte Reben (➤) befällt.

Weine

Das Weingut Hutmacher setzt neue Akzente und bietet seinen Gästen eine Atmosphäre, die Wein zu einem Erlebnis macht. Die neu eingerichtete Weinstube und die urgemütliche Brennerei bieten dazu die besten Bedingungen. Ein Großteil der Weine geht an Privatkunden. Persönlicher Kontakt ist den Hutmachers wichtig, da der Ab-Hof-Verkauf einen immer größeren Stellenwert einnimmt.

ADRESSE:	Weingut von Hövel Agritiusstr. 5-6, 54329 Konz-Oberemmel Tel.: 06501/15384, Fax: 06501/18498 weingutvonhoevel@t-online.de www.weingut-vonhoevel.de
INHABER:	Maximilian von Kunow
KELLERMEISTER:	Hermann Jäger
ÖFFNUNGSZEITEN:	nach Vereinbarung
EINZELLAGEN:	Oberemmeler Hütte (Alleinbesitz), Oberemmeler Rosenkamm, Kanzemer Hörecker (Alleinbesitz), Scharzhofberg
BESTÜCKTE REBFLÄCHE:	11,9 ha – 100% Riesling
JAHRESPRODUKTION:	ca. 80 000 Flaschen
AUSZEICHNUNGEN:	Mitglied im VDP, Gault Millau, Vinum, Winespectator, Wine advocat
BESONDERES:	Weine, Sekte, Trester aus 100% Rieslingtrauben
WEINTIPP:	2010 Oberemmeler Hütte Riesling Kabinett, 2009 Scharzhofberg Riesling Spätlese trocken
WEINPROBEN:	nach Terminvereinbarung

Weingut von Hövel

Weingut | Familie | Geschichte

Schon 2010 war Maximilian von Kunow für die Weine des Traditionsweinguts *von Hövel* in Oberemmel verantwortlich. Im Juli 2011 übernahm er dann endgültig die Verantwortung für das Weingut von seinem Vater Eberhard von Kunow.

Mit Max von Kunow lenkt nun der älteste Sohn die Geschicke der Winzerfamilie in siebter Generation. Bereits 1150 wurde das Weingut erstmals erwähnt. 1802 ging es von kirchlichem in französisch-napoleonischen Besitz über, bevor 1803 Emmerich Grach (1753-1826) das Weingut aus napoleonischer Verwaltung zurückkaufte. Grach gehörte zu einer Trierer Kaufmannsfamilie, die eine ganze Reihe namhafter Weingüter in der Region besaß und mit Weinen aus den Anbaugebieten Saar, Mosel und Rhein handelte. Heute noch befinden sich Spitzenweingüter im Besitz der Grach-Nachfahren, so das Weingut *von Hövel* und das Weingut *von Othegraven* in Kanzem, dessen heutiger Besitzer Günther Jauch ebenso in siebter Generation aus der Linie von Emmerich Grach stammt.

Die Familie Grach in Napoleonischer Zeit

Am 6. Oktober 1804 besuchte der frisch gekrönte Kaiser der Franzosen, Napoleon Bonaparte, die linksrheinische Stadt Trier. Die Repräsentanten der Stadtverwaltung, die Beigeordneten A. F. Willems und E. Grach, empfingen zusammen mit einer Ehrenwache Seine Majestät vor der Stadt. Grach hatte die Aufgabe übernommen, dem Kaiser den Ehrenwein zu reichen, welcher von seinem Weingut *Maximinerhof* aus der Lage *Oberemmeler Hütte* stammte. Grach hatte den sogenannten Napoleonsbecher, aus dem der Kaiser trinken sollte, in Augsburg vergolden lassen.

Anschließend empfing Bürgermeister Anton Joseph Recking den Kaiser, präsentierte ihm den Stadtschlüssel und den Grach'schen Ehrenwein. Napoleon lobte den Wein mit den Worten: »Herr *Maire*, Sie haben einen wunderbaren Wein.«

Eine nachträglich eingravierte Inschrift erinnert an den Kaiserbesuch. Nach vielen Jahren kam der Becher aus einer Versteigerung nach Trier zurück und ist heute im Museum Simeonstift Trier zu sehen.

Mostgewichtsermittlung – vor der Weinlese ein tägliches Muss.

Auch andere einflussreiche Personen der Zeit kamen mit den Grachs in Kontakt: In Vertretung des erkrankten Bürgermeisters begrüßte am 22. Juli 1817 Emmerich Grach den preußischen Kronprinzen Friedrich Wilhelm und hielt am darauffolgenden Tag während einer großen Audienz die Ansprache. Später stellte er in seiner Eigenschaft als stellvertretender Bürgermeister die Geburtsurkunde für den in Trier geborenen Karl Marx aus.

1917 heiratete Forstmeister Balduin von Hövel, Duzfreund, väterlicher Freund und Oberförster Kaiser Wilhelms II., die Enkelin von E. Grach. Fortan wurde das Weingut in Oberemmel nach ihm benannt. Erst 1950 kauften die Enkelin von Balduin von Hövel, Irmgard von Kunow, und ihr Mann Friedrich das Weingut aus einer großen Erbengemeinschaft.

Das Weingut *von Hövel* ist eines der renommiertesten Weingüter an der Saar. 2011 übernahm Maximilian von Kunow das Weingut und macht es nun zu einem biodynamisch arbeitenden Betrieb.

Anbau | Lage

Maximilian von Kunow will zurück zu den Wurzeln und auf Zuchthefen und Schönungsmittel (➤) verzichten. Seine Weine der Zukunft zeigen ihre lagenindividuellen Fruchtkomponenten. So bringt die Lage *Oberemmeler Hütte*, ein steiniger Weinberg in Schieferverwitterung, filigrane Weine mit einer exotischen Fruchtaromatik, z.B. Geschmack nach Passionsfrucht, hervor. Bei später Traubenlese ist in den Weinen ein deutlicher Litschigeschmack zu erkennen. Die Weine vom *Scharzhofberg* dagegen schmecken geradliniger. Eindeutige Grapefruitaromen gepaart mit herrlichem Duft nach Cassis begeistern jeden Weinliebhaber. Zu Kultweinen haben sich die Weine aus den hundert Jahre alten Rieslingreben des *Kanzemer Hörecker* entwickelt. Sie wachsen in einer der steilsten Lagen an der Saar, in sehr eisenhaltigem mit Quarzitadern durchwachsenem Schiefergestein. Aus ihnen keltern die Kunows dichte, kompakte Weine, die eine starke Mineralität aufweisen. Diese *Riesling*-Spät- oder Auslesen sind oft mit einer Petrolnote hinterlegt, die nicht jedermanns Geschmack ist.

Der *Oberemmeler Rosenkamm* ist eine alte Grand Cru Lage mit feinem Verwitterungsschiefer, Lehmbestandteil und ein wenig Kieseleinschluss. Die Weine dieser Lage eignen sich besonders für die Kelterung trockener Weine.

Weine

Seit dem Jahrgang 2011 hat das Weingut eine *Riesling Spätlese trocken* im Programm.

Die besonderen Weine des Jahres 2010 sind etwa der *Riesling Kabinett trocken Oberemmeler Rosenkamm* mit 10,5% Vol. Dieser Wein besticht durch Anis und Grapefruitaromen und eine moderate Säure.

Riesling Spätlese feinherb Scharzhofberg mit dem Aroma von Grapefruit und Boskop kennzeichnet sich durch eine ausgezeichnet balancierte Säure.

Ein Fest für den Gaumen sind ebenfalls der *Riesling Spätlese feinherb Oberemmeler Hütte* mit Grapefruit und Mandarinenaromen und der *Riesling Kabinett »Classic« Oberemmeler Hütte* mit dem Aroma der Passionsfrucht.

ADRESSE:	Weingut Willems-Willems Mühlenstraße 13, 54329 Konz-Oberemmel Tel.: 06501/15816, Fax: 06501/150387 Weingüter Willems-Hofmann' Obergasse 20, 55437 Appenheim Tel.: 06725/300 363, Fax: 300 477 info@weingut-willems.de, www.weingut-willems.de info@schiefer-trifft-muschelkalk.de www.schiefer-trifft-muschelkalk.de
INHABER/KELLERMEISTER:	Carolin Hofmann (geb. Willems)
ÖFFNUNGSZEITEN:	nach Vereinbarung
EINZELLAGEN:	Oberemmeler Altenberg, Oberemmeler Karlsberg, Oberemmeler Rosenberg, Niedermenniger Herrenberg
BESTÜCKTE REBFLÄCHE:	4 ha
JAHRESPRODUKTION:	ca. 30 000 Flaschen
AUSZEICHNUNGEN:	2010 Jungwinzerin des Jahres (Stuart Pigott), Gault Millau, Eichelmann
BESONDERES:	Weine, Sekte, Traubensaft, Trester, Weinhefe Seit 2006 leitet Carolin Hofmann gemeinsam mit ihrem Mann Jürgen Hofmann die beiden Familienweingüter an der Saar und in Rheinhessen (Appenheim).
WEINTIPP:	2010 Riesling »Fusion II« trocken, 2010 Riesling »Auf der Lauer« feinherb, 2009 Riesling »Unter der Kapelle« Oberemmeler Altenberg feinherb – von 70 Jahre alten Rebstöcken
WEINPROBEN:	nach Terminvereinbarung
BEWIRTUNG:	Flammkuchen nach Absprache
ÜBERNACHTUNG:	4 Ferienwohnungen

Weingut Willems-Willems

Weingut | Familie | Geschichte

Seit 2006 führt Carolin Hofmann gemeinsam mit ihrem Mann Jürgen die beiden Familien-Weingüter *Willems-Willems* und Weingut *Hofmann* an Saar und Rheinhessen unter dem Motto »Schiefer trifft Muschelkalk«. Die beiden Weingüter profitieren außerordentlich von den Kontrasten zweier Weinbauregionen, die so unterschiedliche Grundvoraussetzungen der Böden und Klimabedingungen mit sich bringen wie Devonschiefer von der Saar und Muschelkalk in Appenhofen (Rheinhessen). Hier fanden sich zwei Menschen aus zwei Anbaugebieten, die ihre Philosophien und ihr weinbauliches Können kombinierten. Daraus entstand ein gemeinsames Weinprojekt, der *Riesling Fusion II.* Beste Trauben von Oberemmeler Altenberg und Rheinhessen Hundertgulden

Carolin Hofmann, Jungwinzerin des Jahres 2010

drücken viel Liebe, Kraft, Leidenschaft und Emotionen der beiden Winzer in ihrer Mineralität, Eleganz und Frische aus. Beide haben in Geisenheim (➤) ein Weinbaustudium absolviert. Carolin konnte Erfahrungen bei Tätigkeiten auf deutschen Weingütern (*Reichsgraf von Kesselstatt*/Ruwer, *Deutzerhof*/Ahr) in Australien (Adelaide) und Südafrika (Paarl) sammeln.

Das Oberemmeler Weingut im Konzer Tälchen besteht seit dem Jahr 1854. Von 1975 an führten Karl und Maria Willems das Gut, welches 2006 mit allen Aufgaben von Tochter Carolin übernommen wurde. Heute leitet sie dieses gemeinsam mit Ehemann Jürgen Hofmann, der ebenso den elterlichen Betrieb in Appenheim bewirtschaftet. Schon die Weine von Karl und Maria Willems waren durch großartige Mineralität geprägt, da die Rebstöcke auf blauem Devonschiefer (➤) wachsen.

Auch Carolin Hofmann-Willems beweist ein gutes Händchen für exzellente Weine. Schon vor dem Studium in Geisenheim (➤) bereitete

Nachwuchssorgen? Kein Problem.

sie 2001 ihren ersten Jahrgang aus dem Saarweingut in eigener Verantwortung. Der war passabel, jedoch entsprach das Endprodukt nicht ganz den anspruchsvollen Vorstellungen der Oberemmerlin. »Alles liegt in unseren Händen«, sagt sie, »von der Auswahl der Reben bis hin zur Weinbereitung.« Heute weiß sie mit den Besonderheiten ihrer Top-Weinlagen bestens umzugehen. Die *Rieslinge* aus den Herzstücken der Steillagen des *Oberemmeler Altenberg* und des *Niedermenniger Herrenberg* sind feine Lagenweine, harmonisch trocken mit einem ganzen Paket aus gelben Früchten. Die saftigen Weine sind kraftvoll, fruchtig bis salzig mineralisch. Der Ortsriesling *Riesling – Schiefer – trocken* ist äußerst mineralisch und schmeckt nach gelben Früchten, die auch an Pampelmuse erinnern.

2009 tauchte Weinautor Stuart Pigott unerwartet in Oberemmel auf, hielt einen kleinen Plausch mit der Winzerin, erbat sich ein paar Flaschen zur Verkostung und zog von dannen. Pigott war begeistert von den Weinen aus dem bescheidenen Weingut, welches sich sanft gebettet an einem Hang im Urstromtal der Mosel befindet. Für ihn waren die *Rieslinge* von Altenberg und Herrenberg »originelle Saar-Stars – eigenständig und beeindruckend, einfach genial«. In seinem Buch *Kleiner genialer Weinführer 2010* zeichnete er Carolin Hofmann vom Weingut *Willems-Willems* als Jungwinzerin des Jahres aus.

Anbau | Lage

Die Devise der Winzer: »Wir machen die Weine nicht – bei uns wachsen sie so.« Jede Rebsorte gedeiht am optimalen Standort. In fast schon mediterranem Klima, an Steillagen, die nach Süden ausgerichtet sind und wie ein Parabolspiegel wirkend die Wärmestrahlung an die Reben abgeben, reifen die Trauben bis in den späten Herbst. Mit 70% dominiert die Rebsorte *Riesling*, gefolgt von *Blauem Spätburgunder* und *Weißburgunder*. Auf wenigen kleineren Flächen gedeihen die Sorten *Dornfelder*, *Müller-Thurgau* (*Rivaner*) und *Kerner*. Durch seine Hänge ist das Tal vor Winden geschützt, naturnahe Bewirtschaftung schont die Böden. Die Rebstöcke wurzeln tief in den Schieferschichten, aus denen sie sich bei lang anhaltender Trockenheit mit notwendigem Wasser versorgen. Während einer langen Vegetationszeit, die bis weit in den November hineinreicht, reift die typische Frucht der großen Saarweine. Sie sind unverwechselbar und extrem reich an tollen Aromen.

Weine

Die Weine werden aus gesunden, reifen Trauben, die ausschließlich von Hand gepflückt und selektioniert wurden, erzeugt. Die Moste werden schonend verarbeitet, vergären langsam und liegen vor der Abfüllung ausreichend lange auf dem Feinhefelager (➤).

Seit der Auslandserfahrung von Carolin in Südafrika und Australien wagt sich das Weingut auch an die Erzeugung von Rotweinen. Noch vor zehn Jahren war nicht daran zu denken, da Karl und Maria Willems weniger experimentierfreudig waren. Heute jedoch reifen maischevergorene *Spätburgunder* und *Dornfelder* in Eichenfässern (Barriques, (➤)) und überzeugen nicht nur die Winzerleute selbst, sondern auch die Verkoster und Weinkritiker bei den unterschiedlichsten Wettbewerben.

Besonderes

Gemeinsam mit 16 weiteren Jungwinzern gehört Carolin Hofmann der Vereinigung junger Moselwinzer »MOSELJÜNGER – Mosel mal jünger« an. Gemeinsam tauschen sie regelmäßig Erfahrungen aus und verkosten gegenseitig ihre Kollektionen. Mit Leidenschaft und Herzblut stellen sie Besonderheiten der Landschaft und ihrer erstklassigen Tropfen in den Vordergrund ihres Schaffens. Das Weingut Willems-Hofmann hat sich mit sieben anderen Weingütern aus Deutschland zu einer Gruppierung namens »Simply Wine – einfach nur Wein« zusammengeschlossen.

Mit Rheinhessens jungen Winzern »message in a bottle« pflegen Carolin und Jürgen Hofmann regen Erfahrungsaustausch und gelegentliche gemeinsame Präsentationen ermöglichen einen Blick über den Tellerrand zum Nachbarn.

ADRESSE:	Bischöfliche Weingüter Trier Gervasiusstraße 1, 54290 Trier Tel.: 0651/145760, Fax: 0651/40253 Weingut Scharzhof 265, 54459 Wiltingen Tel.: 06501/18131, Fax: 06501/17085 service@bwgtrier.de, www.bwgtrier.de
VERWALTER:	Hans-Joachim Scherf
KELLERMEISTER:	Johannes Becker
ÖFFNUNGSZEITEN:	nach Vereinbarung
EINZELLAGEN SAAR:	Scharzhofberger, Kanzemer Altenberg, Ayler Kupp, Wiltinger Kupp, Falkensteiner Hofberg
BESTÜCKTE REBFLÄCHE:	60 ha an der Saar, insgesamt 128 ha Rebfläche, 90% Riesling und 10% Weißburgunder (Saar)
JAHRESPRODUKTION:	ca. 400 000 Flaschen
AUSZEICHNUNGEN:	Gault Millau WeinGuide 2011, Eichelmann 2011, Der Feinschmecker, Decanter World Wine Award, Silberne und Goldene Kammerpreismünzen
BESONDERES:	Weine, Sekte aus den Top-Lagen von Mosel, Saar und Ruwer
WEINTIPP:	2010 Scharzhofberger Riesling trocken, 2009 Scharzhofberger Riesling Auslese trocken, 2010 Falkensteiner Hofberg Riesling QbA trocken, 2009 Ayler Kupp Riesling Kabinett trocken, 2009 Kanzemer Altenberg Riesling Spätlese trocken, 2010 Kanzemer Altenberg Riesling Auslese – Goldkapsel
WEINPROBEN:	nach Terminvereinbarung
BEWIRTUNG:	nach Absprache

Bischöfliche Weingüter Trier

Weingut | Geschichte

Die Bischöflichen Weingüter bestehen aus alten kirchlichen Einrichtungen, die zum Teil in die Zeit des frühen Christentums hineinreichen. Sie sind ein Erzeugerbetrieb, der ausschließlich Weine aus eigener Ernte ausbaut.

Zu ihnen gehören die Hohe Domkirche-Trier, das bischöflichen Priesterseminar, das bischöfliche Konvikt-Trier und das Friedrich-Wilhelm-Gynasium.

Bereits 1966 wurden die Weinbaubetriebe der Hohen Domkirche, des bischöflichen Priesterseminars und des bischöflichen Konvikts in Trier zusammengelegt. 2004 kam das Friedrich-Wilhelm-Gymnasium dazu.

Lange Zeit galten die Bischöflichen Weingüter als eines der größten Weingüter dieser Republik. Im Jahr 2010 standen sie nach dem *Hessischen Staatsweingut*, dem *Würzburger Juliusspital*, dem *Walsheimer (Pfalz) Weingut Heinz Pfaffmann* und dem *Markgrafen von Baden Salem* auf Platz fünf der 50 größten Weingüter in Deutschland. In den letzten Jahren wird der deutsche Wein von Kritikern und Konsumenten wieder mehr und mehr geschätzt.

Auf Grund der neuen Nachfrage haben etliche Weingüter Rebflächen dazugekauft oder gepachtet. Deutsche Winzer können zwar quantitativ nicht mit den wirklich großen Weinproduzenten der Welt mithalten, dafür bietet das Land in der Mitte Europas die besten Tropfen, die sich ein Weinliebhaber nur wünschen kann.

2003 tat der damalige Trierer Bischof Reinhard Marx etwas, was so ganz gegen die Regeln der Vernunft schien. Die Kirche hatte mit Austritten zu kämpfen, die Einnahmen aus der Kirchensteuer waren rückläufig, da kaufte er Rebflächen in den besten Lagen an den Flüssen Mosel, Saar und Ruwer hinzu. Die Anbaufläche wuchs auf annähernd 130 ha. Marx wollte die Rebflächen nicht einfach Spekulanten überlassen, die sich die Filetstücke rausgepickt und den Rest gerodet hätten, sondern wollte die Rebenlandschaft und die damit verbundene Kultur erhalten.

> 🍷 **Karl Marx im Friedrich-Wilhelm-Gymnasium:**
> Schon 165 Jahre zuvor wurde ein Namensverwandter des damaligen Bischofs und heutigen Kardinals Marx, nämlich Karl Marx in dem Gymnasium unterrichtet. Der hatte schon damals die Armut der Moselwinzer erkannt und nach seiner Schulzeit revolutionäre Ideen entwickelt, die deren Lebenssituation verbessern sollten. Karl Marx, der 1842 zur Rheinischen Zeitung gestoßen war, deren Leitung er im Oktober des Jahres übernahm, schoss scharfe Attacken gegen die Obrigkeit. Die ließe, wie er immer wieder betonte, ihre Bevölkerung verelenden. Ebenso stellte er sich gegen die Kirche mit dem bis heute vielfach zitierten Satz »Religion ist Opium fürs Volk.« »Religion und Wein fürs Volk« ist die inzwischen abgewandelte Betrachtungsweise der Bischöflichen Weingüter.

Hohe Domkirche – Trier

Die Domkirche zu Trier ist die älteste Kirche Deutschlands, deren Historie seit dem 3. Jahrhundert belegt ist. Fast ununterbrochen dient sie Christen seit 1 700 Jahren als Versammlungsort. Der Bischofssitz vereint alle Epochen der europäischen Bau- und Kunstgeschichte – schon um das Jahr 180 soll es eine bischöfliche Kirche gegeben haben. Der Dom wurde auf den Resten eines prächtigen römischen Wohnhauses gebaut, das zu Beginn des frühen 4. Jahrhunderts abgerissen wurde. Als eigentlicher Gründer des Trierer Doms gilt Kaiser Konstantin, der aus Anlass seiner 20 Jahre bestehenden Regierungszeit, um etwa 326, mit dem Bau der Doppelkirchenanlage, der größten im damaligen römischen Reich, begann. 1986 wurde der Dom wegen seiner herausragenden Bedeutung für die Menschheit als UNESCO-Weltkulturerbe geadelt.

Die Beziehungen des Doms zum Weinbau reichen ebenso weit zurück. In einem Statut aus dem Jahre 1249 wurden die Mitglieder des Trierer Domkapitels für die Zeit der Weinlese von ihrer Residenzpflicht befreit. Heute besitzt die hohe Domkirche in zwei Weingütern – *Scharzhof* bei Wiltingen an der Saar und Gut *Avelsbach* bei Trier – 22 ha Rebfläche.

Bischöfliches Priesterseminar – Trier

34 Hektar Weinberg bewirtschaftet heute das Bischöfliche Priesterseminar. Zu den Einzellagen gehören *Erdener Treppchen*, *Ürziger Würzgarten*, *Dhron-Hofberger*, *Trittenheimer Apotheke* und *Altärchen* an der Mittelmosel, *Kaseler Nies'chen* an der Ruwer, *Kanzemer Altenberg*, *Wiltinger Kupp* und *Ayler Kupp* an der Saar.

Der Weinbergsbesitz des Bischöflichen Priesterseminars stammt aus einer Schenkung des Kurfürsten Clemens Wenzeslaus (1768-1794) aus dem Jahre 1773, der das Bischöfliche Priesterseminar im selben Jahr gründete. 1794 wurden die Güter enteignet, doch im Jahr 1809 erhielt das Bischöfliche Priesterseminar durch kaiserliches Dekret und auf Fürsprache von Bischof Mannayalle Kapitalien und Güter zurück. 1950 begann mit der Wiedererrichtung der Theologischen Fakultät durch Papst Pius XII. ein neuer bedeutsamer Abschnitt in der Geschichte des Priesterseminars.

Bischöfliches Konvikt – Trier
Wie das Bischöfliche Priesterseminar geht auch das Bischöfliche Konvikt auf das »Seminarium St. Banti« zurück, in dem »so viele Jungen unterrichtet werden sollten, wie es die Einkünfte des Konvikts« zuließen.
Im Anbaugebiet Mosel besitzt das Bischöfliche Konvikt etwa 40 ha Weinberge mit den Einzellagen *Piesporter Goldtröpfchen* und *Trier Avelsbach* an der Mosel, *Ayler Kupp* und *Ayler Herrenberger* an der Saar, *Eitelsbacher Marienholz* und *Kaseler Kehrnagel* an der Ruwer.
Die Weinberge des Bischöflichen Konviktes stammen zum größten Teil aus Stiftungen und Schenkungen. Der älteste Besitz ist das *Eitelsbacher Gut* bei Ruwer, das dem Kurfürsten und Erzbischof Philipp Christoph von Sötern (1623-1652) gehörte. 1653 ging das Gut durch Schenkung an das Trierer Domkapitel über. Nach der Säkularisierung kam es schließlich in den Besitz des Prälaten Bernhard Johannes Endres, Direktor des Bischöflichen Konviktes (1860-1892), der es als Stiftung dem Bischöflichen Konvikt mit der Auflage übereignete, bedürftigen Schülern das Gymnasialstudium zu ermöglichen.

Friedrich-Wilhelm-Gymnasium
Am 3. Februar 1561 eröffnete das Trierer Jesuitenkolleg, aus dem das Friedrich-Wilhelm-Gymnasium hervorging. Der etwa 11 ha große Weinbergsbesitz stammt vor allem aus Schenkungen von Erzbischof Johann von der Leyen und Erzbischof Jacob zu Eltz (1561-81).
Als der Jesuitenorden 1773 von Papst Clemens XIV. aufgelöst wurde, bedeutete dies nach 210 Jahren auch das Ende des Jesuitenkollegs. Kurfürst Clemens Wenzeslaus führte es allerdings als »Kurfürstliches Gymnasium« weiter. Unter französischer Administration wurde das

»kurfürstliche Gymnasium« zunächst als »École centrale« bzw. als »École secondaire« und ab 1811 als »Collège« fortgesetzt. Durch ein kaiserliches Dekret Napoleons 1805, gemeinnützige Einrichtungen sollten nicht von der Säkularisierung betroffen sein, wurden der Schule die aus dem ehemaligen Jesuitenvermögen stammenden Gebäude und Weinberge zurückgegeben. Die Besitzungen blieben der Anstalt auch in preußischer Zeit erhalten. Das »Collège« wurde als »königlich-preußisches Gymnasium« fortgeführt und schließlich 1896 in »Friedrich-Wilhelm-Gymnasium« umbenannt. Heute werden die klassischen Weinbergslagen der Mittelmosel in Graach, Trittenheim und Bernkastel bewirtschaftet. Die steilen Schieferhänge sind ausschließlich mit *Riesling* bestockt. An der Saar werden auf dem *Falkensteiner Hof* ca. 13 ha Rebflächen bewirtschaftet. Hier wachsen *Riesling*, *Müller-Thurgau* (*Rivaner*) und seit ein paar Jahren auch rote Sorten wie *Regent* und *Spätburgunder*.

Anbau | Lage

Das Bistum besitzt Rebflächen in den besten Lagen des Anbaugebietes Mosel. Die Toplage *Scharzhofberger* gehören ebenso dazu wie der *Falkensteiner Hofberg* im Konzer Tälchen, die Mosellage *Trittenheimer Altärchen*, die Graacher Lage *Himmelreich*, *Ürziger Würzgarten*, *Wiltinger Kupp*, *Kanzemer Altenberg* und *Ayler Kupp* an der Saar, um nur einige zu nennen. Diese Topweinlagen sind auch ein Stück Kultur, das es zu pflegen gilt.

So unterschiedlich wie die einzelnen Lagen sind auch ihre Böden. Auf dem *Falkensteiner Hofberg* finden sich Schieferverwitterungsböden mit lehmdurchsetzten Anteilen, aus denen sich feinfruchtige Kabinettweine keltern lassen. Der *Scharzhof* hat tiefgründige Schieferböden,

die sich sehr gut für die Sekterzeugung eignen. Auf der *Wiltinger Kupp*, an extremer Hanglage, wachsen hochwertige Trauben für besten Kabinettwein. Aber die Krönung des Bischöflichen Weingenusses kommt vom *Kanzemer Altenberg*, dort wo die Trauben in teils 80%iger Steillage reifen. In dieser Spitzenlage 1ℰ durchdringen die Rebwurzeln den schwarzen Schiefer, um sich die nötige Feuchtigkeit für erstklassige Weine zu holen.

Edelstahltanks für mehrere hundert Tausend Liter Most.

Weine

Rieslinge von Kellermeister Johannes Becker sind zu 80% trocken bis feinherb ausgebaut. Der Anteil von restsüßen (➤) Weinen und anderen erlesenen Kreszenzen beschränkt sich ausschließlich auf dezente Auslesen, Beerenauslesen, Trockenbeerenauslesen und Eiswein.

ADRESSE:	Weingüter Vereinigte Hospitien Krahnenufer 19, 54290 Trier Tel.: 0651/9451210 oder 0651/9451211 Fax: 0651/945 2060 weingut@vereinigtehospitien.de www.weingut.vereinigtehospitien.de
BETRIEBSLEITER:	Joachim Arns
KELLERMEISTER:	Klaus Schneider
ÖFFNUNGSZEITEN:	Mo-Do 8-12:30 Uhr, 13:30-17 Uhr Fr 8-12:30 Uhr, 13:30-16 Uhr
BESTÜCKTE REBFLÄCHE:	an der Saar 10,5 ha, gesamt 25 ha, 95% Riesling, 5% Weiß-, Grau- und Spätburgunder
JAHRESPRODUKTION:	ca. 150 000 Flaschen
AUSZEICHNUNGEN:	Mitglied im VDP (Gründungsmitglied), Gault Millau Wine Guide 2010
EINZELLAGEN:	Serriger Schloss Saarfelser Schlossberg (im Alleinbesitz), Wiltinger Hölle (im Alleinbesitz), Kanzemer Altenberg, Scharzhofberger, Wiltinger Kupp, Wiltinger Braunfels
BESONDERES:	Weine aus besten Saarlagen, Hospitien-Sekt hergestellt nach der traditionellen Champagnermethode – Brut und Extra-Brut, die Vereinigte Hospitien besitzen seit der Römerzeit den ältesten Weinkeller Deutschlands.
WEINTIPP:	2010 Scharzhofberger Riesling Spätlese trocken, 2010 Kanzemer Altenberg Riesling Spätlese feinherb ♔, Wiltinger Hölle Riesling Kabinett feinherb, 2010 Saar-Riesling QbA trocken
WEINPROBEN:	ab 15 Personen nach Terminvereinbarung

Weingüter Vereinigte Hospitien

Weingut | Geschichte

Die Vereinigten Hospitien sind eine Stiftung des öffentlichen Rechts und verstehen sich als Dienstleister am Menschen, die sich an einem christlichen Menschenbild orientieren. Alles Handeln der Stiftung richtet sich nach Immanuel Kants kategorischem Imperativ, Werte und Würde des menschlichen Lebens sind für die Mitarbeiter der Stiftung unantastbar und Maßstab ihres Handels. Der aus dem Lateinischen stammende Begriff *Hospitium* bedeutet »Gastfreundschaft«, »Herberge« und bezeichnete schon in der Antike die kostenlose Beherbergung bestimmter Personen. Zu Römerzeiten gab es an den großen Fernstraßen – u.a. Via Appia oder an den Verbindungsstraßen Nord-Süd/Ost-West – Hospitien, die dem Reisenden eine Rast ermöglichten.

Die Hospitien als einheitliches Rechtsgebilde verdanken ihre Entstehung den Dekreten Kaiser Napoleons vom 9. Oktober 1804, worin er die Errichtung eines Bürgerspitals mit je 100 Betten für verwundete Soldaten und 50 Betten für bedürftige Kranke der Stadt Trier verordnete. Ein weiteres Dekret folgte am 24. Mai 1805. Jenes Dekret von 1805 wurde am 3. Mai 1806 erweitert: Die bis dahin in Trier und seinen Vororten bestehenden Hospitäler und Anstalten wurden unter eine gemeinsame Verwaltung gestellt, verloren aber nicht ihren Stiftungscharakter.

Die Vereinigten Hospitien Trier sind gemeinnützig und investieren aus dem Stiftungsvermögen in soziale Einrichtungen. Nur aus Verantwortung für die ihnen anvertrauten Menschen sehen sie sich der Wirtschaftlichkeit verpflichtet. Sie sind Mitglied im Verband der Europäischen Stiftungsweingüter, dessen oberstes Ziel es ist, den durch den Weinbau erzielten Gewinn ausschließlich und unmittelbar gemeinnützigen Zwecken zukommen zu lassen. Im Verband erwirtschaften zehn Stiftungsweingüter in erster Linie nicht eigenwirtschaftlich gebundene Mittel, die der Unterhaltung sozialer Einrichtungen vorbehalten sind. Zu den Einrichtungen, die aus dem durch den Weinbau erzielten Gewinn profitieren, gehören das Jakobusstift, das Willibrordstift, das Helenenhaus, das Stift St. Irminien, der Ruländer-Hof und die Seniorenwohnungen Kranenstraße in Trier. 500 Mitarbeiter, zehn davon sind im Weinbau tätig, rehabilitieren, betreuen, beraten,

Der älteste Weinkeller Deutschlands – Vereinigte Hospitien in Trier.

pflegen, bilden aus, helfen Jugendlichen und Senioren und sind im Ehrenamt tätig.

Die Vereinigten Hospitien zählen zu den traditionsreichsten Weingütern an der Mosel und sind Gründungsmitglied des Großen Rings Mosel-Saar-Ruwer aus dem Jahr 1908 und Gründungsmitglied (1910) des Verbands Deutscher Prädikatsweingüter VDP (➤). Der älteste urkundlich nachgewiesene Rieslinganbau stammt aus dem Jahr 1464 und wird mit den Hospitien in Verbindung gebracht. In einem Rechnungsbuch des Hospitals St. Jakob, einem Vorläufer der Vereinigten Hospitien, wird der Anbau von *Riesling* erwähnt. Die katholische Kirche war bis zur Säkularisierung der größte Weinbergsbesitzer und trieb die Einführung der hochwertigen Rieslingtraube ganz energisch voran. Konsequent wurde dieser Prozess im 19. und 20. Jahrhundert fortgesetzt, so dass *Riesling* heute die bedeutendste Rebsorte an Mosel, Saar und Ruwer ist. Die Weinberge stammen teilweise aus den Liegenschaften der Trierer Klöster und bilden den Grundstock für höchste Weinqualität.

Schloss Saarfels in Serrig

Anbau | Lage

Die Weingüter der Hospitien blicken auf eine lange handwerkliche Weinbautradition zurück und bewirtschaften die Weinberge naturnah und ganz nach ökologischen Gesichtspunkten. Natürliche Begrünung und nur gelegentliches Düngen mit Stroh oder Stallmist verhindern eine Überbelastung der Böden und der Rebstöcke. Die Winzer halten die Rebanschnitte über den Winter hin kurz, um bei Neuausschlag im folgenden Frühjahr die Qualität der Trauben, deren Aroma und ihre Inhaltsstoffe zu verbessern. Die damit verbundene Ertragsbegrenzung ist gewollt, da diese Bewirtschaftung letztendlich für extraktreichen, mineralischen Most sorgt. Zeitintensive selektive und sorgfältige Handlese je nach Reifegrad ermöglicht den Ausbau (→) aromatischer Rieslingweine. Weinkritiker Hugh Johnson sprach in seinem Klassiker *The Atlas of German Wines** vom *Scharzhofberger* als einem *Riesling* in höchster Vollendung. Dieses Kom-

---

* Johnson, Hugh (1986): The Atlas of German Wines. London.

pliment trifft für alle Rieslingweine und Sekte der *Scharzhofberger* Lage zu. Diese liegt in einem Seitental östlich der Saar in der Nähe des Weinortes Wiltingen. Dort bewirtschaften die Vereinigten Hospitien eine Rebfläche von zwei Hektar. Den Schieferverwitterungsböden und dem extrem günstigen Kleinklima ist es zu verdanken, dass diese Lage zu einer der bedeutendsten deutschen Spitzenlagen gezählt wird. Auch die hervorragende Lage *Serriger Schloss Saarfelser Schlossberg*, die sich im Alleinbesitz befindet, erfreut seit langer Zeit die Gaumen der Liebhaber guter Tropfen. Der Saarburger Sektfabrikant Adolf Wagner ließ diese Lage (1911 hatte er 12 Hektar um das neuerbaute Schloss Saarfels ersteigert) von 1912 bis 1914 mit 75 000 Rebstöcken neu anlegen. Nach einem Notverkauf der Bank für Saar- und Rheinland im Jahre 1939 an die Vereinigten Hospitien verblieb die gesamte Anlage bis zum heutigen Tage im Alleinbesitz der Trierer Hospitien.

Schutzpatron der Vereinigten Hospitien ist der heilige Jakobus mit seinem Wanderstab, der den guten Namen des Weinerzeugers auf dem Etikett «Sanctus Jacobus» durch Deutschland und die Welt trägt. Die Figur des Jakobus nimmt Bezug auf das St. Jakob-Hospital in Trier, in dem schon im Mittelalter Pilger auf der Reise nach Santiago de Compostela zum Grabe des Apostels Jacobus eine Herberge, Essen und Schlafplatz fanden.

Weine

Heute bewirtschaften die Vereinigten Hospitien auf rund 25 Hektar Rebfläche die klassischen Rebsorten *Riesling*, *Grauburgunder*, *Weißburgunder* und *Blauer Spätburgunder*. Diese unterteilen sich auf die Lagen an den Steillagenhängen (14,5 ha) *Trierer Augenscheiner* (Alleinbesitz) und *Piesporter Goldtröpfchen* an der Mosel und 10,5 Hektar Weinbergslagen an der Saar. *Serriger Schloss Saarfelser Schlossberg* (im Alleinbesitz), *Wiltinger Hölle* (im Alleinbesitz), *Kanzemer Altenberg* 1 , *Scharzhofberger* und *Wiltinger Kupp* bringen die besten Rieslingweine hervor.

Besonderes

Eine besondere Sehenswürdigkeit ist der Gewölbekeller, der älteste Weinkeller Deutschlands. Um 330 nach Christus baute an gleicher Stelle Kaiser Konstantin ein Speicherhaus, *Horrea*. Das größte römische Lagerhaus nördlich der Alpen versorgte die Bewohner von Augusta Treverorum, Hauptstadt des westlichen römischen Imperiums, mit den Notwendigkeiten dieser Zeit. Dort lagerten Waffen, Gegenstände des täglichen Bedarfs, Getreide und auch Wein. Schon vor mehr als anderthalb Jahrtausenden gingen römische Moselnachen, dreiseitige Güterboote, vor den spätantiken Speicherhäusern im heutigen Hospitienbering vor Anker. Auch im Mittelalter wurde die Mosel befahren und der archaische Keller als Lagerstätte genutzt. Noch heute lagern im ältesten Deutschen Weinkeller Holzfässer mit Kreszenzen aus den Toplagen von Mosel und Saar.

ADRESSE:	Reichsgraf von Kesselstatt Schlossgut Marienlay, 54317 Morscheid/Ruwer Tel.: 06500/91690, Fax: 06500/916969 weingut@kesselstatt.de, www.kesselstatt.com
INHABER:	Familie Günther Reh – Geschäftsführerin: Annegret Reh-Gartner
VERWALTER:	Christian Steinmetz
KELLERMEISTER:	Wolfgang Mertes
ÖFFNUNGSZEITEN:	Mo-Do 8-12 Uhr und 13-16:30 Uhr, Fr 8 -11:30 Uhr und nach Anmeldung
EINZELLAGEN:	An der Saar – Scharzhofberger 1⚜, Wiltinger Gottesfuß, Ockfener Bockstein, 100% Riesling
BESTÜCKTE REBFLÄCHE:	insgesamt 36 ha, an der Saar in Toplagen 18 ha
JAHRESPRODUKTION:	ca. 240 000-300 000 Flaschen
AUSZEICHNUNGEN:	Mitglied im VDP, Gault Millau, Feinschmecker, Eichelmann, Parker, Pigott, u.v.a.
BESONDERES:	Weine, Sekte, Trester – sieben Jahre im Holzfass, Eau de Vie Mirabelle, Williams-Christ
WEINTIPP:	2010 Wiltinger Riesling trocken, 2010 Scharzhofberger GG Riesling Saar trocken, Scharzhofberger Saar Riesling Auslese lange Goldkapsel # 10
WEINPROBEN:	nach Terminvereinbarung

Reichsgraf von Kesselstatt

Weingut | Familie | Geschichte

Auf mehr als 650 Jahre Geschichte kann das Weingut Reichsgraf von Kesselstatt zurückblicken. Damit gehört es zu den traditionsreichsten Weingütern im gesamten Anbaugebiet Mosel.

1978 erwarb der Vater der heutigen Geschäftsführerin Annegret Reh-Gartner, Günther Reh, das Weingut Reichsgraf von Kesselstatt. Fünf Jahre später übernahm es Annegret Reh, die sich zwischenzeitlich zur Winzerin ausbilden ließ. Ein mehr als 600 Jahre altes Weingut zu leiten erforderte neben Sachverstand auch viel Engagement. Mit

Annegret Reh-Gartner, 1989 »Winzerin des Jahres«, ein Beruf, der heute nicht nur Männern vorbehalten ist.

konsequentem Qualitätsstreben brachte die junge Önologin das Gut auf Vordermann und etablierte es an der Spitze der bundesdeutschen Prädikatsweingüter. Zahlreichen Auszeichnungen für ihre Weine von Mosel, Saar und Ruwer sorgten für ein internationales Renommee. Durch die Präsenz zu ihren Kunden im In- und Ausland und die ganz persönlichen Erfahrungen entwickelte sich Annegret Reh-Gartner in einem Beruf weiter, der damals ausschließlich Männern vorbehalten war. 1989 wurde sie mit der Auszeichnung »Winzerin des Jahres« belohnt. Um ihrem hohen Anspruch an die Kesselstatter Weine gerecht zu werden, verkleinerte sie das Weingut auf 36 Hektar.

Diese Größe ist bis heute konstant geblieben, etwa die Hälfte der Flächen befindet sich in Steillagen.

Reichsgrafen von Kesselstatt

In der zweiten Hälfte des 14. Jahrhunderts kamen die Ritter von Kesselstatt in den Machtbereich von Kurtrier. Ursprünglich ein hessisches Adelsgeschlecht, dessen Stammhaus in Hanau zu finden war, bekleideten sie hohe Positionen in Kirche und in den Diensten des Staates. Weinbau betrieb das Rittergeschlecht aber schon früher.

Mit Mulich und Peter von Kesselstatt werden Mitglieder dieser Familie erstmals 1297 urkundlich erwähnt. Johann von Kesselstatt gründete die Stammreihe 1365. Die älteste bekannte Urkunde, die den Kauf von »Wingerten« bestätigt, findet sich aus dem Jahr 1349. Kuno von Falkenstein, Kurfürst von Trier, erhob Johann von Kesselstatt 1362 zum kurfürstlichen Hofmarschall, in dessen Zuständigkeitsbereich die gesamte Hauswirtschaft fiel, aber auch der Keller und somit wahrscheinlich auch die Behütung der Kreszenzen. 1394 wurde der Sohn Johanns, Friedrich I. von Kesselstatt, Mundschenk des Kurfürsten Werner von Falkenstein. Während seiner Amtszeit erließ Kurfürst Clemens Wenzeslaus von Sachsen-Wettin im Mai 1787 eine Verordnung, die sich äußerst positiv auf den Weinbau in der Moselregion auswirken sollte. »Bessere Reben seien künftig Rheinischen Reben vorzuziehen und somit ausnahmslos anzubauen.«

Daraufhin begann der *Riesling*, die »bessere Rebe«, seinen Siegeszug an Mosel, Saar und Ruwer, um dann in den meisten deutschen Anbaugebieten Fuß zu fassen. Reihs von Krös, ein Verwalter der Reichsgrafen von Kesselstatt, schrieb am 3. Januar 1789 an seine Wingertpächter, woraus eindeutig hervorgeht, dass mit »besseren Reben« der *Riesling* gemeint war. »Bei Anpflanzung neuer Stöcke sollten die Lehnsleute gehalten sein, puren grünen *Riesling* und grünen Kleinberger (Elbling, (➤)) sich zu gebrauchen.«

Die Reichsgrafen von Kesselstatt erwarben in den Jahren 1854 bis 1889 vier ehemalige Maximiner Klöster an Mosel, Saar und Ruwer (Josefshof in Graach, Domklausenhof in Piesport, Abteihof in Oberemmel, St. Irminenhof in Kasel), die heute noch mit besten Lagen den Grundstock des Weinguts bilden. Von 1746 bis 1999 befand sich der Hauptsitz des Weinguts im Palais Kesselstatt (hist. Gewölbekeller – heute Weinstube Kesselstatt). 1987 entstand nach einem langen Umbau von Schloss Marienlay in Morscheid/Ruwertal eine neue Kellerei und ist seit 1999 Sitz des Weinguts.

❦ Feinherb oder Halbtrocken?

Im Anbaugebiet Mosel findet der Weinliebhaber seit einiger Zeit einen neuen Begriff auf dem Etikett – »Feinherb« anstatt der üblichen Bezeichnung »Halbtrocken«. Wenn man das Deutsche Weingesetz aufmerksam liest, gehört aber jener Halbtrockene mit bis zu 18 g/l unvergorenem Zucker bereits in die Kategorie »lieblich«. An diesem Begriff störten sich die Weinerzeuger Annegret Reh-Gartner und ihr Mann Gerhard Gartner, zweifach sternedekorierter Koch i.R. aus Aachen. Beide verbanden mit dem Begriff »Feinherb« mehr als nur einen Marketingtrick, der den Weinabsatz des Guts steigern sollte: Feinherb hieß für sie harmonisch-trocken.

Bis Mitte der 90er Jahre galt bei der Weinklassifizierung das sogenannte Verbotsprinzip. Danach durften nur die im Deutschen Weingesetz ausdrücklich zugelassenen Angaben wie »trocken«, »halbtrocken«, »lieblich« und »süß« verwendet werden. Doch die Reh-Gartners akzeptierten diese Bezeichnung nicht, da sie für ihr Verständnis keine halbtrockenen Weine, sondern Weine mit einer für die Region typischen Süße und ausgewogener Säure, eben filigran und elegant, vinifizierten (➤). So wurde der Begriff »feinherb« erstmals vom Weingut Reichsgraf von Kesselstatt verwendet. Daraufhin folgte ein langer Rechtsstreit um die Zulässigkeit, da eine solche vermeintlich irreführende und abweichende Klassifizierung nach dem Weingesetz nicht erlaubt war. Der Zwist wurde 2002 zugunsten des Weingutes Kesselstatt beendet. Inzwischen hat sich der Begriff bei Winzerkollegen durchgesetzt und sich vor allem bei Rieslingweinen aus der Moselregion, die in der Tat häufig eine kräftigere Säurestruktur aufweisen, etabliert. Heute wird der Begriff »feinherb« auch für analytisch halbtrockene Weine verwendet, die sensorisch trocken erscheinen.

Anbau | Lage

Der Anbau der Reben und Ausbau (➤) der Kesselstätter Weine folgt authentischen klassischen Verfahrensweisen: Erziehung der Reben im Flachbogen, Ausdünnen vor Traubenhang, Grüne Lese (➤), schonende Verarbeitung der Trauben, temperaturgesteuerte Spontanvergärung (➤) in kleinen Edelstahlgebinden. Aus dieser Philosophie resultiert jeglicher Verzicht auf die sogenannten neuen önologischen Verfahren. Die Lagenklassifizierung findet nach dem Drei-Stufen-Modell des VDP (➤) statt: 1. Erste Lage 1️⃣, trockene Erste und Große Gewächse aus den allerbesten Weinbergen, 2. Klassifizierte Lagen/Ortsweine aus traditionell hochwertigen Weinbergen und 3. Gutswein – basierend auf hohem Niveau. 100% Rieslingweine – Große Gewächse – werden größtenteils trocken ausgebaut, klassifizierte Lagenweine feinherb und feinfruchtig und edelsüß die Raritäten.

Weine

Alle Weine glänzen mit einer Fülle von Düften nach Litschi, reifer Karambole, Pfirsich, Brombeere, Johannisbeere, Sauerkirsche und Weinbergskräutern. Die Vielzahl der Aromen ist schier unglaublich, jedoch mit allen Geschmacksknospen erlebbar.

ADRESSE: Weingut St. Urbans Hof, Oekonomierat Nic. Weis
Urbanusstraße 16, 54340 Leiwen
Tel.: 06507/93770, Fax: 06507/937730
info@urbans-hof.com, www.urbans-hof.com

INHABER: Nik Weis

AUSSENBETRIEBSLEITER: Hermann Jostock

KELLERMEISTER: Rudolf Hoffmann

ÖFFNUNGSZEITEN: Mo-Fr 8-17:30 Uhr, Samstag nach Vereinbarung

EINZELLAGEN: an der Saar: Ockfener Bockstein, Schodener
Saarfeilser, Marienberg, Wiltinger Schlangengraben

BESTÜCKTE REBFLÄCHE: 18 ha an der Saar, 100% Riesling (Weinbaufläche
insgesamt: 34 ha)

JAHRESPRODUKTION: ca. 240 000

AUSZEICHNUNGEN: Mitglied im VDP, Feinschmecker, »Kollektion des
Jahres 2010«, Robert Parker, WineSpectator, Gault
Millau, Eichelmann

BESONDERES: charaktervolle, individuelle Weine nach Lagen

WEINTIPP: 2010 Ockfener Bockstein Riesling Kabinett, 2010
Wiltinger »Alte Reben« Riesling feinherb

WEINPROBEN: Mo-Fr zu den Öffnungszeiten, Sa nach
Terminvereinbarung, 15 Euro/Person, ca. 8 Weine

Weingut St. Urbans Hof, Oekonomierat Nic. Weis

Weingut | Familie | Geschichte

»In unserer Familie war das Leben immer schon vom Wein geprägt«, sagt Nik Weis, Enkel des Weingutgründers Nicolaus (Nic) Peter Weis (1905-1971), der den Hof 1947 in den Anhöhen oberhalb des Moselortes Leiwen gegründet hat. 34 Hektar in den besten Lagen an Mosel und Saar gehören zum Besitz des *St. Urbans-Hof*, einem der größten privat geführten Weingüter im gesamten Anbaugebiet Mosel. Die Familie, seit jeher der Tradition verpflichtet, arbeitet sowohl im Weinberg als auch im Keller respektvoll und im Einklang mit der Natur. Nikolaus (Nik) Weis führt das Gut in dritter Generation.

Nik Weis vor einem Portrait seines Großvaters Ökonomierat Nicolaus Weis.

Nach dem Zweiten Weltkrieg lag der Weinbau am Boden. Nicolaus Peter Weis, Landtagsabgeordneter und engagierter Weinbauer, wollte dies ändern. Mit der Zucht von gutem Rebmaterial und der Produktion eigener Weine kam er diesem Ziel Schritt für Schritt näher. Im April 1970 wurde er vom Ministerpräsidenten des Landes Rheinland-Pfalz, Helmut Kohl, für seine Verdienste um den Weinbau mit dem Titel »Ökonomierat« geehrt. Mit großem Verständnis für die Natur war Nicolaus Peter Weis mit Leib und Seele Landwirt, Winzer und Rebzüchter. Ebenso war er ein großer Menschenfreund, der sich für seine Mitmenschen und seine Heimat verantwortlich fühlte. Als Landtagsabgeordneter setzte er sich intensiv für den Weinbau der Region ein. Der seltene Titel »Ökonomierat« ist bis heute Bestandteil des Weingutsnamens. Sohn Hermann übernahm in den 60er Jahren das Gut und machte die Rebschule zu einer der größten in Deutschland. Er etablierte sich als weltweit anerkannter Rebenzüchter, dem es im Besonderen um die Verbreitung der Rebsorte *Riesling* ging. Anfang der 70er Jahre leistete Hermann Weis Pionierarbeit und reiste mit der Rieslingrebe im Gepäck nach Kanada. Dort trug er maßgeblich zur Einführung der *Vinifera*-Rebe bei. Er bepflanzte die erste große

Fläche auf der Niagara-Halbinsel mit Rieslingreben und gab ihr den Namen *St. Urban Vineyard*, aus dem später das Weingut *Vineland Estates* hervorging.

Nicht nur in Kanada, sondern auch an Mosel und Saar bewies er ein besonderes Gespür für gute Weinbergslagen und kaufte Weinberge in bester Güte dazu. Er und sein Frau Ida, Winzerstochter von der Saar, erweiterten die Weinbaufläche auf insgesamt 34 Hektar. Bis heute ist das Weingut mit seinen großartigen Lagen an der Saar eines der größten im Weinbaugebiet Mosel. 1997 kam Sohn Nik Weis ins elterliche Weingut dazu. Gemeinsam verbessern Vater und Sohn das Weinbergspotenzial durch Umstrukturierungen, erwerben weitere Spitzenlagen und verkaufen im Gegenzug weinbaulich schwächere Parzellen. Mit Winzerstochter Daniela Weis, Niks Frau, wächst im Jahre 2004 nicht nur die Familie, sondern auch der Weinbergsbesitz. Nik und Daniela Weis leben heute mit ihren Kindern Nic und Clara auf dem *St. Urbans-Hof*.

Seit dem Jahr 2000 ist der *St. Urbans-Hof* Mitglied der prestigeträchtigsten Weingütervereinigung Deutschlands, dem VDP (➤).

Anbau | Lage

Familie Weis bewirtschaftet heute mit ihren Mitarbeitern die besten Rebflächen in den Flusstälern von Mosel und Saar. Ausschließlich Rieslingreben, davon viele in Steillagen stehend, sind Bestätigung für die Faszination, die dieses besondere Terroir zu Recht genießt. In sechs Lagen wird ein breit gefächertes Spektrum eigenständiger und charaktervoller Einzellagenweine erzeugt. In drei Grand-Cru-Lagen (*Leiwener Laurentiuslay, Ockfener Bockstein, Piesporter Goldtröpfchen*) und drei Ortslagen (Wiltinger, Saarfeilser, Mehringer) arbeiten Nik Weis und sein Team Jahr für Jahr auf ausdrucksstarke Weine hin. Das Weingut exportiert in internationale Märkte und genießt weltweit große Anerkennung für Spitzen-*Rieslinge*. Zur Erzeugung bester Rieslingweine gehört aber mehr als nur ein besonderes Mikroklima und das wertvolle Potenzial einer Schieferlage. In Weis´ Weinlagen gehört die Verwendung von gut verrottetem Stallmist als natürlicher Dünger dazu, der teilweise mühevoll in Handarbeit in die Verwitterungsböden eingearbeitet wird. Standardisierte Spaliererziehung der Rebstöcke gibt es nicht. Das Weingut bevorzugt die traditionelle Mosel-Einzelpfahl-Erziehung. Nur so können Arbeiten im Weinberg auch in Querrichtung erfolgen. Sorgfältige Laubarbeit und der späte Zeitpunkt der Traubenlese sorgen für eine Fülle an Aromen in den Weinen. Die Handlese wird seit jeher präferiert, Vollernter hätten in dem schwierigen Gelände ohnehin kaum eine Chance. Um eine Freigabe von Aromen und Mineralien zu ermöglichen, werden die Trauben erst leicht angepresst, dann vollständig gekeltert. Trauben aus Einzellagen werden grundsätzlich langsam und temperaturkontrolliert in Edelstahltanks spontan vergoren (➤). Ihre Reife erfahren sie im moseltypischen Holz-Fuder-Fass, wo sie das Zusammenspiel zwischen Säure und Süße erfahren, welches sie für lange Zeit jugendlich hält.

Weine

Weinjahr 2010

2010 war sicherlich einer der schwierigsten und ungewöhnlichsten Jahrgänge der letzten Zeit. Bedingt durch den langen und kalten Winter 2009/10 brauchte die Fruchtblüte viel Zeit, sich zu entwickeln. Es bildeten sich nur wenige Fruchtansätze, was auf eine geringe Erntemenge schließen ließ. Nach vegetativ weitgehend normalen Sommermonaten führte der Septemberregen zu dünnen Beerenhäuten. Das fast perfekte Wetter im Oktober – trockene Tage, kühle Nächte, so wie es der *Riesling* liebt – sorgte für eine gute Botrytisfäule (➤), klar und sauber. Der Saft in den Beeren konnte sich konzentrieren und ließ die Beeren schrumpfen. Der Botrytisbefall lag bei etwa 50%. Aus einigen Lagen wiesen die Trauben ein Mostgewicht von 110° Öchsle und mehr auf. 2010 erzeugte das Weingut – trotz geringem Ertrag – beste Auslesen und zwei fantastische Trockenbeerenauslesen.

Weinjahr 2011

2011 wurde ein Jahr der Superlative. Viele Weinfachleute nennen diesen besonderen Jahrgang in einem Atemzug mit den Jahrgängen 1911, 1921 und 1971. Dem außerordentlichen warmen Frühjahr folgte ein verhaltener Sommer mit Feuchtigkeit. Der trockene, warme September allerdings ließ die Trauben reifen, so dass viele Winzer, auch das Team *St-Urbans-Hof*, Ende September eine der wohl frühesten Weinlesen der letzten Jahre begannen. Vollreife, gesunde Trauben mit einem Mostgewicht von durchschnittlich 90 °Oe und mehr, ebenso eine deutlich höhere Erntemenge ließen den Verlust des Jahrgangs 2010 nicht mehr ganz so schmerzlich erscheinen. Dank einer selektiven Lese konnten Beeren- und Trockenbeerenauslesen mit Mostgewichten von teilweise über 300 °Oe geerntet werden. Während Weinbergslagen an der Mosel im August unter schwerem Hagel zu leiden hatten, blieben die Weinberge an der Saar verschont. Die *Rieslinge* des *St. Urbans-Hof* aus den Saarlagen weisen stets mineralisch erdige Noten auf. Abhängig von den nährstoffreichen Böden duften die Weine nach Holunder, Veilchen und Flieder (*Ockfener Bockstein* 1⚘), Zitronengras, Grapefruit, Stachelbeere, Waldmeister und Minze, die typisch charakteristische würzig-kräuterische Aromatik des *Wiltinger Schlangengrabens*.

WEIN *infos*

Wein-Glossar

Abbeeren: Maschinelles Abzupfen der Beeren von den Stielen.

Absetzen: Schonende Klärung von Most und Wein durch natürliches Absinken der vorhandenen Feststoffe.

Abstich: Vorsichtiges Umfüllen des Weins, um ihn vom unerwünschten Bodensatz zu befreien.

Adstringierend: Meist durch hohen Tanningehalt (➤) erzeugtes pelziges Gefühl auf der Zunge.

Agglomerat-Korken: Bezeichnung für einen Verbund- oder Presskorken.

Alkalisch: In der Wein-Sensorik wird ein salziger Geschmack auch als alkalische Note bezeichnet.

Alte Reben: Weinreben, die älter als 30 Jahre sind, werden als »alt« bezeichnet.

Alterston: Eine Bezeichnung für den Geschmack und Geruch eines älteren Weines (Altersfirn).

Ampelographie: Die Wissenschaft (ampelos = griech. Weinstock) über das Bestimmen und Beschreiben der Rebsorten.

Apfelsäure: Nicht flüchtige Säure im Wein. Im Weißwein erwünscht, im Rotwein unerwünscht.

Ausbau: Die Behandlung des Weines nach der Lese. Der Winzer kann einen Wein durch unterschiedliche Länge der Reife, der Lagerung in Edelstahltanks oder Holzfässern, trocken oder lieblich, säurebetont oder beerig usw. ausbauen.

Autochthon: So genannte einheimische (aus der Region stammende) Rebsorten, die meist nur regional verbreitet sind.

Ausonius: wurde im römischen Burdigala (Bordeaux) als Sohn einer wohlhabenden »Winzer«-Familie geboren. Er war Erzieher und Lehrer des späteren Kaisers Gratian (359-383), der ihn zum Konsul in Augusta Treverorum, der größten Stadt im römischen Gallien und Verwaltungs-Hauptstadt, ernannte. Römer brachten Reben mit und begründeten den kommerziellen Weinbau. Ausonius besaß in Lucaniacus an der Garonne, heute Saint-Émilion, ein Weingut mit etwa 1 100 Morgen (etwa 275 ha) Land. Noch heute gibt es dort das nach ihm benannte Château Ausone, doch nach jüngeren Erkenntnissen, könnte sich Ausonius Gut auch auf Château La Gaffelière befunden haben.

Barrique: Eichenholzfass zur Lagerung von Wein mit 225 Liter Inhalt.

Bernkasteler Ring: Die älteste Weinversteigerungs-Gesellschaft im Weinbaugebiet Mosel.

Biowein: Ein Wein, der unter ökologischen Weinanbau-Bedingungen hergestellt wurde. In Deutschland sind Bioweine mit dem Ecovin-Zeichen am weitesten verbreitet.

Blanc de Blancs: Bezeichnung für Weiß- und Schaumweine, die ausschließlich aus weißen, meist aus *Chardonnay*-Trauben gekeltert werden.

Blanc de Noirs: Französische Bezeichnung für einen aus roten Trauben gekelterten weißen Wein.

Botrytis: Botrytis cinerea ist ein Edelschimmelpilz, der reifen Trauben Wasser entzieht. Die Geschmacksstoffe in den Beeren konzentrieren sich. Solche Beeren sind die Grundvoraussetzung für Beeren- und Trockenbeerenauslesen. Tritt Botrytis cinerea bei unreifen Trauben auf, wird der Schimmelpilz Roh- oder Sauerfäule oder auch Grauschimmel genannt. Bei lange anhaltenden Regenfällen kommt es zur Auswaschung der Beeren, damit zu massiven Mengen- und Qualitätsverlusten durch den Verlust von Extrakten und Zucker. In Extremfällen kann es zum Ausfall der gesamten Ernte kommen.

Brandig: Negative Geschmacksbezeichnung für einen Wein, bei dem der Alkohol zu betont spürbar ist.

BSA: Der **b**iologische **S**äure**a**bbau wird auch als malolaktische Gärung oder Säureumwandlung bezeichnet.

Cargnello, Reberziehung nach Prof. C.: bezeichnet die Methode der Vertikoerziehung, im Gegensatz zur vor allem in extremen Steillagen sonst üblichen Moselpfahlerziehung. Hier werden die Ruten der Rebe nicht gebogen, sondern pendeln frei. Dies hat den Vorteil, dass das Blatt-Frucht-Verhältnis optimal ist. Mehr Blätter versorgen weniger Trauben mit Energie. Das bringt neben Mineralien und Aromastoffen auch traumhafte Reifegrade. Um hohe Qualitätsstufen zu keltern, ist der Winzer nicht unbedingt auf Botrytis-Beeren angewiesen, so können bei Bedarf Kraft und kristallklare Frucht vereinigt werden. Das ist ideal für trockene Weine.

Chaptalisieren: Bei nicht jedem Wein erlaubtes Zugeben von Zucker vor der Gärung, um den erwarteten Alkoholgehalt zu erhöhen.

Cuvée: Im deutschsprachigen Raum wird darunter das Verschneiden aus verschiedenen Rebsorten, Jahrgängen oder Lagen verstanden.

Depot: Ablagerung von Gerb- und Farbstoffen in älteren Weinen.

Devonschiefer: Schiefergestein. Dient im Weinberg als optimaler Wärmespeicher in den für die Rieslingreife so wichtigen herbstlichen

Nachtstunden. Benannt nach der englischen Grafschaft Devon. Entstand vor 580 bis 220 Mio. Jahren im Paläozoikum.

Diabas: Ein magmatisches Gestein aus dem variszischen Gebirge des mittleren Paläozoikum (Erdaltertum), welches durch die Kollision von Gondwana, dem südlichen Großkontinent, mit den nördlichen Kontinentalschollen Laurussia (vor 540 Mio., ca. 250 Mio. Jahre) entstand. Vulkanisches Durchbruchsgestein. Sorgt im Weinberg für ein breites Spektrum an Aromen (z.B. *Saarburger Rausch*).

ECOVIN: Größter Zusammenschluss ökologisch arbeitender Weingüter weltweit. Folgende Kriterien zeichnen ECOVIN Weine aus: Kontrollierte ökologische Qualität, Nuancenreichtum und Charakter, Bewahrung des Ökosystems Weinberg, schonender Umgang mit Ressourcen, natürliche Prävention statt Pestizide/Herbizide, Verzicht auf Gentechnik und chemisch-synthetische Spritz- und Düngemittel.

Echter Mehltau: Echter Mehltau ist eine Pflanzenkrankheit, die durch Schlauchpilze verursacht wird.

Edelfäule: Siehe Botrytis.

Elbling, der: (früher auch: Kleinberger) Eine weiße Rebsorte, gilt als die älteste Weinsorte Europas. Im Moselgebiet bauten schon die Römer *Elbling* an. Ab dem 17. Jahrhundert verdrängten ihn die Rebsorten *Riesling* und *Silvaner*. Wegen des unkomplizierten Anbaus sehr beliebt.

Esca: Ist eine Pilzkrankheit an Rebstöcken, die im Weinbau mediterraner Länder von Bedeutung ist. In Deutschland und Frankreich wurde in den letzten Jahren ein Auftreten der Krankheit beschrieben. Esca wird durch das Zusammenwirken mehrerer holzzersetzender Pilze im Zusammenspiel mit bisher noch wenig erforschten Faktoren verursacht.

Falscher Mehltau: Im Weinbau tritt der Falsche Mehltau der Weinrebe, auch bekannt unter dem Namen Peronospora, hauptsächlich im Norden Europas auf. Er verursacht beachtliche Schäden. Erreger ist der Eipilz Plasmopara viticola. Er wurde von Nordamerika nach Südfrankreich eingeschleppt.

Geisenheim: In Geisenheim befindet sich seit 1872 die Forschungsanstalt Geisenheim für Wein- und Gartenbau.

Gerbsäure: Ausschlaggebender Faktor für die Qualität eines Weines ist der Gehalt an Tanninen (➤) und deren Struktur. Irrtümlich wird angenommen, dass Rotweine abhängig vom Tanningehalt länger oder weniger lang haltbar sind. Tannine verhindern zwar die Oxidation eines Weines, dies kann aber heutzutage durch Zugabe von

Kaliumpyrosulfit erreicht werden. Wein bekommt eine charakteristische rauhe Note, die sogenannte Trockenheit, auch als Adstringenz bezeichnet.

Gezügelte Vergärung: Kontrollieren und Führen der Gärtemperatur. Wird im Speziellen bei Weißweinen angewandt. Die Methode hat einen neuen Typ von Weißwein geschaffen, einen reintönigen, duftigen, frischen Wein.

Großer Ring: Der GROSSE RING wurde 1908 gegründet. Er schloss die seit Mitte des 19. Jahrhunderts an Mittelmosel, Saar und Ruwer bestehenden Versteigerungsringe bedeutender Weingüter zusammen. Im Jahre 1910 vereinigten sich die inzwischen in den anderen deutschen Weinbaugebieten entstandenen ähnlichen Gemeinschaften zum »Verband Deutscher Naturweinversteigerer«, Vorgänger des heutigen renommierten »Verband Deutscher Prädikatsweingüter« (VDP).

Großes Gewächs: Großes Gewächs bezeichnet die höchste Klassifikationsstufe für Weine aus Weingütern, die Mitglied des Verbandes Deutscher Prädikatsweingüter sowie des Bernkasteler Ringes sind.

Grüne Lese: Reduzierung des Traubengutes als qualitätssteigernde Maßnahme im Weingarten, die auch als Grünschnitt, sowie frz. *Vendange en vert* (grüne Ernte) oder *Éclaircissage* bezeichnet wird. Durch das Entfernen von Trauben wird eine verstärkte Akkumulation verschiedener Stoffe in den verbliebenen Trauben des Rebstocks erzielt. Die Auswirkungen sind Steigerung der Extraktstoffe, höheres Mostgewicht, Optimierung des Blatt-Frucht-Verhältnisses, höhere Farbintensität bei Rotweinen und bessere Resistenz bei Trockenheit.

Hefelager: Bezeichnet in der Schaumweinherstellung die Zeit vom Gärungsbeginn bis zur Enthefung, also die eigentliche Lagerzeit des werdenden Schaumweins auf der Hefe.

Kellerpilz (auch Schwarzer Kellerschimmel, Kellerkatze, Kellertuch, Kellerrotz): Cladosporium cellare, ein Pilz, der in feuchten Kellern zu Hause ist und sich von Alkohol in der Luft nährt. Am Flaschenhals verlangsamt er die Reifung und schützt den Korken.

Korkton: Der Korkton-Geschmack, auch Korkschmecker, ist ein zufälliger Weinfehler, der auf den Verschluss der Weinflasche, den Korken, zurückgeht. Er führt zu Geruchs- und Geschmacksnoten, die die Aromatik des Weins verändern und seinen Geschmack beeinträchtigen oder zerstören können.

Maischestandzeit: Bei der Rotwein-, zum Teil auch bei der Weißwein-Bereitung angewendetes Verfahren, bei dem der Most vor und/oder nach der Gärung auf der Maische liegen bleibt.

Malolaktische Gärung: Die malolaktische Gärung tritt bei vielen heterofermentativen Milchsäurebakterien auf und spielt bei der Wein- und Champagnerherstellung eine Rolle. Sie wird auch als biologischer Säureabbau (s.o.) bezeichnet.

Milchsäure: Im Wein zählt sie zu den nichtflüchtigen Säuren. In kleinen Mengen wird sie als Nebenprodukt der alkoholischen Gärung erzeugt. Hauptsächlich entsteht sie jedoch bei einer malolaktischen Gärung durch die von Milchsäure-Bakterien erfolgende Umwandlung von Apfelsäure, sowie kleinen Anteilen Zitronensäure und Zucker.

Mindestmostgewicht: Vom Weingesetz verlangtes Mostgewicht für Weine bestimmter Qualitätsstufen.

Mineralische Note: Bestimmte Weine, die mineralische Geschmacksnoten aufweisen, die von bestimmten geologischen Verhältnissen (etwa Schiefer) stammen. Beispiel: Anbaugebiet Mosel.

Naturhefe: Diese auch wilde Hefen genannten einzelligen Pilzorganismen leben in den Weinbergen, Weinkellern und besiedeln dort die Traubenschalen.

Önologie: Die Kellerwirtschaft oder Önologie ist ein Studienbereich der Weinproduktion.

Refraktometer: Das Refraktometer ist ein optisches Gerät zur Bestimmung des Brechungsindex von Flüssigkeiten.

Reinzuchthefe: Zur Herstellung von alkoholischen Getränken wie Wein oder Bier.

Restzucker oder Restsüße: Restsüße ist die auch als Restzucker (kurz RZ) bezeichnete Menge an Zucker im Wein in g/l, die durch ein natürliches Ende der Gärung oder durch Abbruch (entweder durch Kühlung, durch Zusatz von Schwefel oder Alkohol und durch Filtration) erhalten bleibt.

Riesling-Hochgewächs: Darf ausschließlich aus der Rebsorte *Riesling* gekeltert werden. Die Trauben müssen mindestens 10 °Oe Mostgewicht über dem Standard und die Weine einen um 1,5% Vol höheren Alkoholgehalt als die für das Anbaugebiet geltenden Vorgaben aufweisen.

Schönung: Dient bei der Weinherstellung der Klärung und biochemischen Stabilisierung eines Weines.

Schwarzriesling: Ist eine rote Rebsorte, die mit der Weißweinrebe *Riesling* nur den Wuchs gemeinsam hat. Sie ist ein Mutant des *Blauen Spätburgunders* und war schon im 16. Jahrhundert bekannt. In Frankreich existiert die Sorte *Pinot Meunier* (*Müller-Pinot*). In

Deutschland ist *Müllerrebe* ein Synonym für den *Schwarzriesling.*

Sekt-Dosage: Zugabe von in Wein gelöstem Zucker. So erhält der fast zuckerfreie Sekt seine Süße je nach Charakter und Stil der Marke.

Sensorik: Erleben eines Weines durch die drei Sinnesleistungen Sehen, Riechen und Schmecken.

Spontanvergärung: Ohne Einfluss des Winzers durch natürliche, wilde Hefen verursachte, spontan einsetzende Gärung.

Sur lie: (frz. auf der Hefe liegend) Hauptsächlich aus den Appellationen von Muscadet bekannte Bezeichnung für Weißweine, die bis zur Flaschenabfüllung auf der Feinhefe gelagert sind.

Tannin: siehe Gerbsäure.

TBA: Trockenbeerenauslese.

TCA: Trichloranisol (TCA) ist ein chlorhaltiger, aromatischer Kohlenwasserstoff mit intensiv schimmlig-muffigem Geruch. TCA ist ein Derivat des Phenols und der Hauptverursacher des Korkgeschmackes.

VDP: Verband Deutscher Prädikatsweingüter.

Vertikoerziehung: s. Cargnello, Reberziehung nach Prof.

Terroir: Ein ursprünglich aus Frankreich stammender Begriff aus dem Agrarbereich, der die naturgegebenen Faktoren des Landes und der darauf wachsenden Kulturpflanzen beschreibt.

Vinifikation: Synonym für Weinherstellung.

Vorlese: Genehmigte frühere Ernte der Trauben, wenn das Lesegut gefährdet ist.

Weinkristalle: Der Weinstein kommt durch eine Kristallisation von Säure in Verbindung mit den im Wein vorhandenen Mineralien zustande. Dieser nimmt bei extraktreichen, älteren Weinen, je nach Lagerart am Hals, Korken oder Flaschenboden zu. Weinstein stellt keinerlei Qualitätsminderung dar.

Weinsäure: Neben der Apfelsäure die wichtigste Säure im Wein mit einem Anteil von 0,5 bis 4 g/l.

Wildrebe: Bezeichnung für Reben, die nicht vom Menschen kultiviert sind.

Wurzelechte Rebe: Bezeichnung für einen Rebstock, wenn der Wurzelstock und die oberen, fruchttragenden Teile ein und derselben Pflanze entstammen, also keine Veredelung erfolgt ist. Weltweit werden zu 90% veredelte Rebstöcke verwendet, weil bei diesen eine Resistenz gegen die Reblaus gewährleistet ist.

Die Definitionen basieren zum Teil auf der Publikation *Der Wein an Mosel-Saar-Ruwer** und auf den entsprechenden Artikeln des Glossars der Internetseite des europäischen Weinnetzwerks www. wein-plus.eu.

Adressen und mehr

Hotels
Hotel-Gastronomie im SaarWeinLand
Weinhotel Ayler Kupp
Triererstr. 49, 54441 Ayl, Tel: 06581/988380, Fax: 06581/988381, info@lauer-ayl.de, www.lauer-ayl.de
Hotel-Restaurant Landhaus Euchariusberg
Am Großschock 7, 54329 Konz., Tel.: 06501/13362,
Fax: 06501/13134, info@euchariusberg.de, www.euchariusberg.de
Hotel Villa Keller
Brückenstraße 1, 54439 Saarburg, Tel.: 06581/92910,
Fax: 06581/929122, info@villa-keller.de, www.villa-keller.de
Hotel-Restaurant Saarburger Hof
Graf Siegfriedstr. 37, 54439 Saarburg, Tel.: 06581/92800
Fax: 06581/928080, infos@saarburger-hof.de,
www.saarburger-hof.de
Hotel am Markt
Am Markt 10-12, 54439 Saarburg, Tel.: 06581/92620
Fax: 06581/926262, hotel_am_markt@t-online.de,
www.saarburg-hotel-am-markt.de
Mühlenthaler's Park Hotel
Granastraße 26, 54329 Konz, Tel.: 06501/2157, Fax: 06501/7882,
info@park-hotel-konz.de, www.park-hotel-konz.de

---

* Kreissparkasse Trier-Saarburg (Hg.) (1976): Der Wein an Mosel-Saar-Ruwer. Saarburg.

Römische Villen und Museen

Römische Villa Nennig
c/o Stiftung Saarländischer Kulturbesitz
Römerstraße 11, 66706 Perl-Nennig, Tel.: 06866/1329 o.1439
Archäologiepark Römische Villa Borg
Im Meeswald 1, 66706 Perl-Borg, Tel.: 06865/91170,
Fax: 06865/911717, info@villa-borg.de, www.villa-borg.de
Volkskunde- und Freilichtmuseum Roscheider Hof e.V.
Roscheiderhof 1, 54329 Konz
Tel.: 06501/92710, Fax: 06501/92711, info@RoscheiderHof.de,
www.RoscheiderHof.de
Rheinisches Landesmuseum Trier
Weimarer Allee 1, 54290 Trier, Tel.: 0651/9774-0
Fax: 0651/9774-222, landesmuseum-trier@gdke.rlp.de,
www.landesmuseum-trier.de
AmüseuM am Wasserfall
Am Markt 29, 54439 Saarburg, Tel.: 06581/994642,
Fax: 06581/95670, amueseum@saarburg.de, www.saarburg.eu
Museum Glockengießerei Mabilon
Staden 130, 54439 Saarburg, Tel.: 06581/2336
www.museum-glockengiesserei-mabilon.de

Tourismusbüros

Saar-Obermosel-Touristik e.V.
54439 Saarburg, Graf-Siegfried-Str. 32, Tel.: 06581/995980,
Fax: 06581/9959829, info-saarburg@saar-obermosel.de,
www.saar-obermosel.de
Saar-Obermosel-Touristik e.V.
54329 Konz, Granastraße 22, Tel.: 06501/6018040,
Fax: 06501/60180424, info-konz@saar-obermosel.de
Tourist-Information Trier Stadt und Land e. V.
An der Porta Nigra, 54290 Trier, Tel.: 0651/97808-0,
Fax: 0651/97808-88, info@trier-info.de, www.trier-info.de

Genossenschaften

Moselland eG Winzergenossenschaft
Zum Schlossberg 345, 54459 Wiltingen, Tel.: 06501/9384-0,
Fax: 06501/938425

Moselland eG Winzergenossenschaft
Bornwiese 6, 54470 Bernkastel-Kues, Tel.: 06531/57-0,
Fax: 06531/95057-137, info@moselland.de, www.moselland.de

Verbände
Verband Deutscher Prädikatsweingüter e.V. (VDP)
Taunusstraße 61, 55120 Mainz
Tel.: 06131/94565-0, Fax: 131/94565-10, vdp@vdp.de, www.vdp.de
VDP. Die Prädikatsweingüter
Großer Ring, Mosel-Saar-Ruwer (Geschäftsstelle)
Gartenfeldstraße 12a, 54295 Trier, Tel.: 0651/75041,
grosserring@web.de, www.grosserring.de/

Vereine
Bernkasteler Ring e.V.
Schulstraße 9, 54470 Bernkastel-Kues, Tel.: 06531/9703-79
Fax: 06531/9703-78, info@bernkasteler-ring.de,
www.bernkasteler-ring.de
Moselwein e.V.
Gartenfeldstraße 12a, 54295 Trier,
Tel.: 0651/71028-0, Fax: 0651/71028-20,
info@weinland-mosel.de, www.weinland-mosel.de
SaarRiesling e.V.
Trierer Str. 19, 54439 Saarburg, Tel.: 06581/995980 oder
06501/7790, info@saar-riesling.com, www.saar-riesling.com

Vinotheken
Bonsai und Wein GbR, Die Vinothek der Saar
Kunohof 20, 54439 Saarburg, Tel.: 06581/988613,
info@Vinothek-der-Saar.de, www.vinothek-der-saar.de
Vinothek Buch und Wein
Brückenstraße 8, 54441 Kanzem,
Tel.: 06501/16610, www.kanzem.de
Vino-Café
Am Markt 16, 54439 Saarburg, Tel: 06581/998882,
Fax: 06581/998551, vinocafe@web.de, www.vino-café.de

Wohnmobilstellplätze / Campingplätze
Reisemobilpark Saarburg
Am Saarufer 18, 54439 Saarburg, Tel.: 0176/63854446 oder

06581/920250, Fax: 06581/920260 u. Mobil: 0151/15802080 u. 0177/3433111, info@reisemobilpark-saarburg.de, www.reisemobilpark-saarburg.de
Camping + Reisemobilplatz Leukbachtal
Leukbachtal 1, 54439 Saarburg
Tel.: 06581/2228, Fax: 06581/5908, service@campingleukbachtal.de, www.campingleukbachtal.de
Campingplatz Konz Saarmündung
Am Moselhafen 1, 54329 Konz, Tel.: 06501/2577, Fax: 06501/947790, camping@campingplatz-konz.de, www.campingplatz-konz.de
Campingplatz Horsch
Könenerstraße 36, 54329 Konz-Könen, Tel.: 06501/17571

SPS Saar Personenschifffahrt GmbH & co.KG
Laurentiusberg 5, 54439 Saarburg, Tel.: 06581/99188, Fax: 06581/99189, info@saarflotte.de, www.saarflotte.de

Literatur

Bassermann-Jordan, Friedrich (1907; Nachdruck 1991): *Geschichte des Weinbaus.* Landau.
Becker, August (1961): *Die Pfalz und die Pfälzer.* Neustadt/Weinstraße.
Christoffel, Karl (1922): *Geschichte des Weinbaues der Abtei St. Maximin in Trier vom 7. bis 18. Jahrhundert.* Trier.
Caesar, Julius (1990): *Der gallische Krieg*, dtv|Artemis. Leinen.
Cain, Hans-Ulrich/Rieckhoff, Sabine. (Hg.) (2002): *Fromm Fremd Barbarisch. Die Religion der Kelten.* Mainz.
Cüppers/Laufner/Zenz/Pilgram (1980): *Die Vereinigten Hospitien in Trier.* Trier.
Decker, Karl (1976): »Eine lange Weinchronik und deren Lehre«. In: Kreissparkasse Trier-Saarburg (Hg.) *Der Wein an Mosel-Saar-Ruwer im Kreis Trier-Saarburg.* Saarburg, S. 57-66.
Dräger, Paul (2001): *Ausonius, Mosella*, Lateinisch/Deutsch, Trier

Freilichtmuseum Roscheider Hof [2001]: *Schriften des Freilichtmuseums Roscheider Hof.* Konz.

Gilles, Karl Josef (1999): *Bacchus und Sucellus. 2000 Jahre römische Weinkultur an Mosel und Rhein.* Briedel.

Glaser, Manfred/Marek, Sabine/Schumacher, Franz-Josef (2007): *Die römische Villa Nennig.* Saarbrücken.

Haller, M./ Züscher, P. (1903): *Trierische Geschichte, Geschichte des trierischen Landes und seines Volkes.* Trier.

Heinen, Winfried (1984): *Gesamtwerk Deutscher Wein: Mosel-Saar-Ruwer.* Trittenheim.

Hornickel, Ernst (1976): *Hornickels Weinbibliothek.* 5 Bände. München.

John, Walter (1980; Nachdruck der Überarbeitung von 1932): *Mosella, Das Mosellied des Ausonius.* Trier.

Johnson, Hugh (1986): *The Atlas of German Wines.* London.

Kreissparkasse Trier-Saarburg (Hg.) (1976): *Der Wein an Mosel-Saar-Ruwer.* Saarburg.

Kulturstiftung für den Landkreis Merzig/Wadern (1997): *Die römische Villa von Borg.* [o.O.].

Laufner, Richard/Verkehrsamt der Stadt Trier (Hg.) (1987): *200 Jahre Qualitätsweinbau an Mosel-Saar-Ruwer. Die Weinbauverordnung des Trierer Kurfürsten Clemens Wenzeslaus 1787.* Trier.

Lohmeyer, Karl (1952): *Die Sagen der Saar, von ihren Quellen bis zur Mündung.* Saarbrücken.

Mohr, Leo (1992): *Saarland Wein.* Merzig-Brotdorf.

Moselwein e.V. Trier (2009): *Terroir an Mosel-Saar-Ruwer. Klima, Winzer, Boden.* Broschüre.

Saarpfalz-Kreis (Hg.) (2010): *Blätter zur Geschichte und Volkskunde.* (Heft 3). Saarpfalz-Kreis.

Schmitt, Roland/Gesellschaft für Geschichte des Weines (2010): *Geschichte des Weinbaus im Bliesgau und an der oberen Saar. Schriften zur Weingeschichte.* (Nr. 167) Wiesbaden.

Stiftung Saarländischer Kulturbesitz (Hg.) (2007): *Die römische Villa Nennig.* Saarbrücken.

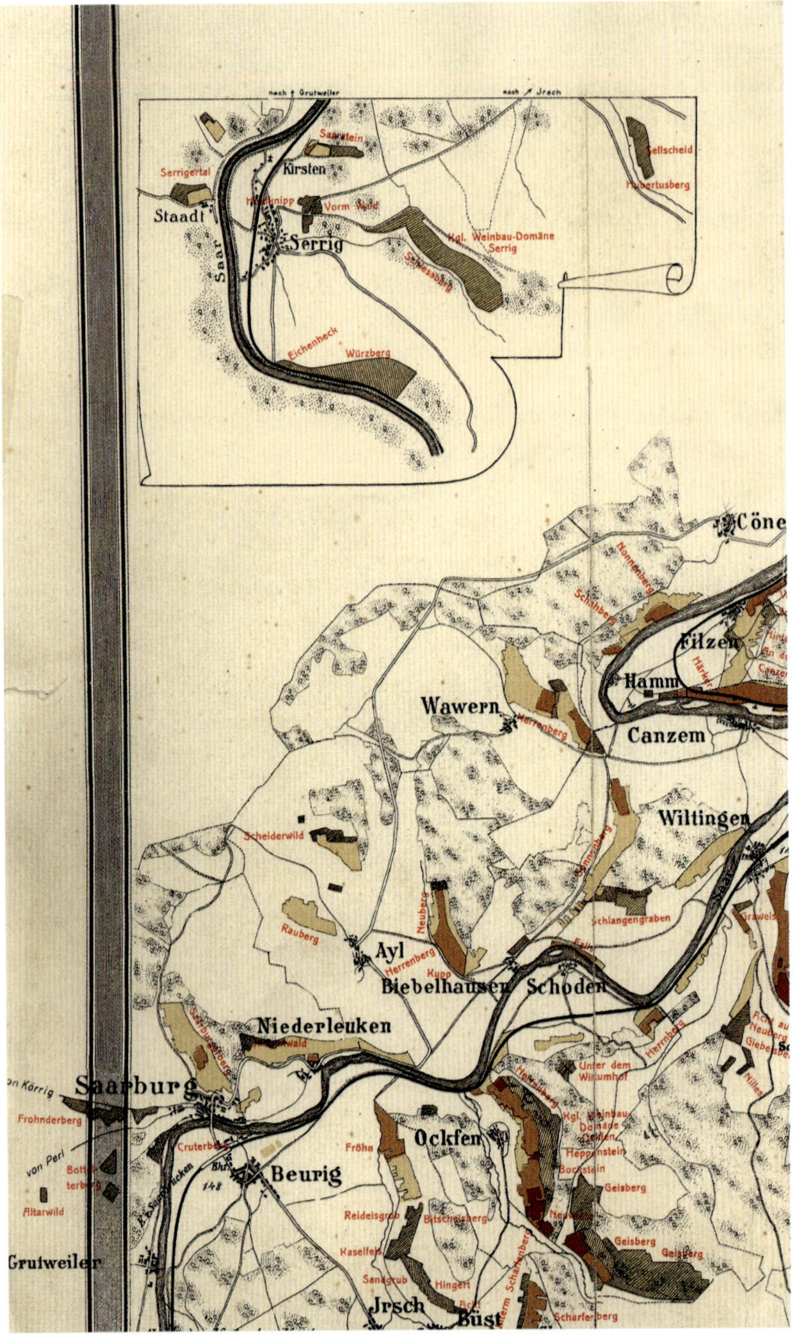
nach Grutweiler
nach Jrsch
Sellscheid
Serrigertal
Kirsten
Hubertusberg
Vorm Wald
Staadt
Serrig
Kgl. Weinbau-Domäne Serrig
Saar
Eichenheck
Würzberg
Nonnenberg
Filzen
Hamm
Wawern
Herrenberg
Canzem
Wiltingen
Scheiderwild
Schlangengraben
Rauberg
Ayl
Neuberg
Herrenberg
Kupp
Biebelhausen
Schoden
Niederleuken
Saarburg
Herrnberg
Frohnderberg
Cruterberg
Ockfen
Beurig
Fröhn
Heppenstein
Bockstein
Geisberg
Kaselfels
Sandgrub
Hingert
Jrsch
Büst
Scharfenberg
Altarwild
von Perl

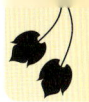

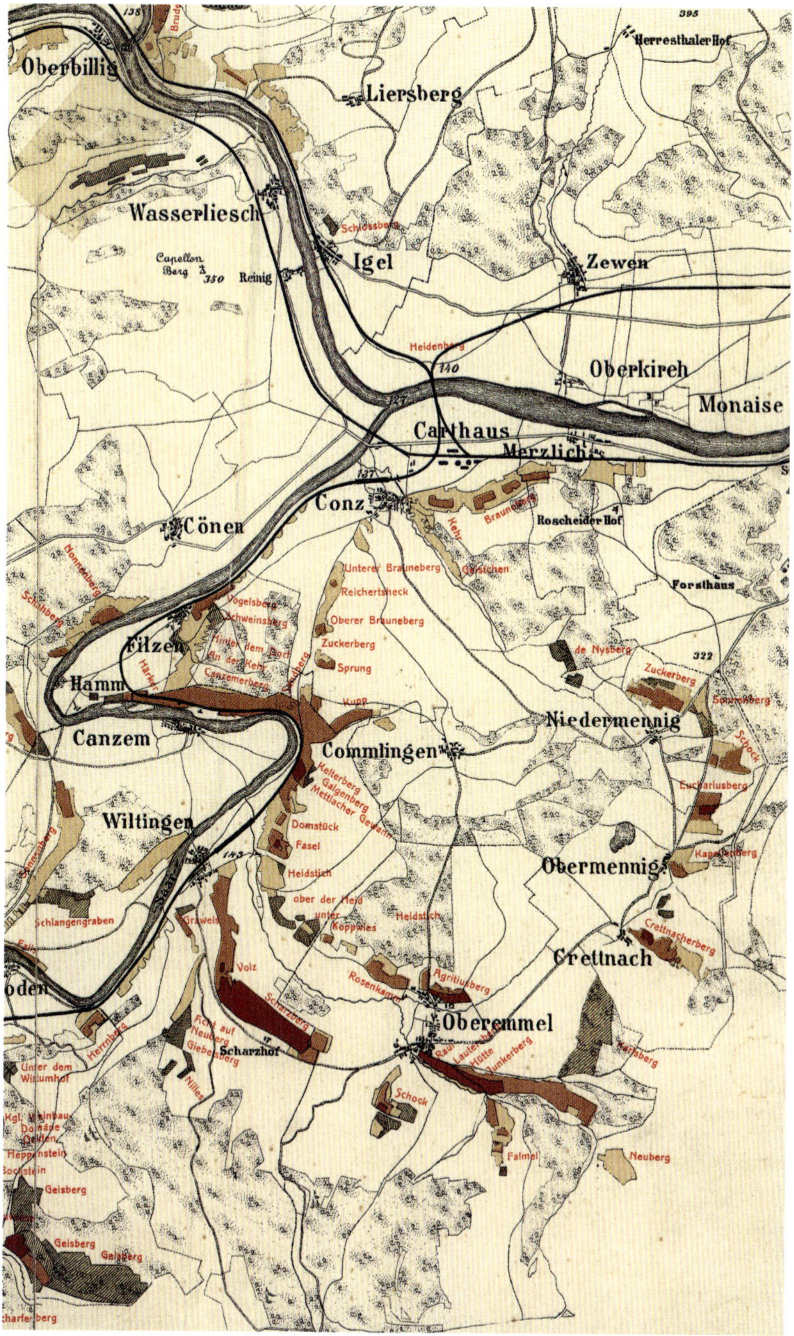
Oberbillig
Liersberg
Herresthaler Hof
Wasserliesch
Schlossberg
Igel
Zewen
Capellen Berg 350
Reinig
Heidenberg
Oberkirch
Monaise
Carthaus
Merzlich
Conz
Cönen
Roscheider Hof
Forsthaus
Kehr
Unterer Brauneberg
Reichertsheck
Oberer Brauneberg
Zuckerberg
Sprung
Vogelsberg
Schweinsberg
Filzen
Hamm
Canzem
Commlingen
Niedermennig
de Nysberg
Zuckerberg
Kupp
Keiterberg
Galgenberg
Mettlacher Gewann
Wiltingen
Domstück
Fasel
Heidstück
ober der Heid
Obermennig
Eucharlusberg
Kapellenberg
Schlangengraben
Crettnach
Crettnacherberg
Volz
Scharzberg
Rosenkamm
Agritiusberg
Oberemmel
Scharzhof
Junkerberg
Karlsberg
Schock
Falmel
Neuberg
Herrnberg
Unter dem Wittumhof
Kgl. Weinbau Domäne
Heppenstein
Bockstein
Geisberg
Geisberg
Geisberg
Scharfenberg

Die Saarweingüter

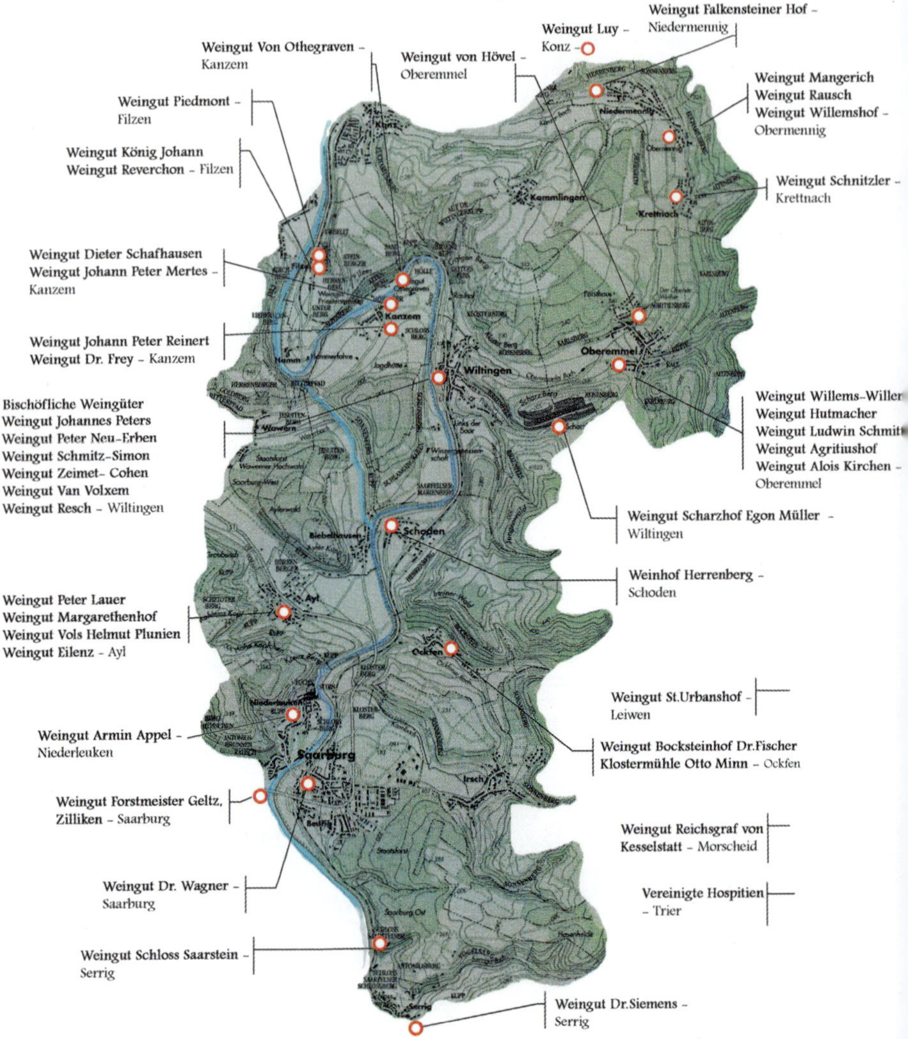
Weingut Falkensteiner Hof - Niedermennig
Weingut Luy - Konz
Weingut Von Othegraven - Kanzem
Weingut von Hövel - Oberemmel
Weingut Piedmont - Filzen
Weingut Mangerich
Weingut Rausch
Weingut Willemshof - Obermennig
Weingut König Johann
Weingut Reverchon - Filzen
Weingut Schnitzler - Krettnach
Weingut Dieter Schafhausen
Weingut Johann Peter Mertes - Kanzem
Weingut Johann Peter Reinert
Weingut Dr. Frey - Kanzem
Bischöfliche Weingüter
Weingut Johannes Peters
Weingut Peter Neu-Erben
Weingut Schmitz-Simon
Weingut Zeimet- Cohen
Weingut Van Volxem
Weingut Resch - Wiltingen
Weingut Willems-Willer
Weingut Hutmacher
Weingut Ludwin Schmit
Weingut Agritiushof
Weingut Alois Kirchen - Oberemmel
Weingut Scharzhof Egon Müller - Wiltingen
Weinhof Herrenberg - Schoden
Weingut Peter Lauer
Weingut Margarethenhof
Weingut Vols Helmut Plunien
Weingut Eilenz - Ayl
Weingut St.Urbanshof - Leiwen
Weingut Armin Appel - Niederleuken
Weingut Bocksteinhof Dr.Fischer
Klostermühle Otto Minn - Ockfen
Weingut Forstmeister Geltz, Zilliken - Saarburg
Weingut Reichsgraf von Kesselstatt - Morscheid
Weingut Dr. Wagner - Saarburg
Vereinigte Hospitien - Trier
Weingut Schloss Saarstein - Serrig
Weingut Dr.Siemens - Serrig
Konz
Kanzem
Wiltingen
Oberemmel
Kommlingen
Krettnach
Schoden
Ockfen
Ayl
Saarburg
Irsch
Serrig